Culture and International Law

This book is based on the annual Conference

FROM PEACE TO JUSTICE

"Culture and International Law"

held on 16 and 17 April 2007 in The Hague, The Netherlands

organized by

THE HAGUE
ACADEMIC COALITION

FROM PEACE TO JUSTICE SERIES

Culture and International Law

Edited by
Paul Meerts

Hague Academic Press
An Imprint of T·M·C·Asser press

Published by Hague Academic Press, an imprint of T·M·C·ASSER PRESS
P.O.Box 16163, 2500 BD The Hague, The Netherlands

<www.asserpress.nl>

T·M·C·ASSER PRESS' English language books are distributed exclusively by:

Cambridge University Press, The Edinburgh Building, Shaftesbury Road,
Cambridge CB2 2RU, UK,
or
for customers in the USA, Canada and Mexico:
Cambridge University Press, 100 Brook Hill Drive, West Nyack, NY 10994-2133, USA

<www.cambridge.org>

ISBN: 978-90-6704-283-3

Cover photograph: ANP Photo ©

PREFACE

The interrelationship between culture and international law is an intriguing one. Is international law a projection of Western civilisation? Does it serve Western interests, thereby not catering for the needs of the Islamic and the Confucian World? In other words, is International Law a policy instrument of certain powerful or less powerful states in order to help them control others or to protect them against foreign interventions? How fair and neutral is international law, being the outcome of international negotiation processes? Or can international law be regarded as being objective because of the inclusiveness of these processes, although in many cases a minority of states – which have not ratified a particular treaty – will be forced by the majority to live up to international rules and regulations. In other words, is international law the product of the societal and political cultures of some of the dominant powers of this world?

Does international law trickle down into local laws and does it thereby influence the behaviour of people on the continents of the world? Globalisation affects not only the world's economy and its politics, but also its local, national and international law. Do we see the long-term harmonisation of lawmaking and law content? Rules and regulations are an integral part of culture, whereas culture is their source as well. But whose culture? People are inclined to be culture-centric. They appreciate what has been ingrained by their ancestors and are easily suspicious of cultures which are alien to them. Or worse: they may fear them. The result is xenophobia, ideas of higher and lower cultures and a tendency to dominate other cultures which are perceived as a threat, through rules and regulations, thus securing one's own culture. In other words: law as a means of economic and political control.

All these questions and more were addressed by the many practitioners and academics attending the Fourth Conference *From Peace to Justice* of the

Hague Academic Coalition (HAC)* in April 2007. The aim of this conference, entitled *Culture and International Law*, was to obtain a better understanding of both culture and international law and of their interface. After a keynote speech, four plenary sessions dealt with the main issues, followed up by four parallel workshops taking the arguments one step further. In a concluding plenary forum all the workshop speakers were pitted against each another as well as the participants to the conference. The organising institutions of the Hague Academic Coalition contributed with their own input on the basis of their specialisations. The Institute of Social Studies focused its parallel session on *Human Rights and Economic and Cultural Diversity. Culture and Transnational Justice* was the focal point of the session by the Grotius Institute of the University of Leiden. The T.M.C. Asser Institute organised the meeting on *The Protection of Cultural Property during Armed Conflict,* while the Clingendael Institute organised – together with Result Consultants – a training session on *Culture and Conflict.*

This book is the fruitful result of the aforementioned Conference, presenting valuable insights, opinions and conclusions of the conference participants on the subject-matter. The first part of the book focuses on interrelationships in general, seen from different angles. In the second part, authors deal with culture and several aspects of international law in relation to culture: freedom of expression, human rights and the economic context in which culture can flourish. Others look at international law through the eyes of two major non-Western cultures: the Chinese and the Islamic. Part three of the book deals with the protection of cultural property, especially in the event of armed conflicts. The final chapter addresses culture and conflict and raises the problem of culture as an obstacle to conflict management and conflict resolution. As far as chapters are in English the abstracts will be in French and vice versa.

The cover of this book reflects its topic: Iranian women, demonstrating in favour of Khomeini, heading for the Dutch Parliament, acting within the rules and regulations on demonstrations of the foreign country in which they are living. They are wearing headscarves. And so does Vermeer's

* See p. IX for information about the Hague Academic Coalition.

Lady with the pearl earring, who lived in Holland's Golden Age, separated from modernity by over three hundred years. The Muslim women in the foreground are demonstrating in favour of a man who is a politico-religious leader. The Christian woman in the background was painted by one of the most famous Dutch painters, representing the pinnacle of Dutch culture. The painting is housed in the Mauritshuis, an integral part of the skyline of the city of The Hague. This museum was built with capital deriving from African slave labour, slavery being sanctioned by some of the cultures and laws of its time.

The conference and the book could only be realized through the special efforts of the six institutions of the HAC as well as the Municipality of The Hague and the Kennisalliantie, the Province of South Holland, the Alliance Française and the Agence Francophonie. Marjolijn Bastiaans of The Hague Academic Publishers worked on the final draft of this publication, while Virginie Duthoit of the Clingendael Institute helped out on some English/French translation issues.

The Hague, March 2008 *Paul Meerts*

THE HAGUE ACADEMIC COALITION

The Hague Academic Coalition (HAC) is a consortium of academic institutions in the fields of international relations, international law and international development. It was established to promote collaborative efforts between these six institutions. Specifically, the HAC intends to promote research, education and public debate in support of the development of international policy, law, governance and international negotiations towards justice, peace and sustainable development.

As part of this broad objective, the HAC in particular seeks to support the work of the various international courts, tribunals and other international organisations based in The Hague. Joint HAC activities in support of this mission include:

- annual conferences on topics of relevance given the mission statement, organised by members of the consortium;
- the provision of postgraduate and post-academic courses relevant to students and practitioners in the fields indicated above;
- scholarly and policy-orientated research as well as consultancy activities;
- publications;
- public events targeted at the international community in The Hague, aiming at practitioners and students of international law, diplomacy and development;
- management of the Hague Justice Portal.

Within the HAC's present membership, the Carnegie Foundation (more specifically the Peace Palace Library), the Grotius Centre (Leiden University, Campus The Hague), The Hague Institute for the Internationalisation of Law (HIIL) and the T.M.C. Asser Instituut work in the field of international (and European) law, whereas the Netherlands Institute for International relations 'Clingendael' and the Institute of Social Studies (ISS) focus on international relations, international political economy and development studies. For further information, you may consult <http://www.haguejusticeportal.net>.

TABLE OF CONTENTS

LIST OF ABBREVIATIONS

ACT	Allied Command Transformation
AGCS	Accord Général sur le Commerce des Services
AJIL	Journal African de Droit International
AMI	Accord multilatéral sur l'investissement
AOR	area of responsibility
CA	Civil Affairs
CAI	Cultural Background Information
CEDAW	Convention on the Elimination of all Forms of Discrimination Against Women
CEE	Commission économique pour l'Europe
CENTCOM	Central Command
CEP	Civil Emergency Planning
CERP	Commander's Emergency Response Program
CH	cultural heritage
CIMIC	civil military co-operation
CIRDI	Centre International pour le Règlement des Différends relatifs aux Investissements (Washington, DC)
CJCE	Cour de Justice des Communautés Européennes
CMAS	Conservation and Management of Archaeological Sites
CNRS	Centre national de la recherche scientifique
CRC	Convention on the Rights of the Child
CROs	Crisis Response Operations
CuA	Cultural Affairs
DAI	Deutsches Archaeologisches Institut
DoD	Department of Defense
DRC	Democratic Republic of Congo
ECtHR	European Court of Human Rights
ENP	European Neighbourhood Policy

FTC	International Convention for the Suppression of the Financing of Terrorism
GATT	L'Accord général sur les tarifs douaniers et le commerce
GIS	Geographical Information Systems
HAC	Hague Academic Coalition
Hague Convention of 1954	Hague Convention of 1954 for the Protection of Cultural Property in the Event of Armed Conflict (The Hague, 26 March 1999)
HESCO	Hercules Engineering Solutions Consortium
HiiL	the Hague Institute for the Internationalisation of Law
HQ	Headquarters
HRQ	Human Rights Quarterly
ICA	International Council on Archives
ICBS	International Committee of the Blue Shield
ICC	International Criminal Court
ICCROM	International Centre for the Study of the Preservation and Restoration of Cultural Property
ICESCR	International Covenant on Economic, Social and Cultural Rights
ICJ	International Court of Justice
ICLQ	International and Comparative Law Quarterly
ICN	Netherlands Institute for Cultural Heritage
ICOM	International Committee of Museums
ICOMOS	International Council on Monuments and Sites
ICRC	International Committee of the Red Cross
IFLA	International Federation of Library Associations and Institutions
INLA	Iraqi National Archives and Library
IOs	International Organizations
IRMO	Iraq Reconstruction Management Office
IRRC	International Review of the Red Cross
J. Int'l Econ. L.	Journal of International Economic Law
JFC	Joint Force Commander
JIACG	Joint Interagency Coordination Group
JOA	Joint Operations Area

LOW	Law of War
MAI	Multilateral Agreement of Investment
MFAA	Monuments, Fine Arts and Archives
NATO	North Atlantic Treaty Organisation
NGOs	non-governmental organisations
OCDE	Organisation de Coopération et de Développement Economique
OMC	l'Organisation Mondiale de Commerce
PNUD	Programme des Nations Unies pour le Développement
Receuil des Cours	Recueil des Cours de l'Académie de Droit Internationalde la Haye
R.G.D.I.P.	La Revue Générale de Droit international public
RRF	Rapid Reaction Force
SCEPC	Senior Civil Emergency Planning Committee
STB	Suppression of Terrorist Bombings
UN	United Nations
UNESCO	United Nations Educational, Scientific and Cultural Organization
WEU	Western European Union
WTO	World Trade Organization
Yale Human Rights & Development L.J.	Yale Human Rights & Development Law Journal
ZaöRV	Zeitschrift für ausländisches öffentliches Recht und Völkerrecht

Part I
Culture and International Law

Chapter 1
LA CULTURE ET L'ESPRIT DES LOIS

Geert Hofstede

ABSTRACT

Modern anthropology asserts that differences between human societies' cultures appear through various solutions to a limited number of problems which are common and universal. Our own analyses of the different answers to questionnaires on personal values, collected from samples of national populations, empirically confirmed five fields of universal problems: (1) inequality, (2) the need for certainty, (3) relationship with others, (4) emotionality according to sex, and (5) orientation in time, between the future, present and past. The various national solutions of these five universal problems, formed over centuries, represent the five dimensions of national culture.

Each of these five dimensions is related to a specific aspect of our topic: culture and the spirit of the laws. (1) The way in which one treats the fact that human beings are born unequal (the 'hierarchical distance') expresses, among other things, the priority given to power or to legitimacy. (2) The need for certainty in the face of a dubious tomorrow (the 'control of uncertainty') relates, among other things, to the inertia of the legal procedures. (3) The relationship with others: loose in those societies known as 'individualistic', tight in societies known as 'collectivists', goes hand in hand with respect for the human's right, defined as rights of the individual. (4) The emotive role associated with a girl or a boy varies between societies known as 'masculine', where these two roles are very different, and societies known as 'feminine', where the boundaries between those two roles are blurred. The femininity of a society goes hand in hand with the degree of indulgence towards infringements of the law. (5) The orientation in time, between the future, present and past is related to the attitude towards the satisfaction of desires: either one gives up this satisfaction for later, or one counts on an immediate satisfaction. We speak about a

P. Meerts (ed.), Culture and International Law

'bias towards long or short-term'. This orientation opposes the reform of criminals (long term) to the protection of society (short term).

En 1748, Charles-Louis de Secondat, Baron de Montesquieu, publia son chef d'œuvre « De l'esprit des lois ». Cet ouvrage est surtout célèbre par l'introduction de la *trias politica*, la séparation des puissances législative, exécutive et judiciaire. Cependant, pour l'auteur la notion centrale était que chaque nation a son esprit propre à elle, et que le législateur devra suivre cet esprit « car nous ne faisons rien de mieux que ce que nous faisons librement, et en suivant notre génie naturel ». Cette idée a choqué beaucoup de lecteurs. En 1751, l'Église Catholique a mis le livre de Montesquieu à l'Index.

Cette résistance d'il y a 250 ans ressemble fort à la réaction négative que rencontre encore aujourd'hui la notion de relativité culturelle, surtout chez ceux qui sont convaincus qu'il n'existe qu'une seule vérité dont ils sont les dépositaires. Ce ne sont pas seulement les fidèles d'une religion ou d'une idéologie orthodoxe ; on rencontre ce rejet du relativisme parmi beaucoup de politiciens, mais aussi parmi mes collègues chercheurs en sciences sociales, surtout chez les économistes qui ne reconnaissent qu'une seule rationalité, et chez les psychologues qui croient que les théories développées et formulées dans un seul pays seront valables pour tous les humains et dans le monde entier.

Regardons ce que signifie la conception de « nation ». Qu'est ce qui sépare une nation d'une autre ? Les différencces entre les nations sont toutes produits de l'histoire. On ne peut pas comprendre l'Europe sans une profonde connaissance de son histoire et, par exemple, du rôle de l'Empire Romain, des grandes migrations, de la division de l'héritage de Charlemagne entre ses trois fils, des conquêtes Ottomanes, des deux guerres mondiales. En comparant les nations issues de cette histoire dans leur état actuel, on peut distinguer trois aspects que j'ai mis dans un diagramme (Figure 1).

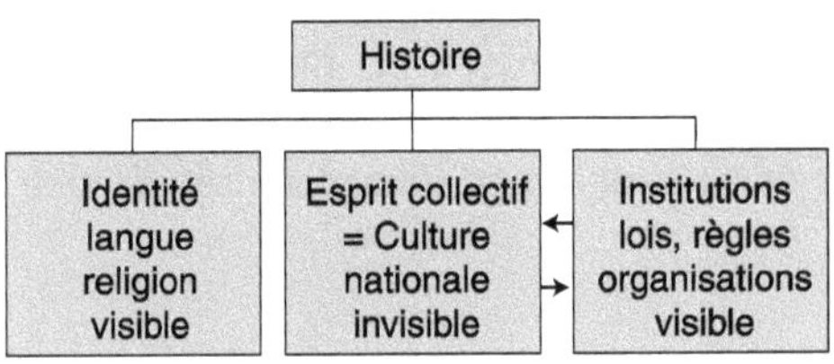

Figure 1. Différences entre nations.

D'abord, à gauche dans mon diagramme, une nation est censée connaître un sentiment partagé d'identité commune, qui se base sur des facteurs tels que la langue et la religion. Les différences linguistiques ou religieuses à l'intérieur d'une nation sont vues par certains comme menaces de l'identité nationale, ce que mes compatriotes néerlandais peuvent observer couramment. L'identité nationale est consciente, visible et reconnue tant par les habitants d'une nation que par les autres.

Ensuite, à droite dans mon diagramme, une nation possède ses propres institutions, comme les lois dont parle Montesquieu, les règles écrites et non écrites qui gouvernent la vie sociale et la vie familiale, les organisations politiques, culturelles, économiques, sportives, religieuses. Ces institutions sont aussi visibles pour chacun.

Mais entre les aspects identité et institutions j'ai posé un troisième pavé : l'esprit collectif, le génie selon Montesquieu, que maintenant nous appelons plutôt la culture nationale. Celle-ci est invisible, elle se situe dans les mentalités partagées. Et comme vous le voyez dans mon diagramme, je le lie plutôt aux institutions, à droite qu'à l'identité, à gauche. Comme le montrent les recherches, celles d'autres chercheurs autant que les miennes, des nations et des groupes à l'intérieur de nations qui s'attribuent des identités opposées peuvent très bien manifester des cultures presque identiques. Par exemple les régions linguistiques en Belgique, les religions en Irlande du Nord, ou la culture de beaucoup des différentes nations des Balkans.

La liaison entre la culture nationale et les institutions, au contraire, est très forte. La culture nationale délimite les institutions et leur fonctionnement, et les institutions à leur tour maintiennent la culture nationale.

Le mot 'culture' dans la plupart des langues que je connais est utilisé en deux sens. Le premier, le plus commun, est celui de la civilisation : la formation et le raffinement de l'esprit. C'est la culture des Ministères de la Culture, des institutions culturelles, des musées, des artistes. Dans cette conférence, néanmoins, nous utiliserons le mot 'culture' dans sa deuxième acception, qui provient de l'ethnologie ou anthropologie sociale, c'est à dire les façons collectives de penser, sentir et agir. La définition que je propose est « La programmation collective de l'esprit qui distingue les membres d'un groupe ou d'une catégorie de personnes par rapport à un autre ».

Cette définition a trois composantes :

1. La culture est une programmation : comme un programme d'ordinateur, elle ne montre son contenu qu'à l'usage ; il faut l'éprouver pour le connaître.

2. La culture est une chose collective – elle ne saurait s'appliquer à une seule personne.

3. La culture est la partie de notre programmation qui distingue notre collectif de celui des autres – elle se trouve entre la nature humaine, que nous partageons tous, et la personnalité, qui est spécifique à chaque individu. Les collectifs où le mot s'applique pourront être la nation mais aussi la région, le sexe (culture des hommes contre celle des femmes), la génération (parents contre enfants), la profession (avocats contre médecins, soldats, charpentiers), ou l'organisation, y compris la culture d'entreprise, sujet toujours populaire de la littérature de gestion. Dans ma conférence je l'utiliserai surtout au niveau des nations, suivant Montesquieu.

   Cette programmation mentale se manifeste à des niveaux allant du superficiel au profond. Figure 2 s'appelle « l'oignon » à cause de ses pelures successives.

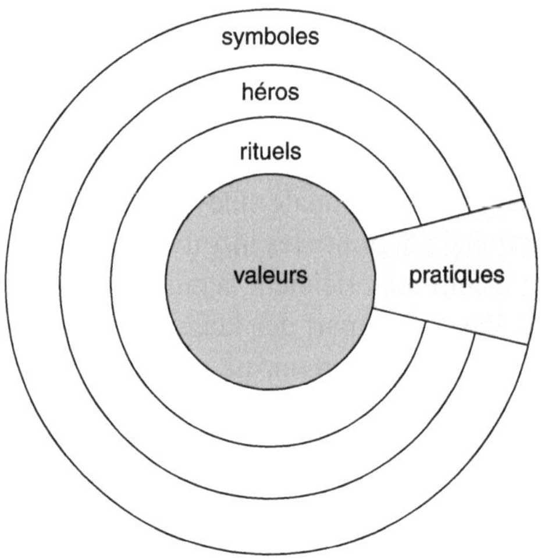

Figure 2. Les niveaux de programmation mentale.

À la superficie nous trouvons les symboles : ce sont les mots, les gestes et les objets (p. ex. les symboles de prestige) qui sont reconnus comme tels par les membres d'une culture mais pas nécessairement par les autres. Le niveau des symboles comprend la langue qui, bien que très importante comme véhicule de culture, reste ouverte au changement. Même adultes nous pouvons apprendre d'autres langues, même si le juste accent ne s'acquiert que pendant notre enfance. Avoir appris une autre langue ne signifie pas du tout avoir adopté une autre culture. Dans l'apprentissage d'une culture, la langue est une condition nécessaire mais non suffisante.

Puis nous trouvons les héros : les personnages réels, historiques et imaginaires qui servent d'exemple pour les aspects chers à notre culture et dont nous gardons les portraits, les statues et la mémoire. Ceux qui sont considérés comme des héros varient d'une culture à l'autre. Même les personnages de bandes dessinées peuvent jouer le rôle de héros nationaux : Astérix en France, Ollie B. Bommel aux Pays-Bas.

Au troisième niveau j'ai mis les rituels : les activités collectives techniquement superflues mais socialement essentielles pour ceux qui partagent une culture. Beaucoup d'activités dans notre vie quotidienne ont un élément rituel. Par exemple, les réunions d'affaires se tiennent parce que c'est le lundi, pas nécessairement parce qu'elles devraient mener à quelque résultat. Le dimanche est pour l'église, le lundi pour la réunion d'affaires. La façon dont on se salue est un rituel qui varie énormément entre les pays : quand et à qui on tend la main, quand, qui et comment on embrasse, quand et comment on se regarde dans les yeux.

Mon diagramme a réuni les trois niveaux de symboles, héros et rituels sous le terme de « pratiques ». Les pratiques sont les éléments conscients d'une culture et visibles à tout le monde, même si la raison pour laquelle nous les pratiquons n'est pas toujours claire.

Contrairement aux pratiques, le noyau profond de notre oignon est inconscient et invisible aux autres : il contient les valeurs qui forment l'élément stable et permanent d'une culture. Les valeurs sont des sentiments, elles se trouvent au niveau émotionnel, non rationnel. Elles viennent du ventre plutôt que du cerveau. Les valeurs ont toujours un pôle négatif opposant un pôle positif : le mal est opposé au bien, le sale au propre, le laid au beau.

Une valeur n'est pas toujours reconnue comme telle. Prenons ce que nous considérons être rationnel ou irrationnel. Certains de mes collègues économistes ont tendance à croire en une rationalité absolue qui devrait dicter la vie économique. Mais notre rationalité dépend de nos valeurs, qui peuvent varier d'un pays et d'une institution à l'autre. Ce qui veut aussi dire que la mondialisation, la fameuse *globalisation,* n'existe pas : elle restera un slogan vide. On peut essayer d'imposer les valeurs d'une certaine conception du marché à d'autres pays, mais celles-ci ne gouverneront jamais la vie économique et politique de ces pays.

La raison pour laquelle les valeurs sont tellement stables et inconscientes c'est qu'elles figurent parmi les premières choses que nous apprenons dès la naissance. La Figure 3, fondée sur notre recherche, suggère que pendant les dix premières années de notre vie nous acquérons plus de valeurs que de pratiques, et ceci dans la vie de famille ou ce qui la remplace. Les premières valeurs d'un enfant sont la différence entre sale et propre, et entre dangereux et sûr – ne pas mettre les doigts dans la prise de courant –, puis entre le méchant et le sage, avec déjà cette fine distinction entre ce que les parents disent et ce qu'ils démontrent par leurs actions.

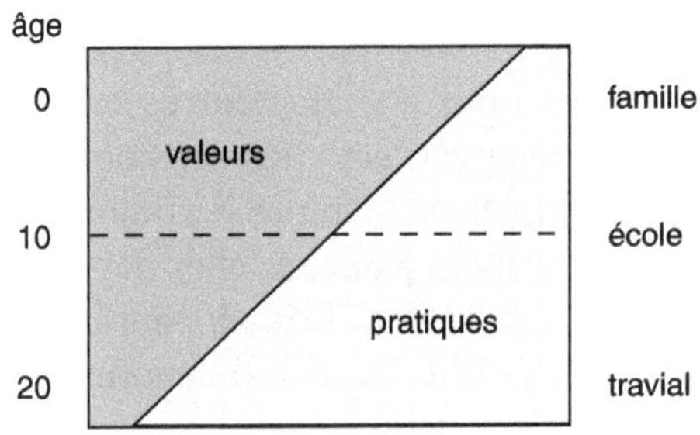

Figure 3. Le transfer de valeurs et pratiques.

Pendant la deuxième décade de notre vie, la balance se déplace de l'apprentissage de valeurs à celui de pratiques. Ce décalage prend place à l'école ou ce qui la remplace. À l'âge ou l'on entre dans le monde du travail, les valeurs sont fermement en place – elles influenceront le choix du boulot ou de la profession. Ce qui reste à apprendre après cet âge consiste en pratiques. La nécessité d'apprendre de nouvelles pratiques dans notre monde moderne persiste toute la vie.

La stabilité de ce que nous avons appris dès notre plus bas âge provient de notre physiologie humaine-même. Contrairement à beaucoup d'autres créatures, nous sommes nés avec une programmation mentale très incomplète. On pourrait dire que nous ressemblons aux kangourous : de même que les petits kangourous passent la première partie de leur vie dans la poche ventrale de leur mère, nous autres humains acquérons la programmation qui nous manque dans la poche sociale que représente notre famille et son contexte. Pour ceci, notre physiologie nous a équipé d'une facilité surprenante à absorber l'information très complexe qu'il nous faut pour compléter nos programmes mentaux, facilité qui se perd après notre puberté quand notre physiologie change profondément.

Cette information essentielle que fournit notre environnement social premier contient toutes nos valeurs de base : ces sentiments viscéraux de ce qui est bon ou mauvais, naturel ou contre nature, normal ou anormal.

Après notre transition à l'âge adulte ces valeurs ne changeront guère. Même si nous continuons notre vie dans un autre pays, nous portons dans notre for intérieur cette boussole implantée pendant notre enfance.

Heureusement pour les relations internationales, les communications entre personnes de nationalité différente se basent surtout sur des pratiques qui sont conscientes. Et ces pratiques, comme je l'ai déjà dit, s'apprennent et se désapprennent pendant toute la vie. Les mêmes pratiques peuvent être apprises par des personnes aux valeurs très différentes. Nous les acquérons par notre ambiance sociale là ou nous nous trouvons. Sans cette facilité d'apprentissage continuel de pratiques, les organisations et entreprises internationales ne sauront pas survivre. C'est rare qu'une organisation internationale ait besoin de valeurs communes partagées par ses membres.

Dans les entreprises internationales, c'est à la mode de formuler des « valeurs d'entreprise » ou *corporate values*. C'est un usage du mot 'valeurs' qui n'a rien à faire avec l'usage que moi j'en fais. Le mien se base sur les sentiments profonds des membres d'une nation. Les *corporate values* ne sont que des slogans inventés par des dirigeants d'entreprise pour embellir l'image de leur organisation. Vous vous rappelerez la Société ENRON, le sujet du plus grand scandale du monde des affaires américaines. Les valeurs d'entreprise dont se vantait la direction d'ENRON comprenaient *integrity* et *professionalism*. Et même là où les dirigeants d'entreprise sont des gens honnêtes qui croient fortement en leur *corporate values*, aucun Pape, Premier Ministre, PDG ou *CEO* ne possède les moyens de changer les valeurs que leurs adhérents ont acquis pendant leur enfance.

Revenons à Montesquieu. Ce qu'actuellement nous appelons culture nationale ressemble fort à sa notion d'esprit de la nation. Il montrait un vif intérêt pour les cultures des nations. Dans sa jeunesse il avait critiqué la société française de son époque dans ses *Lettres Persanes*, en l'observant par les yeux d'un Persan fictif. Ce livre était publié anonymement à Amsterdam, alors le centre de la presse libre.

Montesquieu essayait de se baser sur des expériences : il avait voyagé lui-même en Autriche, en Hongrie, en Italie, en Allemagne, aux Pays-Bas et en Angleterre. Dans « De l'esprit des lois » il propose des liens entre l'esprit de la nation et des facteurs comme le climat, la nature du terrain et la religion. Dans ce but il se sert librement de références à des pays comme la Chine, le

Japon, l'Amérique et l'Arabie sur lesquels à son époque les informations étaient limitées, ce qui rend ses arguments moins convaincants.

Néanmoins Montesquieu se montre remarquablement perspicace et ouvert aux faits, raison pour laquelle ses pensées sont toujours lues et appréciées. Son ouverture d'esprit le distingue de beaucoup de ses contemporains en Europe qui dans leur vues sur d'autres nations se servaient de stéréotypes et de préjugés.

La Figure 4 en montre un exemple, peint en Autriche autour de 1725, que Montesquieu peut très bien avoir vu pendant ses voyages. Il s'agit d'un *Völkertafel*, un « Tableau des peuples ». Le texte allemand dit *Kurze Beschreibung der in Europa befindlichen Völkern und ihren Eigenschaften,* « Brève description des peuples qu'on trouve en Europe et de leurs qualités », et les colonnes décrivent successivement l'Espagnol, le Français, l'Italien, l'Allemand, l'Anglais, le Suédois, le Polonais, le Hongrois, le Russe et le « Turc ou Grec » – ici ou bien l'auteur n'avait pas noté de différence, ou bien il manquait d'espace. Les lignes portent des titres comme « comportement », nature et caractère, intelligence, qualités, connaissances, costume, vices, préférences et maladies. Un tableau comme celui-ci contient très peu d'information valable sauf sur la mentalité de celui qui l'a produit. Dans ce cas c'était évidemment un Allemand, car la colonne 'Allemand' est la seule où toutes les qualifications sont favorables.

Si notre *Völkertafel* représente l'état général des perceptions mutuelles des nations d'Europe au 18me siècle, on éprouve encore plus de respect pour l'énorme progrès que signifie l'empirisme de Montesquieu, progrès trop avancé pour beaucoup de ses compatriotes et certainement pour l'église catholique. On se demande quel pourcentage de nos concitoyens actuels reste au niveau des préjugés du *Völkertafel.*

Ce n'est qu'au milieu du 20ème siècle que l'étude comparative de l'esprit des nations s'est systématisée. En attendant il y a eu des contributions dispersées, comme celle du proto-économiste français Frédéric Le Play qui au 19eme siècle voyageait un peu partout en Europe, recueillant des données sur l'économie des familles, et qui a peut-être été le premier à stipuler le rôle des lois d'héritage dans l'économie et la culture des pays. Au début du 20ème siècle, le sociologue Allemand devenu Italien Robert Michels fait l'esquisse d'une étude comparative de l'amour à travers les nations qu'il a appelé *Vergleichende Liebeswissenschaft.*

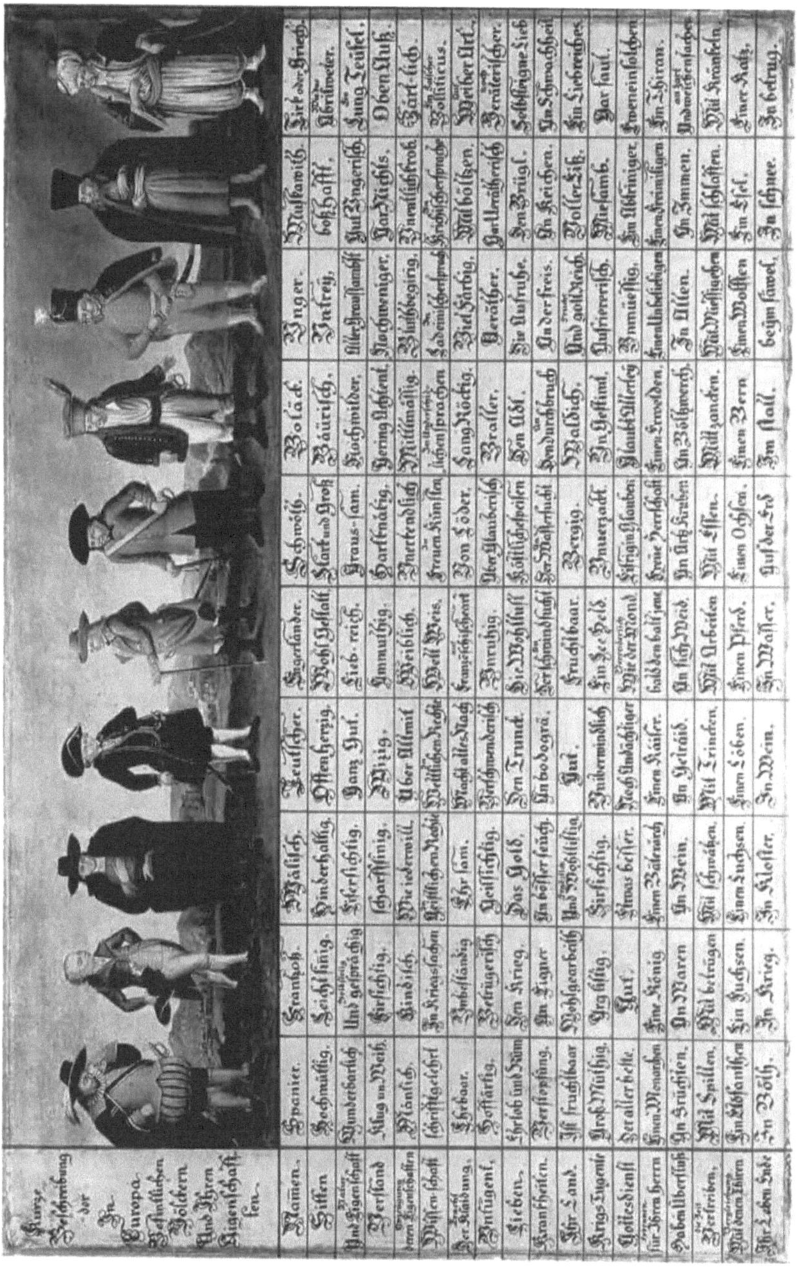

Figure 4. Völkertafel, Steiermark, 1725.

Les études systématiques des cultures nationales depuis les années soixante utilisent des questionnaires sur les valeurs personnelles d'échantillons de la population, consistant de personnes comparables à tous égards sauf leur nationalité. Ces questionnaires peuvent être basés sur des enquêtes préliminaires à questions ouvertes, mais dans la phase comparative ils sont constitués de questions pré-codées permettant des analyses statistiques. Ces recherches ont bénéficié du progrès du traitement de données sur ordinateur, allant de pair avec le développement de la statistique mathématique.

Il faut distinguer les analyses au niveau individuel avec celles au niveau collectif des nations. Ces dernières s'appellent l'analyse écologique et c'est elle qui a permis le vrai progrès dans la comparaison des cultures nationales.

Dans les années cinquante du 20ème siècle, l'ethnologue Américain Clyde Kluckhohn a affirmé que les différences entre les cultures des sociétés humaines se manifestent par des solutions distinctes à un nombre limité de problèmes qui sont communs et universels. Deux autres Américains, le sociologue Alex Inkeles et le psychologue Daniel Levinson, ont identifié quatre de ces problèmes dans la littérature anthropologique et sociologique de l'époque.

Mes propres analyses écologiques, publiées dès 1980, confirmaient empiriquement cinq domaines de problèmes universels, dont les quatre déjà prévus par Inkeles et Levinson. Ils sont présentés ici : (1) l'inégalité, (2) le besoin de certitude, (3) le rapport avec les autres, (4) le rôle émotif selon le sexe, et (5) l'orientation dans le temps, entre avenir, présent et passé.

Les différentes solutions nationales de ces cinq problèmes universels, formées au cours des siècles, représentent cinq dimensions de cultures nationales :

1. Le premier problème est la façon dont on traite le fait que les humains sont nés inégaux. Toutes les sociétés sont inégales, mais certaines sont plus inégales que d'autres. Dans les éditions francophones de mes livres le terme anglais pour cette dimension, *power distance*, a été traduit par « distance hiérarchique ».
2. Le deuxième problème est la façon dont on vit avec un lendemain qui par définition est inconnu. Certaines sociétés ont plus besoin de certitude que d'autres. Les traducteurs de mes ouvrages ont traduit le terme anglais *uncertainty avoidance* par « contrôle de l'incertitude ».
3. Le troisième problème est la relation avec les siens – d'abord la famille, puis avec des réseaux plus étendus comme le village ou la tribu. Dans les sociétés dites individualistes, les enfants apprennent à se voir

comme un ou une 'moi'. Dans les sociétés dites collectivistes, les enfants apprennent à se considérer comme partie d'un « nous ».

4. Le quatrième problème réside dans les conséquences émotives d'être né fille ou garçon. En dehors des différences physiques entre les sexes, chaque société attribue des rôles sociaux et surtout émotifs différents aux hommes et aux femmes. Dans les sociétés dites masculines, ces deux rôles sont très différents. Dans les sociétés dites féminines, ces deux rôles sont plus flous.
5. Le cinquième problème est le regard en avance – ou sur place, ou même en arrière. Ceci est lié aux attentes de satisfaction des désirs : si on la remet à plus tard, ou si on compte sur une satisfaction immédiate. Nous parlons d'orientation à long ou à court terme.

Notre base de données contient maintenant des scores sur ces dimensions pour 76 sociétés, sauf pour la dimension d'orientation au long terme où nous n'en avons qu'un peu plus de 40. Ces scores positionnent les pays en relation les uns avec les autres : ils sont donc relatifs.

Au début mes scores étaient basés sur des sondages parmi le personnel des filiales nationales de la société IBM dans le monde entier, tenus autour de 1970. Pour l'époque c'était un matériau énorme, contenant plus de 100.000 questionnaires recueillis dans plus de 70 pays ; le premier sondage a été répété après quatre ans, ce qui a permis de contrôler la stabilité des réponses moyennes des pays. L'analyse s'est d'abord limitée aux 40 pays où le nombre de réponses dépassait un minimum.

Après la parution de mon ouvrage de 1980, beaucoup d'autres chercheurs ont répliqué la recherche sur d'autres échantillons, utilisant plus ou moins les mêmes questions. Si je me limite aux contre-études substantielles, couvrant un nombre de pays supérieur à dix, j'en trouve six sur des échantillons très divers.

On a recherché des élites nationales, consistant de politiciens, scientifiques et artistes ; on a enquêté sur des échantillons d'employés de plusieurs autres sociétés internationales originaires de différents pays ; un projet à étudié des pilotes d'avion commerciaux, un autre des consommateurs, un troisième des fonctionnaires municipaux.

La conclusion générale est que les résultats de la première enquête se reproduisent dans les suivantes, au moins dans l'ordre des pays sur les cinq dimensions. Puisque les scores sont toujours relatifs, jamais absolus, on ne peut pas conclure que les cultures n'ont pas changé. Mais les résultats montrent que les *différences entre* les cultures n'ont guère changé. Les cultures nationales bougent surtout sous l'influence des changements mondiaux, donc elles changent ensemble, et leurs positions mutuelles restent les mêmes.

Revenons maintenant à notre thème de l'esprit des lois. Une grande partie de mes recherches et celles des autres est vouée à la validation des dimensions : les relations significatives entre les scores des pays et des aspects visibles et mesurables des différences entre nations. Dans ce processus, le sujet des lois et de leur application apparaît régulièrement.

Chacune des cinq dimensions est liée à un aspect spécifique de notre thème :

1. La Distance Hiérarchique exprime entre autres choses la priorité à la puissance ou bien à la légitimité ;
2. Le Contrôle de l'Incertitude se rapporte à l'inertie des procédures judiciaires ;
3. L'Individualisme est lié au respect des Droits de l'Homme ;
4. La Féminité va de pair avec le degré d'indulgence aux infractions de la loi ;
5. L'Orientation à Long ou à Court Terme oppose la réforme de criminels à la protection de la société.

Regardons tous ces rapports de plus près. La dimension de Distance Hiérarchique est définie par le degré d'acceptation d'une répartition inégale du pouvoir dans les institutions et les organisations chez ceux d'en bas de la hiérarchie. Nous avons tous tendance à reprocher les inégalités dans les sociétés à leurs dirigeants. Cependant, déjà au 16ème siècle un jeune philosophe français, Étienne de La Boétie, avait proposé que la vraie raison du degré d'inégalité dans une société est ce qu'il appelait « La servitude volontaire » des sans-pouvoir. Un dictateur ne saurait garder le pouvoir que tant que ses subordonnés lui obéissent. La mentalité de la plupart des membres d'une société est un meilleur critère pour prédire son degré d'inégalité que celle des dirigeants. Cette inégalité commence dans la famille, dans l'importance attachée par les adultes à l'obéissance des enfants comparée à l'importance attachée à leur initiative.

La Distance Hiérarchique est liée à ce qui est peut-être le plus grand dilemme de l'application du droit international : la relation entre la puissance et la légitimité.

Dans les sociétés à grande distance hiérarchique, le pouvoir est un élément de base de la société, qui précède le choix entre le bien et le mal. Sa légitimité n'est pas mise en cause. La puissance prime sur le droit. Cette affirmation ne sera pas présentée ouvertement, mais elle transparaît à travers les comportements, aussi bien de ceux qui détiennent le pouvoir que de l'homme de la rue. Il y a un consensus tacite sur l'existence d'un ordre inégal dans ce monde où chacun a sa place. Les changements de pouvoir se font par la révolution. La plupart de ces révolutions échouent, même sous une réussite apparente, puisque les nouveaux maîtres ressembleront à leurs prédécesseurs, suivant les valeurs de la majorité.

Dans les sociétés à faible distance hiérarchique, le sentiment général est que l'usage du pouvoir doit être légitimé et soumis au jugement entre le bien et le mal. La loi garantit à tous, sans distinction de statut, des droits égaux. L'origine du pouvoir provient de la position officielle de celui qui le détient, de la compétence qu'on lui prête et de sa capacité à récompenser ou punir. Un scandale signifie en général la fin d'une carrière politique. Les changements se font par une évolution graduelle, sans départ obligatoire des dirigeants.

En effet l'acceptation d'une justice internationale exige une distance hiérarchique pas trop importante. Là où cette condition n'est pas remplie, la légitimité internationale ne peut être maintenue que par une force extérieure, et cette force même risque de devenir illégitime. L'histoire récente au Moyen Orient en présente des exemples épouvantables.

La dimension du Contrôle de l'Incertitude est défini comme le degré du sentiment partagé de crainte dans une société de situations ambiguës et inconnues. Il représente un besoin viscéral de connaître les règles dans toute situation, même si ensuite on ne les respectera pas. Un fort contrôle de l'incertitude se manifeste dans le sentiment que « ce qui est différent, est dangereux ».

Le contrôle de l'incertitude est parfois confondu avec la peur du risque, mais c'est autre chose : le risque est à l'incertitude ce que la peur est à l'angoisse. Risque et peur sont spécifiques. On a peur des araignées et on prend le risque d'une contravention pour stationnement non réglementaire. Le risque est prévisible, mais l'incertitude et l'angoisse sont diffuses – il peut se passer n'importe quoi et cela nous rend nerveux.

Un fort contrôle de l'incertitude dans une société signifie un besoin d'avoir des lois, mais il y a une différence entre le fait de légiférer et l'application des lois établies. En effet, certaines procédures légales bénéficient d'un faible contrôle de l'incertitude. En 2003, des experts légaux de la Banque Mondiale publiaient une étude faite avec l'aide de cabinets d'avocats en plus de 100 pays. Il s'agissait de la durée moyenne de deux procédures de loi civile : encaisser un chèque sans provision, et expulser un locataire arriéré. Cette durée variait entre les pays de 40 jours à trois ans. Pour les 67 pays figurant dans notre banque de données culturelles, la durée des procédures était fortement corrélée au contrôle de l'incertitude, dans le sens que les pays au plus fort contrôle présentaient les plus longues durées. En effet, les procédures y étaient tellement encombrantes que l'existence d'une loi a peu d'importance, parce que beaucoup de gens n'essayeront même pas d'y faire appel.

Dans le diagramme de la Figure 5 j'ai combiné ces deux premières dimensions : Distance Hiérarchique au dessous de la moyenne à gauche, au dessus à droite. Faible Contrôle de l'Incertitude en haut, forte contrôle en bas.

PETITE DH, FAIBLE CI	GRANDE DH, FAIBLE CI
PAYS NORDIQUES PAYS ANGLOPHONES ÉTATS-UNIS, PAYS-BAS	CHINE INDE
PAYS GERMANOPHONES PAYS BALTIQUES HONGRIE, ISRAEL	PAYS LATINS, FLANDRES EUROPE EST + SUD-EST JAPON, CORÉE
PETITE DH, FORT CI	GRANDE DH, FORT CI

Figure 5. Dichotomie des pays sur la Distance Hiérarchique et le Contrôle de l'Incertitude.

Les pays Latins, ceux qui ont hérités leur langue et une partie de leur culture de l'empire romain, comme la France, l'Espagne et les pays de l'Amérique du Sud, se trouvent tous dans le quart où les deux dimensions sont au dessus de la moyenne. Les caractéristiques communes des cultures latines sont une centralisation du pouvoir dans toutes les institutions de la société, et un système de lois et de règles répandu aussi bien dans les institutions que dans la conscience des membres. Remarquablement, en Belgique ce ne sont pas seulement les Wallons qu'on trouve dans le quadrant

Latin, mais aussi les Flamands, ce qui illustre la distance culturelle entre frères néerlandophones éprouvée des deux côtés.

Dans le quadrant opposé où les deux dimensions sont au dessous de la moyenne, nous trouvons les pays Nordiques et anglophones et marginalement le pays où nous nous trouvons aujourd'hui. Nos voisins allemands partagent un assez fort contrôle de l'incertitude avec les Latins mais une distance hiérarchique au dessous de la moyenne avec nous autres Barbares. L'autorité en Allemagne est dans la fonction, pas dans la personne. En France elle est dans la personne.

L'opposé des pays germanophones sont ces grands pays d'Asie où le pouvoir est très clair, mais les règles sont moins développées et en tout cas, ces règles ne s'appliquent pas aux dirigeants.

Regardons maintenant les deux dimensions suivantes. Le troisième c'est l'Individualisme contre le Collectivisme. Dans les sociétés dites individualistes, les liens entre les individus sont faibles : chacun doit se prendre en charge, ainsi que ses parents les plus proches. Comme je l'ai déjà dit, dans ces sociétés les enfants apprennent à se voir comme « moi ». Le 'moi' s'oppose à d'autres « moi ».

Dans les sociétés dites collectivistes, les individus sont intégrés, dès leur naissance, dans des groupes forts et soudés, qui perdurent toute la vie ; les enfants, nous l'avons déjà dit, apprennent à se considérer comme partie d'un « nous ». Ce 'nous' s'oppose, parfois violemment, à d'autres « nous ». Contrairement à une notion naïve, le collectivisme n'a rien à faire avec l'altruisme. C'est un égoïsme collectif fondé sur la croyance que seulement par sa loyauté à un « nous » protecteur on peut survivre à la menace qui peut venir des autres.

Un effet de cette distinction, visible dans la législation et les contrats, est que les sociétés individualistes ont davantage besoin d'expliciter les règles ; dans les sociétés collectivistes les règles sont souvent implicites et enracinés dans la tradition que tous sont censés connaître. Ainsi au Japon, plus collectiviste, les contrats d'affaires sont plus courts qu'aux États-Unis, individualiste.

Ce qui est le plus importante pour le droit international, c'est la relation entre cette dimension et le respect pour les Droits de l'Homme. Le respect pour les Droits de l'Homme chez les gouvernements nationaux est une cause majeure de la politique internationale.

La Déclaration Universelle des Droits de l'Homme a été adoptée à Paris le 10 décembre 1948. Une étude publiée en 1992 a calculé pour un nombre de pays membres des Nations Unies un Indice de respect pour les Droits de l'Homme, basé sur 40 critères reliés aux 30 articles de la Déclaration de 1948. Pour les 52 pays figurant dans notre banque de données culturelles, l'indice de respect pour les Droits de l'Homme était surtout corrélée au Produit National Brut par tête des pays. Après l'élimination de l'effet du PNB, les dimensions culturelles ne jouaient plus de rôle. On peut conclure que si on inclut les pays pauvres, le respect pour le contenu de la Déclaration se montre un luxe que les pays riches peuvent se permettre plus facilement que ceux qui sont pauvres. La conclusion jusqu'à ici est que celui qui veut améliorer le respect pour les DH dans le monde doit viser à éliminer la pauvreté.

Cependant, quand nous nous sommes limités aux 25 pays les plus riches, la situation changeait. Pas surprenant, le PNB par tête pour ces 25 pays ne jouait plus de rôle. Cette fois la seule variable qui expliquait les différences dans l'Indice de Respect était l'Individualisme. Les pays plus individualistes, selon l'Indice, respectaient le mieux les Droits de la Déclaration.

Ce résultat nous en dit autant sur la Déclaration que sur les 25 pays. La Déclaration de 1948 était fondée sur des valeurs individualistes : celles des vainqueurs de la Deuxième Guerre Mondiale. Les Droits de l'Homme décrits sont des droits de l'individu. Les cultures où le groupe ou la collectivité est plus important(e) honorent certaines valeurs que la Déclaration n'a pas reconnues.

La dimension de la Masculinité contre la Féminité décrit la division dans une société entre les rôles affectifs et émotifs attendus des femmes et des hommes. Les différences physiques entre le mâle et la femelle n'ont pas du tout les mêmes conséquences d'une société à l'autre. Ces conséquences sont partiellement associées à la richesse ou la pauvreté du pays, mais elles ont cette autre dimension qui coupe à travers les différences de PNB par tête : une dimension qui sépare les pays riches entre eux de la même façon qu'elle sépare les pays pauvres entre eux.

Dans les sociétés dites masculines, les rôles affectifs et émotifs des deux sexes sont très différents : les hommes doivent s'affirmer, les femmes doivent soigner les autres et conserver la qualité de la vie. Dans les sociétés dites féminines, ces rôles sont plus flous. Les hommes se soucient également de la qualité de la vie, presque autant que les femmes.

La différence entre les deux pôles de cette dimension est plus visible dans le comportement des hommes que dans celui des femmes ; les rôles émotifs des femmes diffèrent moins d'une société à l'autre.

De même que les autres valeurs des cultures nationales, celle-ci se transfère également aux enfants dans la famille, à travers le modèle établi par les parents et les aînés.

Dans la législation et l'application des lois, les différences selon la dimension de Masculinité/Féminité se montrent dans le degré de sévérité des punitions. Les sociétés dites féminines tolèrent davantage les petites infractions.

Les peines seront modérées en comparaison avec celles d'autres pays, et les conditions dans les prisons seront relativement confortables, bien qu'il faille tenir compte de la richesse ou pauvreté du pays. Les sociétés dites masculines aiment le régime tolérance zéro, même pour les petites infractions. Les peines prononcées sont sévères en comparaison avec celles d'autres pays, et on fait peu d'effort pour rendre le séjour en prison confortable. On pourrait dire qu'aussi au nouveau culturel, maman est moins sévère que papa.

Le diagramme de la Figure 6 combine les dimensions : Collectivisme en haut, Individualisme en bas. Plus féminin que la moyenne à gauche, plus masculin à droite. Ce tableau est complètement différent de celle qui précède, où j'avais croisé la Distance Hiérarchique et le Contrôle de l'Incertitude. Cette fois les pays Latins se trouvent dispersés sur tous les quatre quadrants. L'héritage de l'Empire Romain n'a eu rien à faire avec l'Individualisme ou la Masculinité des pays héritiers. L'Espagne et le Portugal par exemple s'opposent carrément à l'Italie. La France, pays de Marianne et du savoir-vivre, se montre individualiste et modérément féminin.

COLLECTIVE, FEMININ	COLLECTIVISTE, MASCULIN
TAILANDE, CORÉE	CHINE, JAPON
COSTA RICA, CHILI	MEXIQUE, VENEZUELA
TURQUIE, BULGARIE	GRÈCE
PORTUGAL, ESPAGNE	MONDE ARABE
FRANCE, FLANDRES	TCHÈQUIE, HONGRIE
PAYS BALTIQUES	POLOGNE, ITALIE
PAYS NORDIQUES	PAYS GERMANOPHONES
PAYS-BAS	PAYS ANGLOPHONES
INDIVIDUALISTE, FEMININ	INDIVIDUALISTE, MASCULIN

Figure 6. Dichotomie des pays sur Individualisme/Collectivisme et Masculinité/Féminité.

Le pays où nous nous trouvons, la Hollande, se place à l'extrémité sur ces deux dimensions. Notre nation continue à produire un grand nombre d'experts conseillers qui aiment aider les autres tant que ces autres acceptent leur façon de faire. On parle du «doigt levé» de certains de mes compatriotes. Dans le même quart on trouve les pays Nordiques, de nouveau nos voisins culturels les plus proches, et les pays Baltiques. Les Flandres cette fois s'approchent davantage des Hollandais.

Dans le quadrant individualiste et masculin, les pays Anglophones, y compris les États-Unis, rejoignent cette fois les pays Germanophones. Le Japon que la table précédente séparait de la Chine par son fort contrôle de l'incertitude, rejoint maintenant la Chine dans le quart collectiviste et masculin, bien qu'il reste certaines différences : le Japon se montre plus extrême dans sa Masculinité, et la Chine dans son Collectivisme. Le quart collectiviste et féminin contient d'autres pays Asiatiques, Latino-Américains et Européens.

L'écart entre ce tableau et le précédente montre qu'on a vraiment besoin de plus d'une ou deux dimensions pour comprendre les cultures nationales.

La cinquième dimension ne faisait pas partie des premiers résultats de mes recherches. Elle résulte d'une extension de l'étude par un collègue Canadien, Michael Bond, qui a passé sa vie professionnelle en Asie de l'Est. Dans une discussion, tous les deux nous nous sommes fait des soucis au sujet de l'influence de la nationalité des chercheurs sur leurs conclusions. Pour tester ça, il a demandé à des collègues Chinois de préparer en chinois un nouveau questionnaire pour lequel après traduction il a ensuite recueilli des réponses chez des échantillons d'étudiants dans 23 pays.

L'analyse a repéré cette cinquième dimension que les questions de la première phase, formulées par nous Occidentaux, avaient ratée. Dans les sociétés orientées à long terme, les enfants apprennent à remettre à plus tard la satisfaction de leurs désirs : l'épargne et la persévérance sont des vertus essentielles, et par souci de l'avenir la société s'adapte aux changements mondiaux.

Dans les sociétés orientées à court terme, on cherche la satisfaction immédiate, on est très soucieux des apparences et de satisfaire aux obligations sociales. On regarde le passé plutôt que le futur, et les traditions sont sacrées, même si elles sont devenues des sources de dysfonctionnement.

La recherche comparative des valeurs dispose maintenant d'une base de données importante appelée le World Values Survey. La base de ce matériau a été établi en Europe dans les années 1980. Un des fondateurs était le sociologue français Jean Stoetzel. Les positions des nations sur la dimension d'Orientation à long et à court terme sont corrélées avec les réponses de leurs citoyens à une question du World Values Survey sur le sujet du bien et du mal. Dans les sociétés orientées à long terme, la majorité croit que ce qui est bien ou mal dépend des circonstances et peut donc changer dans le temps. Dans les sociétés orientées à court terme, la majorité croit que ce qui est bien ou mal a été établi pour toujours.

Ceci se reflète dans le droit pénal de ces sociétés dans les sociétés orientées à long terme, le droit pénal cherche la rééducation du criminel. On croit en un recyclage des malfaiteurs pour en refaire des citoyens productifs dans les sociétés orientées à court terme on croit que les gens peuvent être divisées en bonnes et mauvaises gens, comme dans les vieux films Western américains où les bons portaient des chapeaux blancs et les mauvais des chapeaux noirs. Dans ces sociétés, la première tâche du droit pénal est de protéger la société contre les malfaiteurs, les bons contre les mauvais.

Il en ressort que le pourcentage de la population en prison dans les nations est corrélé à l'Orientation à court terme, au moins si on élimine l'effet de la pauvreté : les pays pauvres ont plus de crimes et donc de criminels punis que les pays plus riches. Le taux d'emprisonnement aux États-Unis est bien connu. En 2002, sept pour mille de la population de cette nation se trouvait en prison. La moyenne des pays Européens étaient autour de un pour mille.

Comme le montre la Figure 7, dans nos recherches les États-Unis et le Royaume Uni se placent du côté court terme. Du côté long terme nous trouvons surtout des nations de l'Asie de l'Est, mais aussi le Brésil et l'Inde. La plupart des pays Européens se placent quelque part au milieu. Le très court terme se trouve en Afrique noire et dans certains pays Musulmans où on fait face à l'avenir en s'orientant sur un lointain passé.

L'orientation à court terme dans l'économie qui s'organise à l'américaine saute aux yeux dans les activités des Fonds d'Investissement qui ont pour but unique de maximiser les gains immédiats, sans aucun souci pour les effets à terme de leurs actes pour les entreprises, leur personnel, l'emploi, l'environnement, la distribution des richesses à l'intérieur de et entre les pays, etcetera. Ils manquent toute vision d'un avenir désirable et ils ne montrent aucun intérêt pour la créativité des entrepreneurs, ni pour leur responsabilité du bien de la société.

Alors, vous avez vu cinq cas où la culture nationale influence l'établissement et l'application des lois.

Montesquieu lui-même a résumé ses idées sur l'esprit des lois dans le texte que je cite :

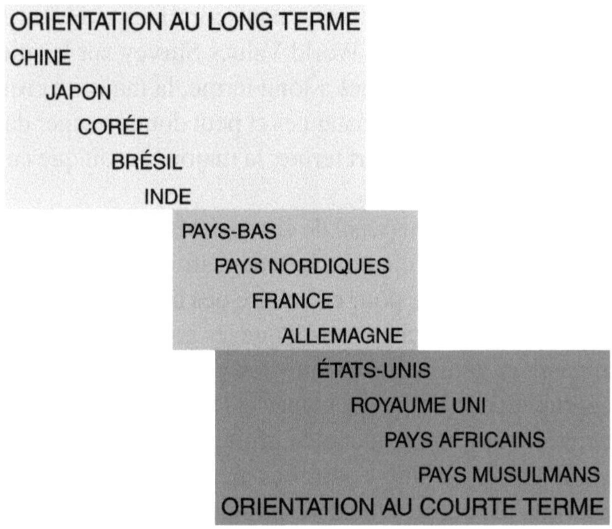

Figure 7. Ordre de pays sur la 5ième dimension.

> « La loi, en général, est la raison humaine, en tant qu'elle gouverne tous les peuples de la terre …
> … et les lois politiques et civiles de chaque nation ne doivent être que les cas particuliers où s'applique cette raison humaine ».
> « Elles doivent être tellement propres au peuple pour lequel elles sont faites, que c'est un très grand hasard si celles d'une nation peuvent convenir à une autre ».

Ce qui pose un très grand défi à ceux qui s'occupent de justice internationale. Tous les Français et beaucoup d'autres connaissent l'aphorisme de Blaise Pascal : « Vérité en-deça des Pyrenées, erreur au-delà »

Ceci était écrit au 17ème siècle, cent ans avant Montesquieu, et Pascal en effet citait d'un 'Essai' de Michel de Montaigne, le grand relativiste du 16ème siècle :

> « Quelle vérité que ces montagnes bornent, qui est mensonge au monde qui se tient au-delà ? »

Pour conclure, il n'y aura pas de justice internationale si elle ne tient pas compte de l'esprit des lois qui est inscrit dans les cultures nationales.

Chapter 2
CULTURE ET DROIT
L'influence de la culture sur le droit international et ses développements

Catherine Kessedjian

ABSTRACT

It is argued that cultural diversity has become a core value of XXIst century societies and their inter-relations. Public international law has recognised, most recently in a resounding manner thanks to the UNESCO 2005 Convention, that cultural diversity must be protected. The simple fact that Member States have decided that a Convention was necessary is a strong signal towards the acceptance of different legal norms and against uniformity of legal regimes. Other norms are also tolerant of diversity. They are mainly known as 'private international law' norms which must be refined in order to be even more tolerant towards diversity. This is not to say that there cannot be some values, such as those behind Human Rights, which may warrant uniform legal norms. However, they are probably very limited in number. Hence, in other fields, such as economic or commercial law, uniformity is more a sign of domination of one culture over the others than a true need of societies.

Le rapport entre droit et culture est l'un des plus fascinants qu'il nous est donné d'étudier tant il est vrai que si le droit est culture,[1] il fait également partie intégrante de la culture[2] puisque la norme juridique est l'une des composantes des règles sociales.

[1] J'ai pour habitude de dire, par un néologisme que le lecteur voudra bien me pardonner, que le droit est une norme « culturée ».

[2] Eric Jayme, « Identité culturelle et intégration : le droit international privé postmoderne – Cours général de droit international privé », *Recueil des cours de l'Académie de droit international,* Tome 251, 1995 ».

P. Meerts (ed.), Culture and International Law

Bien que la présente communication soit essentiellement axée autour de la règle de droit pour déterminer comment elle est influencée par la culture (ou plutôt par les cultures), il n'est pas inutile de s'intéresser de prime abord à une définition du concept de culture, si tant est qu'une telle gageure soit possible. Je me hasarderai d'ailleurs à affirmer que selon la définition que vous retenez du concept de « culture », vous ne suivrez pas les mêmes cheminements de la pensée et vous donnerez un sens différent aux constatations que je suis amenée à vous proposer.

Si vous ouvrez un dictionnaire de langue française, entre culture de la terre, culture microbienne et culture physique, la culture est définie comme « l'ensemble des aspects intellectuels d'une civilisation » mais aussi comme « l'ensemble des formes acquises de comportement, dans les sociétés humaines ».[3] Nous ne sommes pas loin des mœurs qui peuvent se définir comme les habitudes de vie, les coutumes d'un peuple ou d'une société ou, plus généralement, les habitudes communes à un groupe humain. En tant que tel, les mœurs participent de l'identification d'un peuple ou d'une nation et la différencient des autres en étant l'indice d'une diversité culturelle.[4] Les mœurs sont aussi parlantes du point de vue culturel car elles participent, comme l'a bien souligné Durkheim, des formes de solidarité sociale propres à chaque société, c'est-à-dire, finalement, des modes d'organisation de la vie sociale.[5]

L'acception du terme « culture » qui nous paraît la plus utile comme substrat de cette brève étude est tirée des travaux d'Edgar Morin. La culture, nous dit-il,

> « est un ensemble de savoirs, savoir-faire, règles, stratégies, habitudes, coutumes, normes, interdits, croyances, rites, valeurs, mythes, idées, acquis, qui se perpétuent de génération en génération, se reproduit en chaque individu et entretient, par génération et re-génération, la complexité individuelle et la complexité sociale. La culture constitue ainsi un capital cognitif, technique et mythologique non inné. »[6]

---

[3] Définition tirée du dictionnaire Robert qui rappelle le bon mot d'Herriot : « la culture est ce qui reste lorsque l'on a tout oublié » ! Nous ne parlerons pas ici de la culture juridique ou de la culture judiciaire qui sont des éléments de la culture en général.

[4] Catherine Larrère, « Droit et mœurs chez Montesquieu », *Droits* n°19, 1994, p. 11.

[5] Rémi Lenoir, « Mœurs, morale et droit chez Durkheim », *Droits* n°19, 1994, p. 23.

[6] Edgar Morin, *La méthode – 5. l'humanité de l'humanité – L'identité humaine* (Paris : Seuil 2001) p. 280.

La culture est donc un produit de l'histoire. Or, rien n'est plus difficile pour un individu agissant que de se départir de son histoire.

Cette définition a le mérite de mettre en lumière toute la complexité du concept d'autant plus qu'il convient de le mettre en perspective avec la période de l'histoire dans laquelle nous vivons. Cette période possède au moins une particularité : elle consacre ce qu'il est désormais convenu d'appeler la mondialisation.[7] Or, le phénomène de mondialisation induit au moins une conséquence majeure pour la culture. Un phénomène de masse symbolisé par l'internet et les moteurs de recherche (au moins l'un d'entre eux). C'est ainsi qu'un moteur de recherche bien connu s'est donné pour but d'établir la démocratie culturelle.[8] Pour ce faire, il s'est donné pour mission d'établir la bibliothèque universelle (telle qu'il la conçoit) et a ainsi numérisé, sans droit,[9] un très grand nombre de livres pour les mettre à la disposition de tout le monde. Ce projet a quelque chose de formidable (dans tous les sens du terme) mais il repose sur une technique qui ne pourra pas remplir ses objectifs éducatifs. En effet, l'algorithme mathématique sur lequel est fondé le moteur de recherche entraîne un classement des documents exclusivement en fonction du nombre de visites des textes en question. Si, lorsque vous recevez le résultat d'une recherche, vous vous êtes jamais demandé pourquoi une page internet plutôt qu'une autre arrivait en début de liste, ne cherchez plus. La raison en est seulement qu'elle a été plus visitée qu'une autre ; qu'un grand nombre de personnes sont ainsi supposées avoir donné leur opinion et que la multiplication des opinions fait une vérité. Etrange système qui fonde la diversité culturelle simplement sur le nombre.

Or, la culture pose avant tout la question de l'altérité. Mais ici rien de tel. C'est l'apologie du même, du clone. Plus d'apprentissage du sens critique.

---

[7] En français nous avons deux mots « mondialisation » et « globalisation » alors que l'anglais n'en possède qu'un : « *globalisation* ». Cela n'est pas neutre. Lorsque, en français, on parle de « globalisation » c'est à une certaine forme de mondialisation que l'on fait référence, à une mondialisation libérale, très influencée par le modèle américain. Alors que le substantif « mondialisation » est neutre et révèle une constatation factuelle d'un monde de plus en plus étroit et inter-agissant dans lequel il est difficile de se penser en termes locaux. Dans les développements qui suivent nous utiliserons alternativement les deux termes selon ce que l'on veut signifier.

[8] Jean-Noël Jeanneney, *Quand Google défit l'Europe* (Paris : Mille et une nuits 2005).

[9] Si nos informations sont exactes, le moteur de recherche a numérisé sans demander l'autorisation des auteurs, ni des maisons d'édition, tâche titanesque et évidemment extrêmement onéreuse. Si un auteur s'oppose à la présence de son ouvrage dans cette bibliothèque numérique, il doit demander que son texte soit supprimé de la base de données. Violation du respect dû à l'auteur qui, lui-même, est garant de la diversité.

C'est la magnification du *best seller*.[10] C'est le Zagatt[11] du savoir.[12] Nous nous croyons savant alors que nous nous contentons de ce que les moteurs de recherche nous donnent. Nous ne sommes rien de plus que des poulets élevés en batterie. L'uniformité est triomphante. Barthes, Ricœur, Jankélévitch, pour ne prendre que des penseurs contemporains s'exprimant en langue française, n'auraient jamais pu naître dans cette société.

Il faut ajouter à cela également la question de la langue, et d'une langue en particulier qui est devenue la langue vernaculaire de la mondialisation,[13] entraînant une domination de la culture qu'elle véhicule, contestant ainsi le syndrome pluriséculaire de Babel.[14] Car la mondialisation entraîne une nouvelle guerre de conquête, équivalente aux croisades du moyen âge ou des conquêtes territoriales du temps de la colonisation. C'est la guerre du savoir et de la norme (d'autres diraient, la guerre de l'information). C'est d'autant plus clair que la langue véhicule des concepts et donc une culture.[15] Le prouve l'exemple du substantif choisi pour évoquer le phénomène de la mondialisation dont nous avons déjà parlé. Mais l'on peut aussi prendre l'exemple du concept de « patrimoine culturel ». En français nous parlons de « patrimoine » alors que l'équivalent en anglais « patrimony » n'est guère

[10] N'avez-vous pas remarqué que la plupart de nos librairies ont désormais une table, large et bien en vue dès que vous entrez dans les lieux, et portant un panonceau portant la mention, claire et en grosses lettres, « Best Sellers » ou « meilleures ventes », comme si cela était un argument sur la valeur des livres.

[11] Nom des guides de restaurant bien connus qui sont composés uniquement à partir des avis des consommateurs.

[12] Ce qui vient d'être dit au texte est largement inspiré de Barbara Cassin, *Google-moi – la deuxième mission de l'Amérique* (Paris : Albin-Michel 2007). « Page rank » logiciel axial de Google entraîne la conséquence que la qualité est la propriété émergente de la quantité. C'est parce que tout le monde y prête attention que le site vient en haut de page des résultats de recherche. Nous ne sommes pas dans le monde de la culture, mais dans celui de l'information de masse. La figure du philosophe comme dissident n'est plus admise. Si nous sommes exceptionnel, nous ne sommes pas répertorié.

[13] Doreen Carvajal, « At Global Business Schools, English Adds up », *International Herald Tribune,* 11 April 2007.

[14] En 2006-2007, François Ost a donné une série de conférences au Collège de France, à Paris, sur le droit comme traduction et a fait un détour par Babel pour débuter cette étude.

[15] Les débats suscités par la concurrence et la promotion des systèmes juridiques montre que la concurrence des langues est au cœur de la problématique. Voir par exemple, Renaud Denoix de Saint Marc, « Stratégie de promotion du droit français », *Revue le Débat*, 2001, n°115.

utilisé et certainement pas dans le sens français. La meilleure traduction en anglais serait « cultural heritage » mais l'on perçoit immédiatement les nuances supplémentaires que cette expression comporte qui ne se retrouvent pas dans l'expression française.

Tournons-nous maintenant du côté du droit. Le dictionnaire Capitant définit le droit comme l'ensemble des règles de conduite socialement édictées et sanctionnées qui s'imposent aux membres de la société. En ce sens, on peut dire que le droit est un langage qui ordonne les comportements sociaux. Mais le droit est aussi une grammaire au service de valeurs et donc de culture. La règle de droit n'est donc pas neutre. Nous poserons comme prémisse (peut-être discutable mais que nous ne discuterons pas ici) que le droit ne peut pas être neutre et, même, que la recherche d'une supposée neutralité de la règle de droit est un leurre.

Il convient donc de toujours s'interroger sur l'origine de la norme tant du point de vue de son inspiration substantielle que de celui des personnes (et donc de leur culture) qui l'ont rédigée.[16] C'est ce que Jhering appelait « les forces motrices » du droit. Il nous mettait en garde car ces forces ne se révèlent pas de prime abord mais sont enfouies au plus profond de l'essence intime du droit.[17]

Or, ce que nous venons de décrire du phénomène de mondialisation nous amène aisément à ce qui nous paraît être la problématique la plus importante du sujet posé : c'est-à-dire la tension entre d'une part le respect de la diversité culturelle et de la multiplicité et, d'autre part, la recherche d'universalisme qui ne pourrait se développer que dans l'uniformité. Le droit international, dans toutes ses branches – public, privé, économique, du statut personnel, etc. – est le creuset dans lequel se développe cette tension entre universalisme et particularisme, entre l'universalité des règles et leur spécificité, entre l'unité et la diversité.[18]

---

[16] Le processus de déconstruction proposé par Derrida est un exercice particulièrement fructueux en droit.

[17] Rudolphe von Jhering, *L'Esprit du droit romain dans les diverses phases de son développement,* trad. De Meulenaere, Paris, 1886 (édition originale *Der Geist des römischen Rechts*, 1852-1865).

[18] Certains auteurs parlent en terme de « pluralisme qui est différente du relativisme. Par exemple, Christoph Eberhard, « Law in a Globalizing World : Towards 'Good Governance' Through Intercultural Dialogue ? », Communication au colloque de Queen Mary, *Globaisation and the International Community,* Paris 14 Avril 2007. Henry Panhuys, *La fin de l'occidentalisation du monde? – De l'unique au multiple* (Paris : L'Harmattan 2004).

La culture joue un rôle essentiel, voire prééminent dans cette tension. Nous ne pouvons que constater que les cultures sont multiples, variées et qu'elles peuvent intéresser de toutes petites communautés (locales), des communautés plus larges (nationales), des ensembles pluri-territoriaux (régions) et, peut-être la terre entière, voire, l'univers, comme le laisse supposer l'adjectif souvent utilisé de « valeur universelle » ou « à vocation universelle ». Mais la culture peut aussi concerner des communautés qui se regroupent par centres d'intérêts et non plus géographiquement ; par vocation religieuse ou de croyance ; par profession. La communauté des marchands est certainement la plus connue dans l'histoire. Mais elle-même se subdivise en plusieurs communautés. Ajoutons à cela que la globalisation des échanges engendre une volonté d'intégration économique dont on se demande comment elle peut être compatible avec la prise en compte de l'identité culturelle des personnes.[19]

Le juriste se trouve donc confronté à de très nombreuses questions. J'ai choisi d'en aborder seulement quelques unes mais elles font l'objet d'un choix arbitraire. Voici les questions auxquelles je vais consacrer les quelques développements qui suivent : Le droit international peut-il, doit-il favoriser la diversité ? Ne peut-il au contraire, sauf à perdre sa spécificité, qu'être unitaire, voire uniforme ? Existe-t-il des normes juridiques plus respectueuses les unes que les autres des cultures ? Je traiterai ces questions en deux chapitres, le premier consacré à la démonstration que la diversité culturelle est une valeur du droit international ; le second en montrant que, néanmoins, certaines valeurs universelles ne peuvent pas souffrir de divergences supposément culturelles.

1. La diversité comme valeur du droit international

Un très grand nombre d'instruments du droit international, de toutes natures juridiques, traitent, de près ou de loin, directement ou indirectement, de la diversité culturelle. Nous ne pouvons que renvoyer à la liste très complète

[19] Eric Jayme présente cette tension en la qualifiant les concepts de chaque côté du dilemme d'idées « radicalement divergentes », *in Identité culturelle et intégration : Le Droit international privé postmoderne,* Recueil des cours, Tome 251 (1995), à la p. 33.

qu'avait dressée le secrétariat de l'UNESCO en 2003 dans une étude préparatoire à la convention dont il sera question ci-après.[20]

Mais la question de la diversité culturelle en droit n'est pas spécifique au droit international. Elle transcende toutes les sphères géographiques et les sphères de compétence matérielle.[21] Elle se retrouve, par exemple, en droit européen.

C'est d'une part le Conseil de l'Europe qui adopte, dès 2000, une Déclaration sur la Diversité culturelle[22] par laquelle cette institution reconnaît que la diversité culturelle, notamment dans le secteur audiovisuel, est un complément indispensable à la politique commerciale. D'autre part, la Communauté européenne apporte également sa pierre à l'édifice. Alors que le but des Pères fondateurs, notamment avec la Communauté économique européenne, était de privilégier l'intégration économique qui engendrerait une plus grande cohésion des peuples et donc la paix,[23] l'identité nationale a refait surface plus tard avec le Traité d'Amsterdam modifiant le Traité de Rome, et a donné naissance à diverses dispositions, notamment l'article 6.3 du Traité sur l'Union européenne par lequel « L'Union respecte l'identité nationale de ses Etats membres ». C'est dans cet esprit que le principe de subsidiarité a été promu au rang de principe général fondamental du droit européen et qu'un protocole annexé au Traité d'Amsterdam en fixe les conditions d'application.[24]

---

[20] Voir l'annexe à l'*Etude préliminaire sur les aspects techniques et juridiques relatifs à l'opportunité d'un instrument normatif sur la diversité culturelle*, Doc 166 EX/28 du 12 mars 2003, disponible à l'url suivante : <http://unesdoc.unesco.org/images/0012/001297/129718f.pdf>.

[21] Comme il nous a été demandé de travailler uniquement sur le droit international, nous ne mentionnerons ici que la nécessité à laquelle se trouve confronté chaque Etat pour savoir dans quelle mesure son système juridique peut faire une place à la diversité culturelle au sein de l'Etat lui-même. Or, on peut se demander si l'Etat-Nation, issu de l'ordre westphalien n'interdit pas cette prise en considération. Le refus de certains Etats de reconnaître des langues régionales ou de prendre en compte le fait religieux s'insère dans la même problématique, mais du point de vue interne. Sur cette question, voir Christelle Landheer-Cieslak et Anne Saris « La réception de la norme religieuse par les juges de droit civil français et québécois : étude du contentieux concernant le choix de la religion, l'éducation et la pratique religieuse des enfants », *McGill Law Journal* (2003) pp. 671-745.

[22] 7 décembre 2000, adoptée à l'occasion de la 722ème réunion des délégués des ministres.

[23] La culture ne faisait pas partie des préoccupations des Pères fondateurs et seul le sort des trésors nationaux avait fait l'objet d'une disposition dans le Traité de Rome originel comme exception à la liberté de circulation des marchandises.

[24] Protocole n°7 sur l'application des principes de subsidiarité et de proportionnalité.

On notera également que l'article 151 du Traité instituant la Communauté européenne, seul article du Titre XII intitulé « Culture », prévoit en son paragraphe 1er :

> « La Communauté contribue à l'épanouissement des cultures des Etats membres dans le respect de leur diversité nationale et régionale, tout en mettant en évidence l'héritage culturel commun ».

Enfin, l'article 133 du même Traité (tel que modifié par le Traité de Nice), portant sur la politique commerciale commune de la Communauté européenne, prévoit une disposition spéciale en matière de négociation d'accords internationaux dans le domaine du commerce des services culturels et audiovisuels.[25] C'est dans ce contexte que la stratégie dite « de Lisbonne » prend toute sa signification comme stimuli à l'économie culturelle et créative respectueuse de la diversité tout en respectant les valeurs communes telles que rappelées dans l'article 6 du Traité sur l'Union européenne.[26]

Quant aux organisations spécialisées qui se sont intéressées à la diversité culturelle, on ne s'étonnera pas d'apprendre que c'est la Francophonie qui, par sa déclaration de Cotonou de juin 2001, a montré le chemin. Par cette déclaration, l'organisation affirme que les services et biens culturels sont d'une nature spécifique et doivent, en tant que tels, faire l'objet d'un traitement particulier. Elle affirme également la liberté des Etats de déterminer leurs politiques culturelles (leur souveraineté culturelle en quelque sorte). Par cette liberté, sera assurée la garantie de la pluralité de l'expression culturelle.

Au-delà de ces références de droit régional ou spécial, c'est le droit international public, à vocation universelle, qui désormais prend le leadership en consacrant la diversité culturelle comme valeur suprême de la société internationale et sous-jacente à la création normative internationale (section 1.1). Et c'est dans le droit international privé que l'on peut puiser un exemple frappant de normes particulièrement respectueuses de cette diversité (section 1.2).

---

[25] Il s'agit d'une compétence partagée entre la Communauté et les Etats membres permettant de respecter les objectifs fixés par l'article 6.3 du Traité sur l'Union européenne alors que la politique commerciale commune constitue une compétence de la Communauté.

[26] Décision 1983/2006/CE du Parlement européen et du Conseil du 18 décembre 2006, relative à l'Année européenne du dialogue interculturel (2008), JOUE L412 du 30 décembre 2006, p. 44.

1.1 Le droit international public au service de la diversité culturelle

L'actualité récente nous offre un point de vue irremplaçable pour montrer que la diversité est au cœur du droit international public. Le 18 mars 2007, la Convention de l'UNESCO sur la promotion de la diversité des expressions culturelles est entrée en vigueur.[27] Ce qui étonne de prime abord c'est que les promoteurs de la diversité culturelle aient choisi un cadre juridique contraignant (une convention). On doit donc d'abord se poser la question de savoir si une convention s'imposait. Dans une étude préliminaire de 2003,[28] le secrétariat de l'UNESCO explique que l'existence d'une Déclaration solennelle mais non contraignante, malgré son autorité morale, incite à préparer un instrument contraignant, tel une convention. Mais c'est alors du point de vue de son champ d'application que la discussion rebondit car, dit l'étude, l'instrument est destiné à devenir un cadre de référence et à contenir un ensemble de règles qui doivent être acceptables pour le plus grand nombre d'Etats. C'est ainsi que le document recommande de conclure une convention sur la diversité des contenus culturels et des expressions artistiques, non sans avoir évoqué auparavant trois autres options possibles : un nouvel instrument compréhensif (sic) sur les droits culturels, ou un instrument sur la condition de l'artiste, ou encore un nouveau protocole à l'Accord de Florence adopté par l'UNESCO en 1950. Aucune de ces trois options possibles n'est retenue.

Toutefois, malgré la décision prise de préparer un instrument contraignant, on peut noter dès l'abord que ses dispositions sont, pour l'essentiel, des normes narratives.[29] Elles sont donc de l'ordre de ce que l'on appelle un discours performatif. Il convient de comprendre la convention comme formant un tout avec la Déclaration universelle sur la diversité culturelle d'ores et déjà

[27] Convention du 20 octobre 2005. Au 30 mars 2007, cette convention est en vigueur dans 56 Etats et une organisation régionale d'intégration économique (la Communauté européenne). Pierre Lemieux (dir.) *La diversité culturelle* (Presses Universitaire de Laval 2006). Hélène Ruiz-Fabri, « Jeux dans la fragmentation : la Convention sur la protection et la promotion de la diversité des expressions culturelles », n°1 *Revue générale de droit international public* (2007) pp. 43-88.

[28] Etude préliminaire sur les aspects techniques et juridiques relatifs à l'opportunité d'un instrument normatif sur la diversité culturelle, Doc 166 EX/28 du 12 mars 2003, disponible à l'url suivante : <http://unesdoc.unesco.org/images/0012/001297/129718f.pdf>.

[29] Le concept de « norme narrative » a été mis en lumière par Eric Jayme, *Narrative Normen in internationalen Privat- und Verfahrensrecht* (Tübingen 1993). Voir aussi, G. Rouhette, « Le style de la loi : normes narratives et normes contraignantes », *Rapport général pour le XIVème congrès international de droit comparé*, Athènes 1994.

adoptée sous l'égide de l'UNESCO en 2001, à la suite des événements survenus sur le territoire des Etats-Unis d'Amérique en septembre de cette même année.

On doit également mesurer l'importance d'une convention à l'aune des tiraillements que l'OMC a fait naître dans la volonté affichée d'imposer le libéralisme économique et l'ouverture des marchés dans tous les domaines des services (avec l'Accord général sur le commerce des services (l'AGCS)), si bien que les Etats ayant une politique culturelle volontariste ont exprimé leurs réticences face à un instrument qui pourrait être utilisé (voire est déjà utilisé) pour imposer une culture dominante.[30]

Le préambule de la convention est particulièrement significatif en ce qu'il affirme que la diversité culturelle est au cœur de la société internationale et au confluent de toutes ses préoccupations : démocratie, tolérance, justice sociale, paix, sécurité, droits de l'Homme et libertés fondamentales, coopération internationale, développement durable, lutte contre la pauvreté, identité, cohésion sociale, rôle des femmes, libre circulation des idées, liberté de pensée, d'expression, d'information, diversité des médias, minorités, propriété intellectuelle, notamment.

L'Etat français qui a été, avec quelques pays francophones appuyés par l'Union européenne, le promoteur infatigable de la convention,[31] fait de la diversité culturelle une composante indissociable de la dignité humaine.[32] C'est dire l'importance de cette diversité pour le développement d'un monde harmonieux, d'un monde « décent ».[33]

Cette convention est souvent présentée comme un élément fondateur du droit international de la culture[34] alors qu'il nous semble plus juste de dire qu'il s'agit d'un principe fondateur du droit international en général devant guider toutes les autres politiques (c'est d'ailleurs ce que l'on pourrait

---

[30] A cet égard, voir l'étude d'Hélène Ruiz-Fabri, « Jeux dans la fragmentation : La Convention sur la promotion et la protection de la diversité des expressions culturelles », à paraître. On peut aussi consulter avec profit le rapport publié par le PNUD en 2004 intitulé « La liberté culturelle dans un monde diversifié ».

[31] L'idée d'une telle convention avait été lancée par le Président de la République française lors du sommet du développement durable de Johannesburg en septembre 2002. Le lien entre diversité culturelle et développement va se retrouver dans le préambule de la convention.

[32] Voir le site du Ministère français des affaires étrangères, page de garde de présentation de la convention.

[33] Cette expression nous a été inspirée par la « Charte du travail décent » de la société Delfingen Industry, *Les Echos,* 13 et 14 avril 2007.

[34] Ibidem.

dire du droit européen, même si en pratique il n'en va pas toujours ainsi).

La convention réaffirme le droit souverain des Etats de conserver, d'adopter et de mettre en œuvre les politiques et les mesures qu'ils jugent appropriés pour la protection et la promotion de la diversité des expressions culturelles sur leur territoire. Elle consacre en droit l'égale dignité de toutes les cultures et reconnaît que les biens culturels sont porteurs de valeurs et de sens et donc de l'identité même des peuples.

Plus généralement, on ne doit pas oublier que le droit international public général est ouvert à la diversité. Qu'il suffise de mentionner l'article 9 du statut de la Cour internationale de Justice qui exige la représentation, au sein de la Cour, des formes principales de civilisation et les grandes cultures juridiques. De la même manière, le processus de délibéré de la Cour, mis au point par une résolution du 12 avril 1976, toujours en application, montre comment le travail de la Cour a été adapté à partir des processus délibératifs connus dans les grands systèmes judiciaires.[35]

1.2 Le conflit de lois norme respectueuse des cultures par excellence

Si la diversité des cultures est la valeur phare de la société du XXIème, alors il faut trouver des normes qui permettent de respecter cette diversité et surtout, qui permettent de régler les difficultés lorsque les communautés qui appartiennent à des cultures différentes entrent en relation, interagissent, voire entrent en conflit.

Pour cela, un type de normes a été créé dans un contexte de pluralité de systèmes juridiques (révélateurs d'une pluralité de cultures) : c'est le droit des conflits de lois. Or la conférence pour laquelle cette communication a été préparée se trouve être la patrie du conflit de lois.

La grande difficulté aujourd'hui est que les spécialistes du droit international privé ont compliqué les mécanismes à l'envi, si bien que ces normes sont extrêmement difficiles à comprendre pour des personnes non initiées.[36] Et comme nous nous situons dans un monde de revendication de la démocratie participative et le rejet des experts, il faut trouver un moyen de

[35] Gilbert Guillaume, « Droit international et diversité des cultures juridiques », *Communication aux Journées d'études franco-allemandes* des 3 et 4 novembre 2006.

[36] Dans un cours professé à l'Académie de droit international de La Haye en 1992, Bruno Oppetit avait qualifié le droit international privé de « droit savant » (*Recueil des Cours*, Tome 234, 1992 III). C'est dire la complexité à laquelle ces mécanismes sont parvenus. Dans un autre cours à l'Académie, plus récent celui-là, le Professeur Gaudemet-Tallon a utilisé la

rénover le droit international privé pour qu'il soit encore un outil au service de la diversité des cultures.

Prenons un exemple. Lorsque la règle de conflit de lois retenait la nationalité comme critère de rattachement, on pouvait dire qu'elle était parfaitement respectueuse des cultures différentes. En effet, selon l'adage ancien bien connu, dis-moi sous quelle loi tu vis et je te l'appliquerai.[37] Mais, avec les migrations de plus en plus nombreuses, les familles recomposées dont tous les membres ne possèdent pas la même nationalité, les complications auxquelles ces nouvelles configurations confrontent le juriste ont paru insurmontables dans le cadre de la mondialisation des échanges. C'est pourquoi, le critère de la nationalité a été remplacé, la plupart du temps, par un critère de résidence habituelle. Ce critère a le mérite de la simplicité mais il ignore en grande partie la diversité. C'est une norme intégrante qui correspondait bien à une époque où les immigrés cherchaient à se fondre dans la population de l'Etat d'accueil. C'est la norme dominante aujourd'hui (« *one norm for all* ») mais elle ne correspond plus aux aspirations des peuples en mouvement.[38] On comprend bien qu'il faut trouver un critère pour permettre la solution des situations dans lesquelles deux cultures interagissent. Il faut donc affiner la règle de rattachement pour permettre la prise en compte d'une plus grande diversité sans pour cela attaquer les valeurs fondamentales de la société d'accueil.

C'est pourquoi, nous proposerions de travailler sur des critères de rattachement en cascade :

- Si les protagonistes appartiennent à la même « communauté », on leur appliquerait la règle communautaire, quelle que soit leur résidence (sous le seul couvert de l'ordre public du for) ;
- Dans le cas où ils n'appartiennent pas à la même communauté, on leur applique la loi de la résidence commune, sauf s'il est possible de faire une application distributive des différentes règles communautaires.

---

métaphore du funambule et due l'arc-en-ciel pour décrire la complexité du droit international privé du XXIème siècle.

[37] C'est le règne de la personnalité des lois rappelé par André-Jean Arnaud, *in* « Le multiculturalisme est-il un humanisme », communication au colloque de Queen Mary, *Globalisation and the International Community,* Paris 14 avril 2007.

[38] Prakash Shah, « Sleepwalking to a Multicultural Law ? », communication au colloque de Queen Mary, *Globalisation and the International Community,* Paris 14 avril 2007.

- La vraie difficulté survient dans les cas où les protagonistes n'appartiennent pas à une communauté commune et n'ont pas ou plus de résidence commune. Il faut alors trouver une norme acceptable. Souvent il est proposé d'appliquer la *lex fori*, loi du juge qui statue sur la relation juridique. Mais cela suppose que les protagonistes sont en litige et font appel au juge alors que l'on privilégie, aujourd'hui, les modes alternatifs de règlement des différents. S'il est possible d'appliquer distributivement les différentes lois en présence, pourquoi ne pas le faire et ne ressortir à la *lex fori* qu'en tout dernier ressort.

Le second exemple de norme respectueuse des cultures est l'utilisation du principe de reconnaissance et sa limite bien pensée constituée par l'exception d'ordre public ou les lois de police. On sait que chaque pays a le droit de préserver ses valeurs fondamentales par divers mécanismes qui interviennent à différents stades du raisonnement juridique. Ainsi, un pays peut choisir de formuler des lois, dîtes lois de police ou règles d'application immédiates, dont l'application s'impose lorsque les critères d'applicabilité choisis par le législateur sont remplis. Ces lois s'appliquent indépendamment de toute loi étrangère éventuellement applicables sur le territoire du pays qui les a énoncées. Si une loi de police n'existe pas, le pays en cause peut aussi décider d'opposer son ordre public à l'application sur son territoire d'une norme étrangère (que cette norme soit une règle ou une décision). Généralement plus limitée dans son champ d'application, l'exception d'ordre public agit donc a posteriori, une fois que le raisonnement de conflit de lois a été mené à son terme. Vu sous un certain angle, l'utilisation de son ordre public par un Etat peut paraître irrespectueux de la diversité que représente la loi étrangère. En réalité, il n'en est rien. L'ordre public est clairement limité à la protection des valeurs fondamentales d'une société donnée et agit donc comme un vecteur d'acceptation maximale de la diversité en agissant à l'encontre d'une loi ou d'une décision étrangère qui, autrement, se serait imposée, uniquement dans ses aspects les plus fondamentalement divergents des valeurs locales. Il est d'ailleurs bien préférable d'utiliser l'exception d'ordre public que d'imposer l'application de la *lex fori* en toutes circonstances comme ont tendance à le faire certains pays. Utiliser la *lex fori* comme seule règle de conflit, entraîne une uniformisation beaucoup plus importante et dominatrice qu'une exception d'ordre public limitée.

2. L'uniformité comme vecteur de domination ?

La proposition peut paraître provocatrice. Elle l'est, mais en partie seulement. Certes, on peut se dire que l'idéal serait pour les hommes de se retrouver autour d'une culture commune.[39] Mais est-elle absolument nécessaire pour que le « vouloir vivre ensemble », comme le disait si justement Jean Gaudemet, naisse entre les membres de la communauté humaine ou la « communauté de destin » comme le dit Edgar Morin ? Je n'en suis pas persuadée. Je pense au contraire, que le vouloir vivre ensemble peut jaillir de la différence. Je reviens à Barthes qui, dans *Le bruissement de la langue* nous disait : « Il y a dans l'amour d'un pays étranger une sorte de racisme à l'envers : on s'enchante de la différence, on s'ennuie du Même, on exalte l'Autre ».

De plus, l'idée d'une culture universelle est certes une idée généreuse mais, si l'on creuse un peu, on se rend compte que même dans des systèmes de proximité, comme l'Union européenne, la recherche d'un patrimoine culturel commun est un peu forcée et ne correspond pas vraiment à la réalité. Et forcer les choses ne peut que conduire à l'échec contrairement à ce que dit Geert Mak dans la conclusion de son ouvrage par ailleurs colossal.[40] C'est dans la connaissance et la compréhension des différences culturelles que l'Europe a sa chance. C'est dans l'acceptation et non la négation de sa diversité qu'elle deviendra un réel succès.

Et même en matière de droits de l'homme, on croit que l'on parviendrait sans peine à des valeurs communes, lorsque la limite est très vite atteinte. On notera par exemple que la déclaration islamique des droits de l'homme se garde bien de reprendre la valeur de l'égalité si chère aux pays occidentaux. Certes, la valeur de l'égalité des personnes devant la loi et en pratique (égalité dans la différence) devrait faire partie du cœur des normes fondamentales universelles. Le tout est de savoir quelle est la meilleure méthode pour parvenir à ce résultat.

L'exemple de la SDN et des Nations-Unies n'est peut-être pas le meilleur. En effet, le monde dans le quel nous vivons a beaucoup changé depuis la date à laquelle a été organisé la fondation du droit international moderne.

---

[39] Voir ce qu'en dit Armand Mattelart, *Diversité culturelle et mondialisation* (Paris : Editions La Découverte 2007) p. 13 et s.

[40] Geert Mak, *Voyage d'un européen à travers le XXème siècle* (Paris : Gallimard 2007) (édition originale 2004).

N'oublions pas que la Charte des Nations Unies a été élaborée par 48 Etats. Les Nations Unies comptent désormais 192 Etats. Il convient donc de se méfier de l'uniformité en droit. Ceci étant, on peut identifier un certain nombre de valeurs qui devraient se traduire par des normes uniformes (section 2.1), tout en se gardant des cultures dominantes qui tendent à une globalisation hégémonique (section 2.2).

2.1 **Des valeurs universelles sources de normes uniformes**

Ce n'est que dans une période très récente que la recherche de valeurs universelles s'est faite pressante, notamment dans le domaine des droits humains. C'est certainement dans ce domaine que se développe de manière la plus pressante la nécessité de trouver des normes uniformes.

Toutefois, certains auteurs ont développé l'idée que l'universalité des droits de l'homme devait recevoir une interprétation différente pour intégrer les cultures traditionnelles, notamment celles qui privilégient le collectif sur l'individu.[41] Jean Baudrillard concevait l'universalité comme un concept intégrant les différences et les valeurs y compris dans leurs aspects irréductibles.[42]

La recherche de l'uniformité a été justifiée par le fait que la prise en considération de la spécificité culturelle peut présenter des dangers notamment en donnant un argument supposé objectif aux pires dérives. C'est, en effet, sous couvert du respect des spécificités culturelles que certains justifient et admettent les mutilations sexuelles perpétrées sur les petites filles et les femmes ; l'inégalité de la femme par rapport à l'homme dans un certain nombre de rapports patrimoniaux et extrapatrimoniaux. De la même manière, la spécificité culturelle, comme le sous-développement, peut servir à des Etats autoritaires pour justifier leur répression de toute opposition sous couvert de leur lutte pour la protection d'une culture spécifique, différente des pays développés et occidentaux.[43]

---

[41] Voir notamment Raymond Verdier, « Problématique des droits de l'homme dans les droits traditionnels d'Afrique noire », n°5 *Droit et culture* (1983) p. 98.

[42] *Libération*, 18 mars 1996.

[43] Madjib Benchikh, « Sous-développement et spécificité culturelle dans la justification de l'Etat autoritaire », in A. Mahiou (ed.), *L'Etat de droit dans le monde arabe* (Paris : Paris éditions du CNRS 1997) p. 51.

On peut toutefois penser que même s'il « existe une distance entre les principes proclamés, leur traduction juridique et leur application, puisque les mécanismes de protection des droits de l'homme sont loin d'être parfaits et bien peu contraignants au niveau universel », on doit néanmoins poursuivre la quête de normes minimales protectrice des droits fondamentaux. Un auteur a pu affirmer que

> « l'Etat de droit fait l'objet d'une création continue dans sa substance. La pragmatisme aidant, une homogénéisation progressive des droits fondamentaux se réalise lentement au fil des années, sous l'inspiration des Nations Unies et, au plan des applications concrètes, se profile un Etat de droit minimum, acceptable pour tous. Cet effort s'appuie sur une opinion internationale désormais attentive aux droits de l'homme ; on peut espérer qu'il s'en dégagera peu à peu une vision plus universelle d'un Etat de droit, étant supposé que chaque famille culturelle peut ajouter à cette base minimale des exigences qui lui sont propres ».[44]

A l'encontre de l'universalité des droits de l'homme, certains Etats autoritaires soutiennent que la colonisation a eu un effet déstructurant sur leur société et que pour créer une société respectueuse de la culture de sa population, il faut construire un Etat fort autour de l'identité nationale. Cela ne va pas sans dérives graves : intolérance à la différence, notamment.[45] Mais l'idée selon laquelle

> « la notion d'universalité des droits de l'homme chercherait à imposer des droits et des libertés qui auraient pour objectif de brimer certaines cultures telles que les cultures asiatiques, africaines ou islamiques est en fait une idée d'adversaire des droits de l'homme ».[46]

> « L'universalité des droits de l'homme signifie que tous les êtres humains aspirent à un statut de dignité conféré par un ensemble de droits et de libertés enrichis par la lutte des peuples. L'universalité des droits de l'homme est compatible avec la diversité culturelle. La meilleure preuve en est que les grands instruments internationaux appellent au respect de cette diversité. Par exemple, le pacte relatif

[44] Maurice Flory, « Le concept d'Etat de droit au regard du droit international », in A. Mahiou (ed.), *L'Etat de droit dans le monde arabe* (Paris : Paris éditions du CNRS 1997) p. 45 à la p. 50.

[45] Madjib Benchikh, op. cit. *supra* note 43, à la p. 61. L'auteur affirme en effet : « La spécificité culturelle est aussi conçue comme un instrument de cohésion nationale contre l'étranger » (p. 62).

[46] Ibidem, à la p. 65.

> aux droits économiques, sociaux et culturels (article 15), et la Déclaration universelle des droits de l'homme (articles 27 et 29) cherchent à obliger les Etats à respecter les droits culturels des individus et des groupes. « Cette volonté exprimée dans les instruments internationaux de faire respecter les droits culturels de chaque individu et de chaque peuple sans privilégier un droit culturel particulier, ainsi que la volonté de faire respecter toutes les opinions philosophiques ou religieuses, montrent bien que les droits de l'homme ne prétendent à l'universalité que dans le respect des cultures de chaque peuple ».[47]

Cette vision ouverte des droits de l'homme serait précisément un aspect de leur universalité.

La quête de l'universalité est également visible en matière économique. Elle relève soit d'un mimétisme normatif, soit de ce qu'il est désormais convenu d'appeler le « droit transnational ». Les normes qui appartiennent à ce droit transnational ont pour but de dépasser les cultures juridiques nationales pour dégager une norme applicable à tous, adaptée à tous, donc hybride, a-culturée, supposément apte à régir les opérations internationales sans avoir à faire intervenir ni le droit international privé considéré comme trop difficile à mettre en oeuvre,[48] ni des normes internationales créées dans les fora traditionnels de création normative (essentiellement les grandes organisations inter-gouvernementales). Ces normes transnationales sont souvent le fruit de groupe « d'experts », dont la composition pourrait faire l'objet d'une étude sociologique fort instructive mais qui dépasse le cadre de cette étude. Que l'on se contente de constater pour certains d'entre eux qu'ils sont avant tout composés de personnes venant des pays développés. On peut donc se demander où se trouve l'universalité.

2.2 Les cultures dominantes et le droit

C'est surtout en matière économique que cette domination se fait ressentir. La globalisation des échanges engendre une volonté d'intégration économique dont on se demande comment elle peut être compatible avec la prise en compte de l'identité culturelle des personnes. A tel point d'ailleurs qu'avec la suprématie de plus en plus patente d'une langue,[49] qui présente les grands

---

[47] Ibidem, à la p. 65.

[48] Voir ci-dessus.

[49] Un exemple de suprématie a pu être relevé au moment où l'Union européenne a révélé le logo qui avait gagné le concours pour symboliser l'Europe pour le 50ème anniversaire du Traité de Rome. C'est ainsi que dans un article publié dans *Le Monde* du 3 novembre 206,

avantages du pragmatisme et de l'expression concrète ainsi qu'une relative facilité d'apprentissage, certains s'inquiètent de la domination d'une culture, d'un modèle sociétal qui entraînera un appauvrissement culturel indéniable. Nous avons déjà eu l'occasion de nous exprimer sur cette question et l'appauvrissement consécutif du débat lorsque une seule langue, donc une pensée unique, est utilisée pour toute discussion, quelle qu'elle soit.

Par ailleurs, à la concurrence des produits et des services s'est ajoutée la concurrence des normes et des systèmes juridiques à laquelle nous avons déjà fait brièvement référence. Or, qui dit concurrence, dit un vainqueur et un vaincu ; donc une domination. De nombreux auteurs stigmatisent la globalisation comme favorisant les cultures dominantes et l'effet d'homogénéisation qu'elle entraîne. On peut en voir un exemple dans le droit des investissements étrangers sous l'influence d'un double phénomène : l'idée selon laquelle le développement économique ne pourrait se voir réalisé sans l'ouverture aux investissements étrangers ; le fait que les litiges survenant entre l'Etat d'accueil et l'investisseur étranger sont de plus en plus souvent confiés à des tribunaux arbitraux hors du contexte particulier du CIRDI[50] spécialement créé en 1965 à cet effet. L'étude reste à faire de l'influence de ces deux facteurs sur le développement de normes internationales « protégeant » l'investisseur étranger à tel point que l'Etat d'accueil semble perdre les éléments les plus fondamentaux de sa souveraineté et notamment

---

Barbara Cassin s'exprime ainsi : « En 2007, l'Union européenne fête ses 50 ans. Avec un logo « qui a tout faux ». L'Union européenne aura 50 ans en 2007, l'âge du traité de Rome. Elle vient de choisir son logo, qui servira à toutes les manifestations anniversaires : entre 1 701 projets reçus, un jury international de onze experts en art et design a décerné au vainqueur, Szymon Skrzypczak, le prix de 6 000 euros. Commentant la cérémonie, Mme Margot Wallström, a déclaré : « Le logo vainqueur représente la diversité et la vigueur de l'Europe, tout en soulignant le désir d'unité et de solidarité qui caractérise notre continent ». Or, dit Barbara Cassin, ce que j'y vois c'est un mot « together » qui appartient à une seule langue. Les autres langues ne sont là que comme des signes diacritiques, un Umlaut par ci, un accent aigu par là, elles interviennent comme des fautes d'orthographe, des parasites de la langue unique. Le multiculturel est réduit à une série d'erreurs et d'écarts fioritures fautives par rapport à la langue globale. ». Notons toutefois que, depuis le lancement, le tir a été rectifié puisque le logo existe dans toutes les langues. La seule chose qui a été conservée est, en langue anglaise le « r » de « together » entouré d'un rond comme pour une marque enregistrée. Et, dans toutes les langues, le « since 1957 » ou « depuis 1957 » comme pour un commerce, « l'enseigne d'une boutique » dit Barbara Cassin.

[50] Centre International pour le Règlement des Différends relatifs aux Investissements, Washington, DC.

la liberté qui devrait être la sienne de définir les paramètres essentiels de son développement. Les agissements récents de certains dirigeants de pays d'Amérique latine, malheureusement frisant souvent un régime dictatorial, pour sortir de l'engrenage de domination qu'ils ont identifié nécessitent un peu plus de recul pour en comprendre les conséquences essentielles qui ne manqueront pas de se produire sur le droit international des investissements. Comme pour les doits de l'homme, il est bien regrettable que ces exemples proviennent de pays dont le gouvernement ne relève pas des meilleures pratiques démocratiques.

3. Conclusion

Si nous acceptons l'idée que la diversité culturelle est désormais la valeur centrale des sociétés terriennes et de leurs inter-relations, alors les juristes doivent changer de perspective. Nous devons repenser la fragmentation comme une valeur et non comme une plaie. Nous devons accepter le pluralisme juridique, sans forcément abandonner toute idée de hiérarchie. Nous devons repenser le droit international privé pour en affiner les règles mais sans le compliquer outre mesure. Enfin, nous devons, grâce aux connaissances renforcées de l'Autre que nous permet la mondialisation et les modes électroniques de communication qui vont avec, accroître notre tolérance à la différence et en tirer toute la richesse en surmontant les obstacles, non par la négation, mais par une plus grande tolérance.

Chapter 3
THE TRIPLE HELIX OF CULTURE, INTERNATIONAL LAW, AND THE DEVELOPMENT OF INTERNATIONAL LAW

A.S. Muller

Résumé

Le droit international et la culture changent rapidement en raison de l'internationalisation. La distinction entre la législation nationale et le droit international devient de plus en plus difficile à faire. Il y a une augmentation de normalisation internationale au delà des frontières traditionnelles du droit international. La culture devient de plus en plus multicouche, avec l'affirmation de la culture locale se heurtant avec la poussée de l'international. Dans cette perspective, un nouvel ordre du jour s'impose pour la recherche. La dialectique entre culture et droit est essentielle pour la bonne mise en application de la loi. Par conséquent, il y a un besoin d'interdisciplinarité, intégrant la recherche dans le domaine du légal avec, par exemple, les sciences sociales et politiques.

1. Introduction

The topic of 'the impact of culture on international law and its development' is a vast one, on which much has been written and said. There are many aspects thereof, some of which have already been reflected upon by previous speakers. What I will offer are some modest observations from somebody who has seen international law work in practice for many years and who also has an academic background. What I will not offer are the ultimate observations of a recognized expert in law and culture, because that I am not.

Faced with such a vast question, I followed the wise approach of a famous contemporary philosopher – the learned Donald Rumsfeld – who in his well-

P. Meerts (ed.), Culture and International Law

known treatise on the known and unknown made a division between the known, the known unknowns and the unknown unknowns. The advantage of this approach is that it decreases your work because, following his methodology, the unknown unknowns can be left out immediately. You do not know what you do not know, so there is little point in thinking about it.

That leaves one with only part of the work: the known and the known unknowns.

First, the known. It may seem annoyingly analytical, but when reflecting on international law and culture we must start with the conclusion that one is reflecting on three notions:

1. international law;
2. culture;
3. and how these two interact.

This is where I came to the metaphor of the triple helix referred to in the title of this paper: three interwoven threads that make our topic of today so complex. I would like to postulate:

1. That international law is undergoing tremendous changes – some related to culture but many not;
2. That culture is undergoing tremendous changes – some related to international law but many (most) not; and
3. That the interaction of two is, in and of itself, also changing and that it is hugely important that we understand what is going on.

As I discuss these three points, I will highlight a number of known unkowns and suggest that they need our attention.

2. International law is changing

International law used to be a relatively well-defined area. It encompassed the law between States as opposed to the law within States. National law and international law were fields of law that functioned fairly independently of each other.

The world today is different. In the first place, international law is no longer restricted to the law between States. One of the realities of today's legal life is that the distinction between national law and international law is becoming more and more difficult to make. Increasingly, international law works directly within States and affects citizens very directly.

To give some of the more extreme examples: Citizens from the former Yugoslavia or from Rwanda were deprived of their liberty on the basis of international law and sentenced to many years imprisonment (sentences which are being served in accordance with national law). The bank accounts of European citizens were frozen on the basis of international law founded on the UN Charter and related to terrorism.

As international law becomes more complex and covers more areas it is it is connecting with national law and national law is becoming more relevant for its effective functioning. The International Criminal Court will face severe difficulties if there is an absence of the possibility to prosecute at the national level.

At the same time, national legal systems are also changing fundamentally. They can no longer be regarded and conceptualized as stand-alone autonomous systems. This applies to both the application/enforcement/implementation of the law and its drafting.

Combating internationalized criminality is as effective as international cooperation in criminal matters is effective. Family law works across borders as people marry, dissolve marriages, adopt children, and inherit transnationally. National courts increasingly apply international norms or, at the very least, need to take account of them. What freedom does a Dutch judge have in interpreting those international standards? Does that judge have to take into account relevant case law from another country, say Germany, when he interprets that international standard? If so, within what parameters should he do so? If not, how does one effectively avoid incoherent law?

When drafting national laws one can no longer simply only depart from one's own system. There is little point in the Dutch adopting a national banking law that does not take into account the banking laws of states with which the Dutch have large-scale commercial dealings, or which violate accepted international standards (whether formal law or not). And if a State with which Dutch registered companies want to do business does not possess a basically compliant national banking law then the Dutch have an interest in assisting that State in attaining one. In short, legal systems are increasingly connected and national legislative processes no longer only depart from their 'own' national system.

To add to the complexity of today, an increasingly intricate web is being woven of internationalized norms which, strictly speaking, do not meet the definition of formal law. I refer here to environmental standards, standardization standards and financial market standards which are agreed to within a certain sector or industry and which subsequently control behaviour, much like formal law does.

Therefore, much like a hamburger, national legal systems undergo two kinds of interrelated pressures: one top-down and the other bottom-up. Top-down, national legal systems are increasingly subject to law and supervision from the international level and they are being called upon to be an extension of that level. The most far-reaching example of this is the EU. This process is driven by the fact that many problems cannot be regulated by the national level alone: the environment, war crimes, trade, product standards, etc.[1]

The bottom-up pressure is more horizontal in nature. It results from the globalisation of society. Individuals and society are less and less hampered by national borders in their relations. This brings with it new perspectives in choices of law which parties may wish (and can) apply, which, in turn, can create an upward drive towards some degree of harmonisation. In this horizontal sphere there are a number of hugely interesting developments. Firstly, there is an increase in more informal mechanisms of law making and harmonisation as compared to the traditional formal mechanisms (already referred to above). Secondly, there are more and more cases of statutes or case law of one country being applied in another. Lastly, we see tremendous shifts between the private and public spheres.

In short: international law is nationalising and national law is internationalising.[2] The issue of the relationship between culture and international law cannot be seriously looked at without being cognisant of the fact that 'international law' as we know it is fundamentally changing (and has already done so to a great extent). I speak here not of the changes that sought to bring about a New Economic Order in the 1970s or that pushed hard for the codification of social and economic rights next to civil and political rights. Rather, I speak of changes that go to the heart of the manner in which law is structured, operated, implemented, and used – regardless of its substance.

---

[1] The report of the High Level Panel on Threats, Challenges and Change ('A More Secure World: Our Shared Responsibility'; UN Document A/59/565 of 2 December 2004) sets this out quite clearly. See, in particular, p. 19 et seq.

[2] For a more detailed description of some of these phenomena, see the Research Programme of the Hague Institute for the Internationalisation of Law (HiiL), 'National Law in a Global Society', at <www.hiil.org>.

3. Culture is changing

At this point I would like to make a distinction between, on the one hand, law and the way it responds to culture and, on the other, law *as* culture. The first question deals with culture as such and deals with the question to which extent law is embedded in, is faced with resistance from, or is absorbed by culture. The second question deals more with the emerging culture of the rule of law. I will start with the first issue.

What is culture? For the sake of this presentation I have adopted a rather loose definition of the term: the context – the historical, sociological, and political environment within which one lives and on the basis of which one forms ideas.

One of the most enlightening books which I have read to help me understand the world of today is Diarmaid MacCullough's seminal work on the Reformation.[3] In his introduction he writes that understanding the Reformation is a key factor in understanding Europe today. At first, that may seem self-serving talk by somebody who happens to be an expert on the topic, but I would go further: his book is a key factor in understanding the world beyond Europe as well.

There are interesting parallels with now. MacCullouch describes with great vividness a period of European history in which fundamental new ideas arose and which mingled, clashed, developed, all combined with increased connectedness. Luther's ideas and all that they resulted in came together with the development of two inventions: (a) the development of a process to make paper from rags rather than animal hide or papyrus; and (b) the creation of the printing press. These two innovations allowed ideas to disseminate with greater speed and amongst many more people than had ever been possible before. The responses were manifold: widespread new thinking, the cross-fertilization of ideas hitherto impossible and a drive to reform old institutions, on the one hand, and reactionism, fundamentalism and a retreat into perceived orthodoxy on the other. It all gave rise to a turbulent and, at times, rather violent period in history lasting for more than two centuries.

Slowly, it was no longer enough to be Catholic, living and working under a Catholic king, anointed by the Pope on the basis of his ascendancy from Saint Peter. More layers were added to the setting in which one could define oneself.

---

[3] D. MacCullough, *Reformation: Europe's Divided House*, 1490-1700 (2003).

'Dad', my 11-year-old daughter said to me a few days ago, 20 minutes before she was about to go to school (and I quote) 'check this; Nick is on You Tube'. And there he was, her 14-year-old cousin with two of his friends on You Tube, in an extremely silly (and boring) 3-minute clip for the whole world to see. She thought it was great.

Her grandparents cannot even begin to understand that universe. I can just about grasp some of it most of the time, but it takes some effort and gives rise to occasional thoughts of 'why can't they do the normal things we did?'

But if my daughter were to Skype or MSN to a child of her age in Taipeh, Abu Dabi, Cape Town or Rio de Janeiro saying 'check this: Nick is on You Tube' there would be immediate understanding. They would watch the clip together; they would share similar silly clips; and they would have a good laugh, despite and regardless of the fact that Confucianism, Buddhism, Islamist and Christian traditions would somehow be present while the children were Skyping away.

That is one side of the coin.

In the meantime, a well-organised group of young Islamic fundamentalists in Islamabad –loosely internationally connected – set fire to shops owned by other youngsters, warning them to stop selling CDs and DVDs and the equipment needed to use them. Their reasoning: because these 'Western' and 'decadent' things violate the will of God as they perceive it.

This is the other side of the same coin.

A cosmopolitan culture of universality is mixing, sometimes clashing with a need to express the local, the small, the immediate, the 'old', the 'authentic'.

In her book on fundamentalism – *The Battle for God* –[4] Karin Armstrong argues that the two movements are very much connected. For her, fundamentalist movements reaching back to perceived old orthodoxy are not archaic anachronisms but aspects of modernity. They are an essential part of what is going on today: globalisation as inter-connectedness and inter-dependence leading to internationalized responses, and globalisation giving rise to expressing the local, the immediate, the 'old', the 'known' way.

All this is making culture a much more complex and layered concept than it once was. One can be Dutch – and consider that part of one's cultural background. But within being Dutch, one can be Turkish-Dutch, Moroccan-

[4] K. Armstrong, *The Battle for God* (2000).

Dutch, or Polish-Dutch. Through all that, one could be 'European' (whatever that is), Asian, African, or Arab in origin. One could be part of a specific religious culture, a spiritualist culture, or a particular youth culture. The ability to have these choices and to express them is almost boundless.

This multi-layeredness of culture seems to be ever increasing and our internet age makes increasingly easier. With that, culture is becoming a more difficult concept to define. It also makes it a more difficult notion to use in relation to law.

I now come to the second question: law *as* (part of) a culture. What is culture in relation to law?

The legal theorist Brian Tamanaha makes culture a fundamental starting point of a well-functioning system of the rule of law. In his view, it all started with a king who took an oath in front of his people in which he promised to rule them well. The oath was invoked, again and again, and with many ups and downs the ruler developed into a democracy under the rule of law. Thus rights and invoking rights became part of culture.[5]

In a recent book on the rule of law in post-conflict situations it is argued that:

> 'The rule of law is as much a culture as a set of institutions, as much a matter of habits, commitments, and beliefs of ordinary people as of legal codes. Institutions and codes are important, but without the cultural and political commitment to back them up, they are rarely more than window dressing.'[6]

So the rule of law needs to be embedded into a culture and is a culture in and of itself. I came across an inspiring example of an attempt to embed a culture of the rule of law during my travels to the Democratic Republic of Congo (DRC) in 2004. The only FM radio station with national coverage, the UN's Radio Okapi, transmitted a radio programme called 'Maitre Dominique'. Maitre Dominique was the radio name of a lawyer who hosted a weekly call-in show. People could call him with any legal problem and he would try to solve it, using law, during his programme. It started as an experiment but the *chef de station* told me that it was developing into a very popular radio programme.

---

[5] B. Tamanaha, *On the Rule of Law, History, Politics, Theory* (2004).

[6] J. Stromseth, D. Wippman and R. Brooks, *Can Might Make Rights? Building the Rule of Law after Military Interventions* (2006), p. 310.

What did this programme do? Two things, according to its makers:

First and foremost, it showed people that law can be useful. For people living for more than three generations in a country where law as we know it has merely been a tool for oppressive and corrupt regimes to use, one needs to start at the very beginning: to show that law can help when one is in trouble.

Secondly, the programme helped to resolve real problems; people having been evicted from their home or having had their property stolen could go somewhere.

The project was for me an interesting example of beginning to create a culture of the rule of law. It was made possible within the context of a wider setting: namely, the existence of organisations like the UN, radio technology, training by foreign experts, etc. And within the DRC, this idea of law being useful needed to operate within the multi-ethnic setting of the country, with traditional norms and more Western norms having to work together.

I conclude that somewhere our world is developing a culture of the rule of law – however embryonic. This is happening against the background of a wider development, namely that culture in a broader sense is becoming ever more multi-layered and complex. In this regard, a key phenomenon appears to be inter-connectedness coupled with a deliberate unconnectedness by those who cannot or will not step into the global whirlpool.

4. International law and culture

I now come to my third set of known and known unknowns: the relationship between international law and culture.

This relationship is often described in terms of 'international law' being a predominantly 'Western' concept which was created from the viewpoint of a dominant 'Western' culture and which does not sufficiently take into account other cultural traditions and which therefore lacks certain elements of legitimacy.[7] The majority of the 'States' that created it were what for the sake of simplicity I would call States or people from or immersed in a Roman law /

[7] See, for example, two interesting books in this regard: Chr. Weeramantry, *Internationalizing International Law* (2004) and A. Anghie, *Imperialism, Sovereignty and the Making of International Law* (2004).

'Western' (Christian) tradition. In addition, they were the 'powerful' states of the time. Hence, the law included many elements derived from that tradition (however diverse it may be) and related to that power configuration. We all know that the vast majority of those present at the Hague Peace Conferences of 1899 and 1907 and the San Francisco Conference at which the UN was created were so-called Westerners. Along the same lines, it is argued that with the emergence of other traditions on the world stage – Africa numerically and States like India and China in terms of economic power – much international law needs to be re-examined in the light of these different cultures and power configurations.

While I have no argument with aspects of this proposition, I do feel that the picture is actually more complex. In fact, as I said, international law itself is changing in terms of its very structure, role, and its embedding. In addition, culture is changing and becoming more and more complex and multi-layered.

I now come to the core known unknown in this field.

In his 2004 book on *State Building*, Francis Fukuyama highlights that of all attributes of institution-building within States, social and cultural factors are the least transferable.[8] In other words, one does not easily adapt, change or manipulate culture. If that is true within States, why should it be any different when one looks at culture in relation to law at the international level?

We know worryingly little about the relationship between law and culture. Most of the knowledge that exists and that I am aware of comes from the rule of law development field. And even there many experts feel they do no yet know enough. How do national prosecutors react to the Statute of the International Criminal Court (ICC) and what determines how they react? Is there a (law) 'culture' within the emerging international community and how can that be defined? If it can be defined, how does it interact with law? And how does it interact with the fact that law is internationalising as it is?

Very little of the international law I knew when I worked for the UN in the Middle East worked at ground level. Hardly any of the well intended reports and proposals on strengthening the rule of law in accordance with international standards that I saw being written by international consultants was ever implemented. Being present at UN interagency meetings on the rule of

[8] F. Fukuyama, *State Building: Governance and World Order in the 21st Century* (2004) at pp. 31-32.

law within the DRC in 2004 after having talked to victims' groups had a touch of the abstract.

In today's setting I am afraid that this is a very difficult area to research. To try to understand what is happening to the law is difficult. To try to picture what is happening to culture is difficult. To try to see how the two interact is daunting. And yet it seems to be crucial that this is done.

What determines resistance and receptiveness to international norms? How can internationalizing law work within multi-layered cultures? In the area of rule of law development there is a widespread feeling that simply exporting institutions and laws does not strengthen the rule of law.[9] We need to understand more about what makes law tick in the complex setting of today. We need to start asking the kind of questions which the Realist school started asking of the US legal system in the early 1900s. What goes on behind the institutions and formal structures? What contributes towards strengthening? What contributes towards weakening?

For me, understanding the relationship between culture and law goes to the hart of making law work.

Assuming that there is general agreement that building more effective normativity in our interdependent and interconnected world is a good thing, then the question of understanding how law and culture interact is of great importance.

Tackling this question – or the many questions that it encompasses – will, first and foremost require both a multidisciplinary and an interdisciplinary approach encompassing law and social and behavioural sciences. We need more empirical research.

To that, we must devote ourselves with great urgency.

[9] See for an excellent assessment of the situation, Th. Carothers, *Promoting the Rule of Law Abroad: In Search of Knowledge* (2006).

Part II
International Law: Culture and Context

Chapter 4
CULTURAL DIVERSITY AND FREEDOM OF EXPRESSION

Vesselin Popovski

Résumé

Ce texte remet en cause deux hypothèses. Premièrement, que les droits culturels sont des droits collectifs – j'argue du fait que les droits culturels sont de droits individuels, au même titre que tous les autres Droits de l'Homme, mais que ces droits sont exercés de façon collective. Deuxièmement, je considère la diversité culturelle non pas comme le résultat délibéré d'une pression délibérée du haut vers le bas et d'une promotion active pour une telle diversité, mais plutôt comme le résultat primaire de l'exercice de la liberté individuelle d'expression. Je vois la diversité culturelle comme une évolution libre issue du laissez-faire, et non comme une conception prédéterminée. La variété des sources et des expressions de la connaissance et de la conscience humaines individuelles est le préalable essentiel à la diversité culturelle, à la créativité, à la prospérité et au développement des sociétés dans le monde entier.

1. Freedom of expression

The freedom of thought and the freedom of expression are fundamental human rights, they form the basis of liberty from tyranny, the foundation of human dignity. Freedom of expression has its long history in philosophy, if not so long in law. Erasmus, in *Education of a Christian Prince* (1516), famously wrote: 'In a free state, tongues too should be free.' Galileo Galilei, leaving a tribunal in 1632 after being forced to recant by the Inquisition, famously murmured 'Eppur Si Muove' (still it moves), affirming that the Sun, not the Earth, is the centre of the universe. The discovery was made a century earlier in 1530 by the Polish astronomer Copernicus, and published

P. Meerts (ed.), Culture and International Law

in his book *De Revolutionibus*, prohibited by the Catholic Church. In 1859 John Stuart Mill wrote his eminent essay 'On Liberty' and it portrayed the freedom of thought as the foundation of the search for truth: '...if any opinion is compelled to silence, that opinion may, for aught we can certainly know, be true. To deny this is to assume our own infallibility'. In an international document, freedom of thought and freedom of expression were first pronounced in the 1948 Universal Declaration of Human Rights. Here are the precise texts:

> 'Everyone has the right to freedom of thought, conscience and religion; this right includes freedom to change his religion or belief, and freedom, either alone or in community with others and in public or private, to manifest his religion or belief in teaching, practice, worship and observance.' (Article 18)

> 'Everyone has the right to freedom of opinion and expression; this right includes freedom to hold opinions without interference and to seek, receive and impart information and ideas through any media and regardless of frontiers.' (Article 19)

2. Cultural diversity

There are issues that can be determined by people's choices and issues that cannot be determined by their choices. We cannot, for example, choose our parents, our race, our sex, or our birthplace. We cannot choose our initial nationality – it is our parents' nationality or our birthplace that determines this. Religion and culture are also strongly determined by an inherited influence in families and communities. Children usually follow cultural and religious traditions. However, once they reach maturity and independence, they have the freedom to decide to stay with the inherited tradition; to embrace a different tradition; or to become, for example, cosmo-cultural, or atheists.

Belonging to one's family, relatives, community, and race is natural; these are determined at birth and cannot be changed. Regarding nationality and sex, there is a possibility to change through certain rules and qualification. When it comes to belief, conscience, religion, culture – the choice should be wide open and unqualified.

Cultural diversity arises from the exercise of people's individual choice. The freedom of opinion of different individuals creates diversity, which should not just be tolerated, but also encouraged and facilitated by the state, the community and religious leaders.

Traditional cultures, in their fight for survival, used to consolidate, standardize, urge their members towards uniformity. Historically, they demanded that all individuals in a particular group do not diversify; they should rather follow the same traditions. But this is characteristic of a time when cultural survival was the primary concern. Once a culture is tolerated, encouraged and supported, it no longer needs to appeal for uniformity; on the contrary, it may reveal its natural feature – diversity.

The same rule applies to nationalism – there have been times of state unification and consolidation, for example in Germany and Italy in the mid-19th century, when nationalism (or rather 'patriotism') has played a positive role. To quote a famous Hungarian poet and national liberation hero Shandor Petyofi:

> 'I need two deeds in life – love and freedom,
> I can sacrifice my life for my love,
> But I would sacrifice my love for my people's freedom!'

Since the 20th century, when most nations had already been created and solidified and were no longer threatened by hostile neighbours, further appeals for nationalism have gradually lost ground and become a threat to minority groups. Rulers today are no longer judged by their power to impose nationalism, but rather by their power to tolerate people's choices. Nation states have developed in parallel with multinational federations. In democratic federations – such as Switzerland, Great Britain, the United States, and post-colonial India – the rule of law and people's choices established the autonomous positions and self-rule of the various parts of the federations. In contrast, totalitarian federations – the Soviet Union, Czechoslovakia, Yugoslavia – could not survive and disintegrated into their constituent parts.

People's choices and their freedom of expression should be synonymous with cultural diversity. Freedom of expression is technically an individual category; cultural diversity is also technically a collective category. Individuals enjoy the right to think, to speak, to assemble; and so do collectivities. Human rights are individual rights. Cultural rights are part of human rights – they are individual from the point of view of choice, but are exercised collectively. Culture can enrich, but should not necessarily predetermine individual choices. People are free to decide whether to belong to 'their' culture, or to be culturally indifferent (cosmopolitan). They can listen to religious or community leaders, but should also have the right not to listen to them and to listen to other teachings. People have the right to be informed of various aspects of life, of diverse religious and cultural traditions, and to decide alone what to wear; which god to pray to; whom to marry, and so on. Religious and community leaders usually speak on behalf of 'their' people and say whether these people feel better with prearranged marriages, with surgical genital mutilation or with no abortions and divorces. It would be better to ask what well-informed people (not leaders) from these communities individually think about these matters. These decisions are individual choices; they should not be an automatic consequence of a cultural belonging.

All education needs to be open, tolerant and multicultural. It should teach about all traditions in an unbiased way. To study only one way of life, only one religion, only one culture, is in fact a denial of education. Faith schools should accept every child, and teach all pupils about all religions. Their historical establishment could obviously originate in various foundations – Jewish, Catholic, Protestant or Muslim – but if they teach only one religion, I would argue, they predetermine pupils' choices and limit their freedom of expression, which might in fact be against the aspirations of the school's founders. I want children to study and receive fully comprehensive education, to allow them to exercise individual freedom of expression. All schools, including denominational establishments, must ensure that the children live in and learn from diversity, so that their choices, when they grow up, are not predetermined. It is ironic that some denominations argue against adoption by gay couples, saying that the exposure of a child to a gay environment may predetermine sexual orientation, while at the same time not seeing that what happens in their schools is a constant daily predetermination, and not only of sexual choices.

3. Diversity of identities

Every human being has many identities – and none of them should be exaggerated. When we exaggerate our national belonging above others we become nationalists. I am a Bulgarian, but this is one of many characteristics, and I would not put it as the most important one. One Bulgarian can be born in a small under-developed village to poor parents; a second Bulgarian can be born in the centre of Sofia to rich parents. They will certainly have common features – speaking the same language or supporting the same football team. However, socially, the first may feel closer to a Serb, born in a small village across the hill, than to his/her rich compatriot. A Bulgarian is also a person from the Balkans, from the Black Sea region, from South-East Europe, from Orthodox Christianity, from Cyrillic alphabet users, from Eastern Europe, from a Slav origin, from the former Communist bloc, from the former Ottoman Empire, from Mediterranean Europe, from the whole of Europe, from Eurasia, from the planet Earth, from the Solar system. A Bulgarian could be a Christian, a Catholic, a Muslim or an Atheist. He/she could have dual citizenship with another country. He/she could be a smoker or a non-smoker, a homosexual or a heterosexual, a citizen or a villager, married or single, a parent, and so on. He/she could belong to a political party or be apolitical. He/she could be a good citizen or antisocial. Every person possesses tens of identities and the national belonging is just one of them – not necessarily the most important one. I am not a nihilist – I do not say that ethnicity or religion do not matter, I say that they constitute 10%, not 90% of a person's identity. If I see my identity as 90% or 100% Bulgarian, this is closer to nihilism of the other characteristics, in which case my freedom of expression is in danger of being restricted.

There is a nationalistic political movement in Bulgaria called 'Ataka' which uses the slogan 'Bulgaria above all'. My aunt happened to be one of their supporters. Ironically, all her 4 children emigrated to Italy and once I told her: 'Imagine if the Italian government were to adopt the slogan 'Italians above all' and expel your children.' She later abandoned her support for 'Ataka'.

The campaign for cultural diversity should be based on individual choices – and in fact should be the same as the campaign for freedom of expression. People can protest when their freedoms are restricted, they can complain against prohibitions on practising cultural traditions. But this is an individual choice – cultural rights are individual rights and should not be exploited by politicians, community leaders, rabbis, imams, popes, or mullahs. It would be better to listen to individual people – what they feel, what they want, to what system or group they belong.

4. Freedom of expression and incitement of cultural hatred

George Orwell once wrote: 'If liberty means anything, it means the right to tell people what they do not want to hear.' To make a caricature of Jesus, Buddha or Mohammed is an exercise of freedom of expression. One may argue that his/her religion is to make caricatures of holy icons. There is nothing criminal – everything that is worth taking extremely seriously is also worth making a little fun of. This is the freedom of opinion – we may not like it, but we have to accept it as a necessary lesser evil, because the greater evil would be to deny it.

The author of a holy caricature can be ridiculed, disliked, detested, blamed, but should not be prosecuted. If someone is offended by a caricature the best reaction would be simply to ignore it, as for every other ugly object in life. Ignorance is the worst punishment for an artist, even more for the creators of scandalous art.

If an artist can be excused for a perverted vision (otherwise we would have to destroy quite a large amount of art), publishers and exhibitors need to exercise responsibility. To publish and republish caricatures, to travel abroad and parade them among sensitive believers is not freedom of expression. This is incitement of hatred that may escalate into mass protests, attacks on embassies, the burning of flags, public disorder, and which may even threaten human life.

There are limits to freedom of expression – this right cannot be extended so as threaten human life. Freedom of opinion is not an absolute right – it finishes when it violates the rights of others. Freedom of opinion can be provocative, but it cannot injure other people's freedoms. Any freedom will be tolerated if it also tolerates other people's choices to be different. One can believe in one God, another person can believe in a different God, a third person may not believe in any God at all, and all three are equal. One has to respect the believers in the same way as one has to respect the infidels.

5. Cultural censorship

A difficult question is when and to what extent one can constrain freedom of opinion, or *in extremis* the right of people to offend other people's culture. Cultural censorship, although sometimes necessary, is always problematic –

because by restricting the freedom to 'offend' it also restricts the right to respond to an offence. Somehow a cultural censor presumes that individual culture-holders are too weak to defend themselves against criticism, ridicule or abuse. People or states may require protection from stronger people or states, but cultures really do not. It is up to the cultures themselves to evolve sufficiently to survive. Far from according respect, cultural censorship treats people not as autonomous minds, but as cultural victims in need of special protection and the result is a victimizing competition, where every group attempts to present itself as the one feeling most offended.

The paradox of cultural censorship is that it undermines much of what is valuable about cultural diversity. Cultural diversity may mean a mess, clashes and disagreements; but there is nothing dramatic about these. 'Cultural uniformity' is the problem – it is the vanishing point of culture. Censorship is caused by a fear of the mess, and a desire to have everything nicely arranged, free of conflict, pretty and clean. Cultural censors call on every member of society to 'respect' an order, to be always 'culturally correct'. I regard this attempt to organize all cultures in correct boxes as very problematic – it in fact defies cultural diversity. Diversities need to remain diverse, compete and dispute with each other. Cultural diversity does not need strict order. It is better to leave people in a 'messy' cultural environment than to assign 'correct' labels of cultural engagement. Cultural diversity flourishes when it is advocated through freedom of expression, not when it is 'pacified' or 'passivized' with the scissors of the censors.

6. Conclusion

I would like to conclude by replying to two critics of this paper. One said that he fully agrees with everything in it, but that he can only do so because he is a white European male. I still cannot understand this point. I delivered a similar paper to an African audience, predominantly female, and they could not have agreed more, moreover – they asked me to send them more such papers.

The second critic, an anthropologist, said that my paper is an appeal to young people to leave their cultures and traditions, to go to the big cities and culturally 'disappear' there. She was worried that there are many traditional cultures and languages in the world that are threatened with extinction; they may not survive as they are followed only by a very limited number of elderly local people. I accept that this is a sad fact. Yet this process is somehow natural, evolutionary, and I would not see it in apocalyptic terms. Dying cultures should be preserved, but in museums and archives, not by forcing them upon people for whom they may be obsolete. Species, people, cultures, nationalities, and civilizations do die, but others emerge and this has been happening for thousands of years. My paper defends those young people who exercise individual choice, and decide not to be culturally suppressed.

Chapter 5
ACCOMMODATING DIVERSITY IN INTERNATIONAL HUMAN RIGHTS
Legal Techniques

Eva Brems

Résumé

L'article fait dès le départ le constat que les Droits de l'Homme sont décentrés vers l'ouest ou le nord à l'échelle mondiale. Dans une perspective d'universalité inclusive, beaucoup peut être fait en faveur d'une plus grande diversité simplement en mettant en pratique les possibilités qu'offre dores et déjà le cadre juridique des Droits de l'Homme. Cet article se concentre sur la flexibilité qui existe dans l'interprétation et l'exécution des normes universelles. Deux techniques légales seront examinées pour leurs mérites comme outils pour favoriser la diversité contextuelle. La première technique, brièvement étudiée, se rapporte à la « marge d'appréciation » prônée par la cour européenne des Droits de l'Homme. L'article aborde ensuite dans le détail la doctrine de la « réalisation progressive » des droits économiques, sociaux et culturels. Dans les deux cas, la perspective recherchée est celle qui tente d'étendre la mise en application de ces techniques au delà des fora qui les ont vu naître.

1. Human rights and contextual diversity: Towards inclusive universality

The starting point of this paper is that human rights are biased towards the global West or North. This is an inescapable consequence of Western dominance in international relations. Under the pressure of the women's movement the historical male bias of human rights has now been generally admitted. In the same manner, it has to be conceded that human rights do not reflect

P. Meerts (ed.), Culture and International Law

non-Western concerns, values, priorities and experiences in the same way as they reflect those of Western people. The reaction to non-Western particularist critiques of dominant human rights is generally a defensive one, rejecting the criticisms. This contrasts sharply with the reaction to the feminist critiques, which has led to important efforts to correct the male bias by including gendered perspectives, and even to mainstreaming a gender approach.[1] To some extent, this negative reaction is understandable and even justified, as the particularist criticisms are sometimes abused by authoritarian governments trying to avoid human rights scrutiny. Yet it cannot be dismissed that easily. The pro-Western distortion of human rights is real and leads to a situation in which those who arguably need human rights most, are to some extent excluded, because human rights do not adequately reflect their lived realities. These concerns are not only voiced by governments, but also by non-governmental organizations (NGOs) and ordinary people: for example, many Africans do feel more at ease with communal concepts and consensus-based mechanisms than with adversarial individual rights, just like many Muslims really are reluctant to accept human rights that contradict their religious duties.

Against this background I have proposed a universality concept that is based on the central idea of the inclusion of all people in the human rights framework, which I call 'inclusive universality'.[2] Underlying this is the recognition that human rights are not context-neutral, and that for that reason people who do not correspond to the implicit reference point of human rights (a human being who is male and Western) experience a form of exclusion. The exclusion consists of the fact that the needs, concerns and values of members of non-dominant groups are not taken into account to the same extent as those of the members of dominant groups when human rights standards are formulated or interpreted, and when human rights policies are determined. Inclusive universality proposes to remedy this situation by accommodating particularist claims from those excluded people. The awareness that the 'abstract human being' does not exist and that neutrality and objectivity are impossible, even in human rights standards, leads to the rec-

[1] For a comparison between the non-Western particularist critique of human rights and the feminist critique, see Eva Brems, 'Enemies or Allies? Feminism and Cultural Relativism as Dissident Voices in Human Rights Discourse', *HRQ* (1997) pp. 136-164.

[2] Eva Brems, *Human Rights: Universality and Diversity* (The Hague/Boston/London: Martinus Nijhoff Publishers 2001), 574 pp.

ognition that the equality of all human beings cannot be realized by consistently eliminating all context-related factors. Equality requires not only that similar situations be treated in the same way, but also that different situations be treated differently. Context matters. If human rights are to be universal in the sense that they apply in an equal manner to all human beings, they must sometimes take into account specific circumstances relevant to the lives of these human beings.

Thus, inclusive universality wants to close – or at least to narrow – the gap between international human rights and non-Western societies. It proposes to make human rights more universal by making them more relevant for more people. Human rights have to be more open to cultural and other differences.

Yet this should not be a one-way street. The efforts of the human rights system to become more receptive to differences among societies should be matched by efforts inside societies to make those more receptive to human rights. Respect for differences should not stand in the way of a critical view. Human rights have a revolutionary calling; they challenge the laws and practices of societies, even if those are long-standing. A commitment to human rights inherently entails a commitment to change certain laws and practices.

The fundamental commitment to inclusive universality, as well as the difficult balance between the necessity to change societies in the name of human rights and the need to change human rights in the name of the diversity of societies, must result from a dialogue among civilizations. Yet it is important to emphasize that both types of change are possible.

On the one hand, cultures and societies are dynamic and heterogeneous; they change constantly. Hence there is no inherent reason why changes that improve respect for human rights would threaten cultural integrity or other cherished aspects of a society's identity. How such changes are to be effected is in the first place a matter for internal debate within the relevant societies. It is crucial that societies allow for such a debate to be conducted freely, as well as for everybody's participation therein.

On the other hand, human rights can accommodate diversity without fear that this would undermine their integrity. As a lawyer and an outsider to non-Western cultures, I have focused on this aspect in my work. The fear that 'giving in to' non-Western critiques would undermine human rights can be easily undercut by pointing at two under-recognized qualities of international human rights: their flexibility and their dynamic character. Hence a lot can be realized in terms of the accommodation of diversity by simply using the possibilities that the legal framework of human rights already offers. In this paper, the focus is on flexibility.

It may be contrary to popular intuition that there is an important degree of flexibility inherent in human rights standards. Flexibility may exist at the level of the formulation of standards: when the human rights lists included in regional conventions or in national constitutions are compared, differences are found with regard to the inclusion of certain rights, as well as with regard to the level of detail in which rights are formulated and with regard to certain emphases in formulation. Yet besides these regional or local expressions of universal standards, states are also expected to subscribe to universal human rights instruments. It is therefore perhaps even more important to stress the flexibility that exists in the interpretation and implementation of universal standards. In this paper, I shall mention two flexibility devices: the margin of appreciation and progressive realisation.

2. The margin of appreciation as a tool to accommodate contextual diversity[3]

The margin of appreciation doctrine is a principle that is applied by the European Court of Human Rights, mostly in the balancing between a right and a ground for a legitimate restriction. It allows the national authorities to have discretion in determining the need to restrict an individual right in particular circumstances for the protection of a general interest or the rights of others, as well as for determining the choice of means to protect or restrict a right. The application of the margin of appreciation doctrine allows local circumstances and sensitivities to be taken into account. As a result, the application of the same standards may lead to different levels of protection among the Council of Europe member states.

Take the example of blasphemous speech. The case law of the Court has dealt mainly with blasphemy against the Christian religion, yet the question

[3] Eva Brems, 'The Margin of Appreciation Doctrine in the Case-Law of the European Court of Human Rights', 56/1-2 *ZaöRV* (1996) pp. 240-314; Eva Brems, 'The Margin of Appreciation Doctrine of the European Court of Human Rights: Accommodating Diversity within Europe', in David P. Forsythe and Patrice C. McMahon (eds.), *Human Rights and Diversity: Area Studies Revisited* (Lincoln/London: University of Nebraska Press 2003) pp. 81-110.

of blasphemy is also very relevant with respect to the main 'challenger' culture in Europe, which is Islam. In some interpretations of the freedom of speech, speech that offends religious feelings, for example by ridiculing holy figures or religious symbols, is nevertheless protected. But in other interpretations, the prosecution and punishment of blasphemers is an acceptable restriction of freedom of speech in the interest of the protection of the rights of others and of public order. Both interpretations are contradictory, yet both are acceptable, and their coexistence does not undermine the universal standard on freedom of speech. This standard does not only state that everybody has a right to free speech, but also that this freedom can be legitimately restricted.[4] National authorities (parliaments, governments, the courts) enjoy a certain margin of appreciation to determine when a restriction is legitimate in the specific context of their society. The European Court of Human Rights has held that with regard to the reaction to blasphemous speech, the margin of appreciation is a wide one, because

> 'there is no uniform European conception of the requirements of 'the protection of the rights of others' in relation to attacks on their religious convictions. What is likely to cause substantial offence to persons of a particular religious persuasion will vary significantly from time to time and from place to place, especially in an era characterized by an ever growing array of faiths and denominations. By reason of their direct and continuous contact with the vital forces of their countries, State authorities are in principle in a better position than the international judge to give an opinion on the exact content of these requirements with regard to the right of others as well as on the "necessity" of a "restriction" intended to protect from such material those whose deepest feelings and convictions would be seriously offended.'[5]

---

[4] E.g., Art. 10 ECtHR: '1. Everyone has the right to freedom of expression. This right shall include freedom to hold opinions and to receive and impart information and ideas without interference by public authority and regardless of frontiers. This article shall not prevent States from requiring the licensing of broadcasting, television or cinema enterprises. 2. The exercise of these freedoms, since it carries with it duties and responsibilities, may be subject to such formalities, conditions, restrictions or penalties as are prescribed by law and are necessary in a democratic society, in the interests of national security, territorial integrity or public safety, for the prevention of disorder or crime, for the protection of health or morals, for the protection of the reputation or rights of others, for preventing the disclosure of information received in confidence, or for maintaining the authority and impartiality of the judiciary.'

[5] ECtHR, *Wingrove* v. *United Kingdom*, 25 November 1996, *Reports of Judgments and Decisions*, 1996-V, Para. 58.

Another example concerns the right of female Muslim students to wear a hijab in school. Some European states (such as France and Turkey) prohibit this altogether, whereas others (such as the United Kingdom and the Netherlands) allow a simple headscarf and prohibit only more far-reaching types of hijab. Proponents of the right to wear a headscarf argue that prohibitions violate religious freedom. Yet opponents of this right argue that prohibitions are necessary to protect either women's equality or the religious freedom of others, or the neutrality of the state. The European Court of Human Rights does not take a position in this debate, but defers to reasonable assessments at the national level:

> 'Where questions concerning the relationship between State and religions are at stake, on which opinion in a democratic society may reasonably differ widely, the role of the national decision-making body must be given special importance (...). This will notably be the case when it comes to regulating the wearing of religious symbols in educational institutions, especially (...) in view of the diversity of the approaches taken by national authorities on the issue. It is not possible to discern throughout Europe a uniform conception of the significance of religion in society (...) and the meaning or impact of the public expression of a religious belief will differ according to time and context (...). Rules in this sphere will consequently vary from one country to another according to national traditions and the requirements imposed by the need to protect the rights and freedoms of others and to maintain public order (...). Accordingly, the choice of the extent and form such regulations should take must inevitably be left up to a point to the State concerned, as it will depend on the domestic context concerned (...).'[6]

One of the issues on which cultural conceptions vary widely at the world level concerns the rights of homosexuals to live according to their sexual orientation and to non-discrimination on the ground of their sexual orientation. In this field, the European Court of Human Rights has used the margin of appreciation doctrine, coupled with the so-called 'consensus criterion'. When the Court finds that majority practice and opinion go against a particular restrictive measure (e.g., the criminalisation of adult consensual sex,[7] a

[6] ECtHR, Grand Chamber, *Leyla Şahin* v. *Turkey*, 10 November 2005, Para. 109.

[7] ECtHR, Dudgeon v. UK, 22 October 1981, *Publications of the Court*, A 45; ECtHR, *Norris* v. *Ireland*, 26 October 1988, *Publications of the Court*, A 142; ECtHR, Modinos v. Cyprus, 22 April 1993, *Publications of the Court*, A 259.

higher age of consent for homosexuals,[8] the refusal of homosexuals in the army,[9] discrimination with respect to tenancy rights[10]), it narrows the margin of appreciation, and obliges states to abolish such measures. Yet when no such consensus exists in the eyes of the Court, it grants a wide margin of appreciation which allows for restrictive measures that would not pass the Court's scrutiny if a stricter test were used. In the current state of the case law, this is the Court's position on not allowing homosexuals to have the right to be an adoptive parent:

> 'It is indisputable that there is no common ground on the question. Although most of the Contracting States do not expressly prohibit homosexuals from adopting where single persons may adopt, it is not possible to find in the legal and social orders of the Contracting States uniform principles on these social issues on which opinions within a democratic society may reasonably differ widely. The Court considers it quite natural that the national authorities, whose duty it is in a democratic society also to consider, within the limits of their jurisdiction, the interests of society as a whole, should enjoy a wide margin of appreciation when they are asked to make rulings on such matters. By reason of their direct and continuous contact with the vital forces of their countries, the national authorities are in principle better placed than an international court to evaluate local needs and conditions. Since the delicate issues raised in the case, therefore, touch on areas where there is little common ground amongst the member States of the Council of Europe and, generally speaking, the law appears to be in a transitional stage, a wide margin of appreciation must be left to the authorities of each State.'[11]

As the margin of appreciation doctrine is long entrenched in the European Court of Human Rights' case law, European lawyers are quite familiar with

---

[8] ECtHR, *L & v* v. *Austria*, 9 January 2003, *Reports* 2003-I; ECtHR, *S.L.* v. *Austria*, 9 January 2003, *Reports* 2003-I. These judgments were confirmed in ECtHR, *Woditschka & Wilfling* v. *Austria*, 21 October 2004, ECtHR, *Ladner* v. *Austria*, 3 February 2005; ECtHR, *Wolfmeyer* v. *Austria*, 26 May 2005; ECtHR, *HG & GB* v. *Austria*, 2 June 2005 and ECtHR, *RH* v. *Austria*, 19 January 2006. With respect to the United Kingdom, the same conclusion was reached in ECtHR rights, *BB* v. *United Kingdom*, 10 February 2004.

[9] ECtHR, *Lustig-Prean & Beckett* v. *UK*, 27 September 1999; ECtHR, *Smith & Grady* v. *UK*, 27 September 1999, *Reports* 1999-VI. These judgments were later confirmed in ECtHR, *Beck, Copp & Bazeley* v. *UK*, 22 October 2002 and ECtHR, *Perkins & R* v. *UK*, 22 October 2002.

[10] ECtHR, Karner v. Austria, 24 July 2003, *Reports* 2003-IX.

[11] ECtHR, *Fretté* v. *France*, 26 February 2002, Para. 41.

flexibility at the level of the implementation of human rights standards. Other human rights monitoring bodies occasionally make brief reference to a margin of appreciation. Yet there has hardly been any debate as to how a similar tool could work at the universal level.[12]

3. Progressive realisation as a tool to accommodate contextual diversity

Progressive realisation is a concept that concerns the pace of state obligations to respect, protect and fulfil economic, social and cultural human rights. It has been formulated in, amongst others, the International Covenant on Economic, Social and Cultural Rights (ICESCR) and the Convention on the Rights of the Child (CRC):

ICESCR, Article 2(1):

> 'Each State Party to the present Covenant undertakes to take steps, individually and through international assistance and co-operation, especially economic and technical, to the maximum of its available resources, with a view to achieving progressively the full realization of the rights recognized in the present Covenant by all appropriate means, including particularly the adoption of legislative measures.'

CRC, Article 4:

> 'States Parties shall undertake all appropriate legislative, administrative, and other measures for the implementation of the rights recognized in the present Convention. With regard to economic, social and cultural rights, States Parties shall undertake such measures to the maximum extent of their available resources and, where needed, within the framework of international co-operation.'

The latter example in particular shows the contrast between state obligations under civil and political rights, on the one hand, and under economic, social and cultural rights on the other. Under civil and political rights provisions,

---

[12] For some reflections on this topic, see Eva Brems, *Human Rights: Universality and Diversity*, pp. 418-422.

state obligations are immediate. There is one line – a bottom line – that defines violations of civil and political rights. As soon as a state is bound by civil and political rights provisions (usually upon the ratification of a treaty) it is not allowed to cross that line. The line itself is somewhat negotiable through a balancing exercise (cf. *supra* on margin of appreciation). Yet anything below it is a human rights violation; anything above it is not. A weakness of this approach is that it is indifferent to what exactly happens above the line. Among the various policies or practices that do not violate human rights, some may protect human rights much better than others, but human rights law does not deal with those distinctions.

Under economic, social and cultural rights provisions, state obligations are progressive. There is a line signalling that 'all appropriate implementation measures have been taken', but it resembles a horizon rather than a bottom line. Right now, states have to gradually work toward that goal; their 'available resources' determining the extent of their obligations. Yet there is also a bottom line of state obligations under economic, social and cultural rights: the Committee on Economic, Social and Cultural Rights defines 'core obligations' that have to be realized by all states:

> 'the Committee is of the view that a minimum core obligation to ensure the satisfaction of, at the very least, minimum essential levels of each of the rights is incumbent upon every State party. Thus, for example, a State party in which any significant number of individuals is deprived of essential foodstuffs, of essential primary health care, of basic shelter and housing, or of the most basic forms of education is, prima facie, failing to discharge its obligations under the Covenant. If the Covenant were to be read in such a way as not to establish such a minimum core obligation, it would be largely deprived of its raison d'être. By the same token, it must be noted that any assessment as to whether a State has discharged its minimum core obligation must also take account of resource constraints applying within the country concerned. Article 2 (1) obligates each State party to take the necessary steps "to the maximum of its available resources". In order for a State party to be able to attribute its failure to meet at least its minimum core obligations to a lack of available resources it must demonstrate that every effort has been made to use all resources that are at its disposition in an effort to satisfy, as a matter of priority, those minimum obligations.'[13]

[13] CESCR General Comment 3 (1990): The nature of States parties obligations, Para. 10.

Hence, core obligations – which the Committee enumerates concretely in its General Comments dealing with specific rights –[14] are an exception: they are not progressive, but rather immediate. The issue of resources cannot of course be totally ignored; it is possible that a state lacks the resources to guarantee even the minimal level of protection of a particular right (e.g., the vaccination of all children against certain diseases); yet as soon as the resources are sufficient, they must be spent as a matter of priority on the satisfaction of the core obligations.

Hence, there are two lines: a bottom line – which is much lower than the bottom line in civil and political rights and which is hardly negotiable – below which there is always a violation, and a horizon line which does not signal a maximum, but rather approaches the 'best practice' or at least 'good practice'. In between the two lines, state behaviour may or may not constitute a human rights violation, depending, amongst other things, on the availability of resources.

Even above the bottom line, progressive realisation cannot be an excuse for doing nothing. There is always the obligation to 'take steps', i.e., to begin implementation. The Committee has specified that

> 'while the full realization of the relevant rights may be achieved progressively, steps towards that goal must be taken within a reasonably short time after the Covenant's entry into force for the States concerned. Such steps should be deliberate, concrete and targeted as clearly as possible towards meeting the obligations recognized in the Covenant'.[15]

Hence progressive realisation is a tool that has developed to accommodate economic diversity among states which subscribe to the same human rights obligations: it allows for the fact that there are enormous differences among states with respect to the availability of resources to be taken into account.

---

[14] See CESCR General Comment 12 (1999): The right to adequate food, E/C.12/1999/5, Para. 8; CESCR General Comment 13 (1999): The right to education, E/C.12/1999/10, Para. 57; CESCR General Comment 14 (2000): The right to the highest attainable standard of health, E/C.12/2000/4, Paras. 43-44; CESCR General Comment 15 (2002): The right to water, UN Doc. E/C.12/2002/11, Para. 37; CESCR General Comment 17 (2005): The right of everyone to benefit from the protection of the moral and material interests resulting from any scientific, literary or artistic production of which he or she is the author, UN Doc. E/C.12/GC/17 Para. 39; CESCR General Comment 18 (2006): The right to work, UN Doc. E/C.12/GC/18, Para. 31.

[15] CESCR General Comment 3 (1990): The nature of States parties obligations, Para. 2.

Progressive realisation is recognized in international human rights law only with respect to economic, social and cultural rights.

My suggestion is that it may be worth considering doing more with this tool.

In the first place, progressive realisation as a tool to accommodate economic diversity can be extended to positive obligations under civil and political rights. The restriction of progressive realisation to economic, social and cultural rights is an expression of the artificial dichotomy between the two categories of rights that has long been taken for granted. Today, it is widely recognized that all human rights give rise to obligations to respect, protect and fulfil, the latter two categories – implying positive state obligations – in particular requiring the mobilisation of resources. Government spending is needed not only to guarantee the right to health or housing, but also the right to a fair trial – by creating a well-functioning justice system – and the guarantee against inhuman treatment – e.g., respecting minimum standards for prison conditions – and in fact all human rights. If all positive obligations under civil and political rights have an immediate character whereas state obligations under economic, social and cultural rights are progressive, resource constraints inevitably lead states to always give priority to implementing civil and political rights over the realisation of economic, social and cultural rights. This result is undesirable and incompatible with the principle of the indivisibility of human rights. Hence a strong argument can be made to apply progressive realisation in the function of available resources also to civil and political rights.

But there is more. Progressive realisation need not be limited to the accommodation of economic diversity. Why not consider applying the same principle to deal with cultural diversity? Just like the lack of available resources may create an obstacle that slows down the realisation of human rights, cultural factors may have the same effect.

Human rights are a revolutionary discourse. They want to change entrenched political behaviour, but also entrenched social behaviour. To an important degree, human rights are counter-cultural. This is particularly clear when one considers the rights of groups that are traditionally subordinated or denied certain rights. As all cultures are patriarchal, women's rights are inherently counter-cultural. The same holds true for the autonomy rights of children, and for the rights of homosexuals.

Cultural resistance to certain human rights norms may be so strong that states prefer not to join a particular Convention – e.g., the United States and the CRC – or to join only after formulating a culture-based reservation. Numerous 'cultural reservations' have been made under the Convention on the Elimination of all Forms of Discrimination Against Women (CEDAW) and the CRC. Most of these are 'religious reservations' by states with a majority Muslim population, stipulating that they object to any implications in the Convention that would run counter to the Islamic shari'a. Some examples of reservations made to the CRC are the following:[16]

> '[The Government of Djibouti] shall not consider itself bound by any provisions or articles that are incompatible with its religion and its traditional values.'

> 'The Government of the Islamic Republic of Iran reserves the right not to apply any provisions or articles of the Convention that are incompatible with Islamic Laws and the international legislation in effect.'

> 'The Republic of Poland considers that a child's rights as defined in the Convention, in particular the rights defined in articles 12 to 16, shall be exercised with respect for parental authority, in accordance with Polish customs and traditions regarding the place of the child within and outside the family.'

States that have not made such a cultural reservation may still invoke culture (cultural resistance) as a factor explaining their poor results in terms of human rights implementation in the context of the state reporting procedure. This may express a certain – deliberate or not – distancing of the 'enlightened elites' in the government from the more traditional ordinary people.

As an example, we may quote from the conclusion of Namibia's most recent CEDAW report:

> 'Finally, to support or to complement the clause of the Constitution that guarantees gender equality, laws have been enacted to prohibit discrimination on the basis of sex and while many efforts have been made to promote gender equality, due to some cultural and traditional barriers it will take a while before meaningful equality between men and women could be realized.'[17]

Under CEDAW Article5 (a), states are explicitly obliged to change cultural traditions that may be an obstacle to women's rights:

---

[16] <www.ohchr.org/english/countries/ratification/11.htm#reservations>.
[17] UN Doc. CEDAW/C/NAM/2-3.

> 'States Parties shall take all appropriate measures:
> a. To modify the social and cultural patterns of conduct of men and women, with a view to achieving the elimination of prejudices and customary and all other practices which are based on the idea of the inferiority or the superiority of either of the sexes or on stereotyped roles for men and women.'

Hence the excuse of cultural resistance will only be acceptable when the state can show that cultural resistance remains strong despite its having undertaken significant efforts to overcome it. When states invoke cultural resistance to women's rights, the CEDAW Committee as a rule urges them to work harder to overcome this resistance. The following example is from CEDAW's Concluding Comments on the above-cited report of Namibia:

> '16. The Committee expresses concern about the persistence of strong patriarchal attitudes and stereotypes regarding the roles and responsibilities of women and men in the family and society. …
> 17. The Committee calls upon the State party to take measures to bring about change in the widely accepted stereotypical roles of men and women. Such efforts should include comprehensive awareness-raising and educational campaigns that address women and men and girls and boys, with a view to eliminating the stereotypes associated with traditional gender roles in the family and in society, in accordance with articles 2 (f) and 5 (a) of the Convention. …'.[18]

The debate I want to open concerns the question whether it would be useful to introduce progressive realisation in contexts such as this one. Progressive realisation to accommodate cultural diversity would allow the reality that cultural change is usually slow to be taken into account. It would adapt the legal standard to that reality, by holding states immediately accountable for the realisation of their core obligations – still to be determined in the area of women's rights! – and for taking deliberate, concrete and targeted steps to overcome the cultural obstacles to full realisation. I suggest that this might be a good idea for several reasons. There are pragmatic reasons: if human rights obligations are made more realistic, the risk of states rejecting or ignoring them altogether will be reduced. And there are reasons of principle: it might be a fairer approach. The countries of the global North and West have always dominated the human rights agenda and they put certain issues on the agenda when they are ready for them, i.e. when cultural change in their soci-

[18] UN Doc. CEDAW/C/NAM/CO/3.

eties has either been accomplished or is well on track. In my country – Belgium – women obtained the right to vote only in 1948. Today there are quotas in the Belgian Constitution concerning gender representation in the executive powers at different levels.[19] In 1979 Belgium was ready for CEDAW with its immediate obligations, but in 1945 it would not have been. Let us remain aware of the road travelled. To the extent that we expect others to reach the same destination – i.e. to the extent that universal human rights standards lead to uniformity in the expected outcome; cf. *supra* on margin of appreciation –, it is only fair to allow them some travel time.

I submit that this is in fact a matter of common sense. For that reason we can find in the rules and practice of international human rights a number of examples of the application of progressive realisation in areas such as women's rights, even though the term as such is not used.

One example, at the level of standard setting, is the Convention of Belém do Parà: the Inter-American Convention on the prevention, punishment and eradication of violence against women. In its chapter on 'duties of the states', this Convention distinguishes between, on the one hand, duties that states have to perform 'without delay' (article 7) and, on the other, specific measures that states 'agree to undertake progressively' (article 8). While the former list contains mainly obligations to put in place the necessary legal framework, the latter includes in particular the obligation under b):

> 'to modify social and cultural patterns of conduct of men and women, including the development of formal and informal educational programs appropriate to every level of the educational process, to counteract prejudices, customs and all other practices which are based on the idea of the inferiority or superiority of either of the sexes or on the stereotyped roles for men and women which legitimize or exacerbate violence against women;'

An example at the level of the interpretation and application of human rights norms may be found in the case law of the European Court of Human Rights, in the case of *Petrovic* v. *Austria*.[20] This is a case concerning gender discrimination in which the applicant alleging discrimination was a man. The issue at stake was the refusal of a parental leave allowance to a father, on the

[19] Belgian Constitution, Art. 11bis, introduced in 2002.

[20] ECtHR, *Petrovic* v. *Austria*, 27 March 1998, *Reports* 1998-II.

ground that it was only available to mothers. In fact the claim arose after Austria had extended this allowance to fathers, but the new rule did not yet apply to the applicant. At the time of this case, earlier case law of the European Court of Human Rights had already established strict scrutiny for cases of gender discrimination, in the sense that only 'very weighty reasons' can justify a distinction on that ground. Hence it appears quite surprising that the Court nevertheless found no discrimination in this case.

The Court repeated the strict scrutiny rule, which normally leads to a narrow margin of appreciation:

> 'It is true that the advancement of the equality of the sexes is today a major goal in the member States of the Council of Europe and very weighty reasons would be needed for such a difference in treatment to be regarded as compatible with the Convention.'[21]

Other elements in the case point toward a wide margin of appreciation, however. In the first place, there is the lack of European consensus on this matter:

> 'It is clear that at the material time, that is at the end of the 1980s, there was no common standard in this field, as the majority of the Contracting States did not provide for parental leave allowances to be paid to fathers.'[22]

The remainder of the Court's reasoning shows sympathy for a state that gradually develops a system offering broad human rights protection and is reluctant to hold such a country accountable for not realising all that immediately:

> 'The idea of the State giving financial assistance to the mother or the father, at the couple's option, so that the parent concerned can stay at home to look after the children is relatively recent. Originally, welfare measures of this sort – such as parental leave – were primarily intended to protect mothers and to enable them to look after very young children. Only gradually, as society has moved towards a more equal sharing between men and women of responsibilities for the bringing up of their children, have the Contracting States introduced measures extending to fathers, like entitlement to parental leave. In this respect Austrian law has evolved in the same way, the Austrian legislature enacting legislation in 1989 to provide for parental leave for fathers. In parallel, eligibility for the parental leave

---

[21] Ibid., Para. 37.
[22] Ibid., Para. 39.

> allowance was extended to fathers in 1990 (…). It therefore appears difficult to criticise the Austrian legislature for having introduced in a gradual manner, reflecting the evolution of society in that sphere, legislation which is, all things considered, very progressive in Europe.'[23]

In my opinion, this last sentence reflects the core of the Court's reasoning. While this is not formally an application of progressive realisation, it comes very close, and it shows how the application of progressive realisation might work in practice in a field such as gender discrimination.

4. The relation between progressive realisation and margin of appreciation

In principle, progressive realisation accommodates diversity through sequencing in time, whereas the margin of appreciation allows for spatial differentiation. In practice, both dimensions interact. Progressive realisation will also lead to spatial differentiation because the extent of sequencing that is allowed directly depends upon the scope of the obstacles which a state encounters: the severity of resource constraints – in the current doctrine of progressive realisation – or the tenacity of cultural traditions – in the extended doctrine proposed above. Hence, the actual human rights obligations of a state that experiences small or medium-sized obstacles will be established at a higher level – more above the bottom line and nearer to the horizon line – than those of a state experiencing huge obstacles.

Spatial differentiation under the margin of appreciation doctrine works in a different manner, in the sense that there is only a bottom line. The effect of a wide margin of appreciation is to establish the bottom line at a low level. The actual human rights obligations of all states remain at the same level – the bottom line – and the differentiation occurs freely – not linked to any contextual or other factor, and not submitted to international control – above the bottom line.

In the absence of a specific sequencing technique under civil and political rights, the European Court of Human Rights has used the margin of appreciation doctrine – coupled with the 'consensus criterion' – also as a sequencing tool. When a wide margin of appreciation is based on the lack of a

[23] Ibid., Para. 40.

European consensus in a specific field, the margin may be restricted as a European consensus emerges and grows. Illustrations of this sequencing technique may be found in the field of the rights of homosexuals.

Even after the Court had held in *Dudgeon*[24] in 1981 that the criminalisation of consensual adult homosexual activities violated the right to privacy protection, the European Commission on Human Rights held in 1983 that it was not a violation of the same right to criminalize the same behaviour for members of the army under military law. Accepting 'that homosexual conduct by members of the armed forces may pose a particular risk to order within the forces which would not arise in civilian life',[25] the Commission declared the complaint inadmissible for being manifestly ill-founded. However, in 1999 the European Court of Human Rights held that dismissal from the army on grounds of homosexuality violated the right to have one's private life protected.[26] The Court granted only a narrow margin of appreciation to the state: as the matter concerned a most intimate aspect of a person's private life, only particularly weighty reasons could justify the measure.[27] The Court's finding of a violation was based, amongst other things, on the 'lack of concrete evidence to substantiate the alleged damage to morale and fighting power that any change in the policy would entail'.[28] Immediately before its conclusion, the Court referred to the European consensus on this matter:

> 'It notes the evidence before the domestic courts to the effect that the European countries operating a blanket legal ban on homosexuals in their armed forces are now in a small minority. It considers that, even if relatively recent, the Court cannot overlook the widespread and consistently developing views and associated legal changes to the domestic laws of Contracting States on this issue.'[29]

Another matter on which the Court managed a shift in the case law is the right of a surviving homosexual partner to succeed in the tenancy rights with

---

[24] Cf. *supra*.

[25] Commission, *B* v. *UK*, nr. 9237/81, 12 October 1983.

[26] ECtHR, *Lustig-Prean & Beckett* v. *UK*, 27 September 1999; ECtHR, *Smith & Grady* v. *UK*, 27 September 1999, *Reports* 1999-VI. These judgments were later confirmed in ECtHR, *Beck, Copp & Bazeley* v. *UK*, 22 October 2002 and ECtHR, *Perkins & R* v. *UK*, 22 October 2002.

[27] ECtHR, *Lustig-Prean & Beckett* v. *UK*, o.c., Para. 83.

[28] Id., Para. 92.

[29] Id., Para. 97.

respect to the house in which he or she lives in the same manner as a heterosexual partner.

In a 1986 case, the Commission held inadmissible (for being manifestly ill-founded) the complaint of a woman in the UK who was evicted from her home after the death of her partner, while she would have had the right to continue to live in her home if she or her partner had been male. The Commission held that it was justified for a state to give special protection to families, the concept of a family in the Convention including unmarried heterosexual couples, but not homosexual couples.[30] Ten years later, this was confirmed in the same wording in a case against Germany.[31] Yet in 2003, the European Court of Human Rights, applying strict scrutiny, reduced the margin of appreciation and found discrimination.[32]

5. Conclusion

In light of the enormous diversity of – cultural, economic and other – contexts in which human beings live, upholding universal human rights requires the recognition of a degree of flexibility in human rights standards. In the current state of international human rights law, flexibility tools exist, although each of them only has limited application. This paper presented what are arguably the most prominent flexibility tools: the margin of appreciation doctrine and progressive realisation. They allow different flexibility needs to be met.

To some extent, universality simply does not require uniformity. As long as certain types of contextual diversity exist, legitimate differences in human rights standards may continue to exist. The European Court of Human Rights' margin of appreciation doctrine is an excellent tool to manage this type of potentially permanent diversity. It is submitted that it is worth examining the implications and conditionalities of its application outside the European context.

On the other hand, some contextual factors that explain lower levels of human rights protection need to be overcome as a matter of human rights obligation. They may justify a delay in human rights protection, but they

---

[30] Commission, *S* v. *UK*, No. 11716/85, 14 May 1986.

[31] Commission, *Röösli* v. *Germany*, No. 28318/95, 15 May 1996.

[32] ECtHR, *Karner* v. *Austria*, 24 July 2003, *Reports* 2003-IX.

cannot serve as a permanent excuse. The concept of progressive realisation is a good tool to control the sequencing of human rights obligations. It is submitted that it is worth examining how this tool might be extended outside the area of economic, social and cultural human rights, and might deal with obstacles other than those that are resource-related.

Chapter 6
L'ENJEU DE LA CULTURE DANS SON CONTEXTE ÉCONOMIQUE INTERNATIONAL
A l'example de la Convention UNESCO sur la protection et la promotion de la diversité des expressions culturelles

Annette Froehlich

ABSTRACT

In March 2007, the new UNESCO Convention on the Protection and Promotion of the Diversity of Cultural Expressions entered into force. Thus, cultural matters are not to be treated as any other economic sector despite its widely economic importance. Indeed the Convention recognises the duality of culture. It can be a commercial good as well as part of the national culture policy. Therefore, an ambiguous relationship results between the requirements of the international commerce (in particularly of those of the WTO) and the provisions of the area of culture. These interdependencies shall be analysed in detail.
In the first part, the concept of 'culture' under the UNESCO Convention will be explained. In addition to that, the question arises which legal norm shall be applied particularly with regards to the conflict between the dispositions of the UNESCO and the WTO, even if the UNESCO Convention provides for a collision clause.
In the second part, the reasons of the inapplicability of the principles of the WTO on the area of culture will be discussed. Indeed, the two international organisations, the WTO and UNESCO, both aim for different objectives. Therefore, it is difficult to include the area of culture into the liberalisation negotiations because the principles of the WTO do not support the protection of culture. Furthermore, the structure of the WTO appears to be inappropriate and requires new concepts. For example, the WTO classification of goods and services cannot be applied on the area of culture. The same applies to the WTO idea to favour goods/services only of those countries which provide for an advantage. Culture and creativity can not be evaluated based on pure commercial criteria.

P. Meerts (ed.), Culture and International Law

Therefore, the UNESCO Convention on the Protection and Promotion of the Diversity of Cultural Expressions is the proof of the political will to re-establish the balance between commercial interests and those of the entire humanity to protect the culture diversity.

En mars 2007, la Convention de l'UNESCO sur la protection et la promotion de la diversité des expressions culturelles[1] est entrée en vigueur.[2] A travers ses dispositions, il se révèle clairement que le domaine de la culture n'est pas à traiter comme tout autre secteur malgré son importance économique considérable. Ainsi, la Convention reconnaît une dualité dans la nature de la culture qui peut être à la fois un bien marchand et un élément stratégique d'une politique culturelle nationale. Il en résulte un rapport ambigu entre les exigences du commerce international (particulièrement celles de l'Organisation Mondiale de Commerce (l'OMC)) et du domaine culturel ce qui explique en partie l'impossibilité d'atteindre l'unanimité en vue de l'adoption de la Convention. En effet, elle n'a pas été approuvée en octobre 2005 par les Etats-Unis et Israël malgré une large majorité.[3] Ce résultat de vote met en évidence que certains Etats-membres, surtout l'Union Européenne et les Etats-Unis, ont une conception différente du rôle de la culture dans son contexte global. Ainsi, il est intéressant d'analyser le rapport entre la culture et les règles de l'OMC. En partant des dispositions de la récente Convention UNESCO pour la protection de la diversité culturelle (para. 1) il s'agira d'étudier les raisons pour lesquelles le secteur de la culture ne s'intègre pas dans le système de l'OMC et les règles de libéralisation (para. 2).

[1] Texte officiel <http://portal.unesco.org/culture>.

[2] La Communauté européenne a ratifié le 18 décembre 2006 la Convention aux côtés de 12 Etats Membres (Finlande, Autriche, France, Espagne, Suède, Danemark, Slovénie, Estonie, Slovaquie, Luxembourg, Lituanie, Malte). Cette ratification conjointe est conforme à l'objectif initial de la Communauté et de ses Etats membres de figurer parmi les 30 premières ratifications, et permettra l'entrée en vigueur de la Convention le 18 mars 2007, <http://ec.europa.eu/culture/portal/action/diversity/unesco_fr.htm> (06.09.2007). Décision du Conseil de l'Union Européenne relative à la conclusion de la Convention sur la protection et la promotion de la diversité des expressions culturelles, 16.05.2006, Doc. 8668/06.

[3] 148 pays ont voté « oui », 2 pays « non » et 4 abstentions (Australie, Honduras, Liberia et Nicaragua).

1. Les dispositions de la Convention UNESCO sur la protection et la promotion de la diversité des expressions culturelles

La Convention UNESCO sur la protection et la promotion de la diversité des expressions culturelles contient une multitude de dispositions relatives à la culture. Ainsi, la Convention souligne l'importance de la culture pour le développement de l'humanité et fixe la relation du domaine culturel dans son contexte global. Pour autant, elle contient également des dispositions imprécises qui pourraient conduire à des interprétations différentes. Un conflit avec les dispositions de l'OMC en résulterait. Ainsi, il est nécessaire de voir comment la Convention considère la notion de la culture (section 1.1) pour ensuite pouvoir déterminer les normes applicables (section 1.2).

1.1 L'approche de la notion de culture

Le Préambule de la Convention souligne que la diversité culturelle est un élément des droits de l'Homme (Préambule pt. 1) et qu'elle représente l'héritage de l'humanité qui doit être sauvegardé pour le bien de tous (pt. 2). Mais, la Convention prend également position pour la culture dans son contexte économique. Ainsi, elle réaffirme l'importance de la culture en tant qu'élément complémentaire. Mais, malgré toutes ces affirmations en faveur de l'importance de la culture, le Préambule ne contient pas de définition de cette notion d'où une absence de consensus.

1.1.1 *La culture: élément compensateur et complémentaire de l'économie*

La Convention énonce clairement le principe de l'égalité entre toutes les cultures et de respect mutuel entre les peuples et les cultures (art. 2 para. 3 Conv. UNESCO). En outre, à l'instar de l'économie, la culture contribue au développement de l'humanité (art. 2 para. 5). Pour cela la Convention prévoit explicitement « que les activités, biens et services culturels ont une double nature, économique et culturelle, parce qu'ils sont porteurs d'identités, de valeurs et de sens et qu'ils ne doivent donc pas être traités comme ayant exclusivement une valeur commerciale » (Préambule pt. 18, art. 1 g).

Le point 19 du Préambule relève par ailleurs que le processus de la globalisation accéléré par l'évolution rapide de la technologie d'information et de communication rend possible l'émergence de nouveaux moyens d'interactions entre les cultures. Mais, elle représente également un défi pour la diversité culturelle, particulièrement concernant le déséquilibre entre les Etats riches et les Etats pauvres. En raison d'une incapacité de nombreux pays à exporter, une monopolisation supprimant la créativité locale se dessine. Ainsi, des contre-mesures des pouvoirs publics (art. 6) en faveur de la protection des expressions culturelles locales devraient être envisageables.

1.1.2 *Problèmes d'application dus à l'absence de définition de la notion de « culture »*

La Convention ne donne pas de définition de la notion « culture »[4] d'où des difficultés concernant la détermination de son champ d'application. Malgré le fait que la plupart des pays membres de l'UNESCO souhaitent une application vaste, les Etats-Unis ont demandé une subdivision de la notion de culture. Selon eux, la Convention s'appliquerait uniquement à la culture au sens restreint du terme, mais non pas à la culture de masse ou de divertissement.[5] Pour celle-ci, les règles de l'OMC devraient continuer à s'appliquer. Cependant, il faut noter que la Convention énumère expressément sous l'article 14 f) la promotion de la coopération dans le domaine de la musique et du film ce qui remet en question l'argumentation des Etats-Unis. Au regard de la part économique considérable représentée par ce domaine de culture de masse ou de divertissement, en particulier pour les Etats-Unis, la détermination de la norme applicable s'impose.

1.2 **La détermination de la norme applicable à la culture**

Un des points sensibles lors des négociations de la nouvelle Convention de l'UNESCO n'était pas de savoir comment et par quels moyens la diversité culturelle serait la mieux protégée, mais le problème de la détermination de la norme applicable à la culture. Les représentants des Etats-Unis étaient

---

[4] Voir également Hélène Ruiz Fabri, Analyse et commentaire critique de l'avant-projet de convention sur la protection de la diversité des contenus culturels et des expressions artistiques dans la version soumise pour commentaires et observations aux gouvernements des Etats membres de l'UNESCO, 2004, p. 7, pt. 8, <http://agence.francophonie.org/diversiteculturelle/fichiers/aif_etude_ruiz_fabri_aout2004.pdf> (05.09.2007).

[5] A noter que les Etats-Unis n'ont pas été présents lors des activités de l'UNESCO durant presque 19 années (1985-2003) mais ils ont été très assidus lors des réunions de l'élaboration de cette Convention.

bien conscients du conflit qui pourrait résulter de l'adoption de cette Convention notamment concernant les dispositions spéciales de la Convention UNESCO en faveur d'un régime protecteur pour la culture. Pour répondre à cette difficulté, une clause de collision issue d'un long processus de négociation a été élaborée.[6]

1.2.1 *Conflit de normes entre les dispositions de l'UNESCO et l'OMC*

L'entrée en vigueur de la récente Convention de l'UNESCO a engendré un conflit de normes entre des dispositions de l'UNESCO et de l'OMC.

Les articles 5 à 8 de la Convention UNESCO consacrent le droit pour un Etat d'entreprendre des mesures réglementaires et financières pour protéger la diversité culturelle sur son territoire. Ce traitement préférentiel de biens et services culturels nationaux peut violer le principe de traitement national consacré à l'article XVII AGCS, surtout lorsque l'Etat a accepté pour le secteur concerné des engagements spécifiques dans le cadre de l'Accord général sur le commerce des services (AGCS).[7]

De plus, les articles 14 à 16 Convention UNESCO prévoient un traitement préférentiel pour les pays en voie de développement en facilitant les échanges culturels entre les artisans, les biens et services culturels grâce à des conditions appropriées au niveau juridique et institutionnel. Si un pays en voie de développement bénéficiaire de cette clause appartient également à l'OMC, ces conditions favorables doivent selon le principe du traitement de la nation la plus favorisée (art. II para. 1 AGCS) également être accordées à tous les autres pays membres de l'OMC. Une exception est possible si l'Etat qui accorde cet avantage a fait enregistrer une exception au principe du traitement de la nation la plus favorisée lors des négociations de l'AGCS.[8]

---

[6] Voir Abdulqawi A. Yusuf, « Possible Ways of Dealing with the Question of the Relationship between Successive Conventions Relating to the Same Subject Matter and Art. 19 of the Preliminary Draft Convention », UNESCO (23.09.2004) p. 8, (l'article 19 de l'avant-projet est devenu l'article 20 de la Convention), <http://portal.unesco.org/en/file_download.php/2db5040e764591b302204a0fa719bc16Presentation.pdf> (02.09.2007).

[7] L'UE comme d'autres pays ne s'est pas engagée dans le secteur de l'audiovisuel.

[8] La Communauté Européenne à fait enregistrer pour ses pays membres une exception pour le secteur des services audiovisuels, voir également Michael J. Hahn, « Eine kulturelle Bereichsausnahme im Recht der WTO », *ZaöRV* (1996) p. 316 s.

1.2.2 *Clause de collision de la Convention UNESCO*

La Convention de l'UNESCO ne résout pas cette situation ambiguë entre ses dispositions et celles de l'AGCS. Même si l'article 20 de la Convention de l'UNESCO contient une clause de collision, celle-ci contourne plutôt ce problème au lieu de le résoudre. Selon cette clause, la Convention UNESCO se situe au même rang que d'autres accords internationaux préexistants. Ainsi, l'article 20 para. 1 prévoit un rapport de « non-subordination ». En revanche, l'article 20 para. 2 précise que la Convention ne porte pas atteinte non plus à d'autres accords internationaux.[9]

Cette mise au même rang pourrait signifier une acceptation implicite du principe de l'exception culturelle, c'est-à-dire que la culture n'est pas uniquement considérée comme un bien marchand soumis aux règles du commerce international général et ses dispositions de libéralisation des marchés.[10] Comme les dispositions de l'UNESCO et de l'AGCS ont la même valeur juridique, ces deux normes différentes continuent à exister parallèlement et la culture n'est pas subordonnée au régime de l'OMC. Il s'agit plutôt de deux régimes juridiques autonomes. Bien que cela ne soit pas communément accepté par tous les pays, il s'en suit tout de même que la Convention UNESCO repositionne le domaine de la culture de telle manière que la suprématie du droit commercial international (surtout celle des règles de l'OMC) par rapport à d'autres secteurs, comme celui de l'environnement, du domaine social ou culturel, est clairement mise en cause.

2. L'inapplicabilité des principes de l'OMC au secteur culturel

L'élaboration de la Convention UNESCO a relancé également un débat qui avait déjà été soulevé lors des négociations de l'AGCS dans le cadre du

[9] Cette disposition imprécise a permis qu'une majorité de pays donne son accord à cette nouvelle Convention.

[10] Pour une résolution de ce conflit, il peut être fait référence aux dispositions générales du droit international, en particulier à l'art. 30 de la Convention de Vienne sur le droit des traités, cf. Patrick Daillier/Alain Pellet, *Droit international public* (2002) p. 268 s., Anthony Aust, *Modern Treaty Law and Practice* (2000) p. 181 s., Hélène Ruiz Fabri, « Jeux dans la fragmentation: la Convention sur la promotion et la protection de la diversité des expressions culturelles », n°1 *R.G.D.I.P.* (2007) p. 76 s.; Christoph Beat Graber, « The new UNESCO Convention on cultural Diversity: A Counterbalance to the WTO ? », 9 *J. Int'l Econ. L.* (2006) p. 566 s.

Cycle d'Uruguay en 1993. Tandis que les Etats-Unis ne voyaient aucune raison d'introduire des règles spécifiques relatives à la culture ou au secteur de l'audiovisuel, l'Union Européenne considérait que les principes de l'OMC n'étaient pas applicables au secteur culturel. En plus, la France et le Canada ont avancé le principe de l'exception culturelle afin que les règles de l'OMC ne touchent pas à l'audiovisuel. Par conséquent, la question de l'application des normes d'OMC au champ culturel est à étudier. Ceci concerne d'une part les différentes finalités de l'OMC et de l'UNESCO (section 2.1) et d'autre part les difficultés structurelles de l'OMC gênant l'émergence de nouveaux concepts (section 2.2).

2.1 **L'OMC et l'UNESCO, deux institutions aux finalités et approches différentes**

L'OMC et l'UNESCO poursuivent des finalités différentes aux moyens de principes distincts. L'OMC a pour but « une élévation progressive des niveaux de libéralisation du commerce des services » (Préambule AGCS) ce qui doit être atteint par des négociations successives. De plus, ses dispositions sont soumises à des contraintes temporelles (fixation d'un délai), ce qui est en contradiction avec la vocation de la Convention de l'UNESCO d'établir un système de protection durable de l'héritage culturel. Ainsi, les influences de l'intégration du domaine culturel et les conséquences d'une éventuelle application des principes de l'OMC à ce secteur doivent être examinées.

2.1.1 *L'intégration critiquable de la culture aux négociations de libéralisation des marchés*

Pour éviter un échec des négociations d'AGCS dû à la controverse évoquée ci-dessus, un système spécial a été établi à l'AGCS[11] selon lequel les pays membres peuvent décider eux-mêmes dans quelle mesure ils veulent prendre des engagements de libéralisation. Ceci vaut pour le principe de traitement de la nation la plus favorisée moyennant une liste individuelle d'exception (art. II-2 AGCS)[12] comme pour le principe du traitement national (art. XVII AGCS). Même si ce mécanisme paraît adapté aux besoins des pays membres (car ils peuvent designer eux-mêmes les secteurs à libéraliser), les pays ne

[11] Contrairement au GATT (L'Accord général sur les tarifs douaniers et le commerce).

[12] Voir Richard Senti, *WTO-System und Funktionsweise der Welthandelsordnung* (2000) p. 603.

sont tout de même pas si libres dans leur décision. Si un pays refuse d'ouvrir (libéraliser) par exemple son secteur culturel, il rencontrera sûrement des difficultés pour d'autres secteurs lors des négociations de libéralisation. Le problème de fond réside donc dans le fait que le secteur culturel est un élément faisant l'objet des négociations dans le cadre de l'OMC.[13]

2.1.2 *Les principes de l'OMC à l'encontre de la protection des valeurs culturelles*

L'application des principes de l'OMC au secteur culturel est également à voir sous un angle critique. Ainsi, la mise en application du principe de traitement national (art. XVII AGCS) a pour conséquence que les mêmes conditions sont accordées aux entreprises étrangères comme nationales pour éviter une position moins favorable des services étrangers.[14] Ceci aurait comme conséquence pour le secteur culturel que des subventions et aides financières soient également demandées par des entreprises étrangères. Mais, ces mesures de soutien s'avèreraient absurdes et devraient être abrogées parce qu'elles ne serviront plus leur fin, à savoir, la préservation et le sauvegarde de l'identité culturelle menacée par la globalisation. Une partie non négligeable des artisans serait ainsi obligée d'abandonner leurs activités et un appauvrissement de la vie culturelle locale s'ensuivrait. Cette situation persisterait même si ces lacunes étaient estompées par des produits de masse importés, distribuées à l'échelle mondiale et par conséquent à un prix modéré.

Le principe de traitement de la nation la plus favorisée consacrée à l'article II para. 1 AGCS dispose en plus que les conditions qui sont faites à un pays par exemple un pays en voie de développement doivent être consenties également à tous les autres pays membres de l'OMC.[15] Cela signifierait pour le domaine culturel qu'une multitude de coopérations ne serait plus réalisée au détriment des pays en voie de développement. Mais, c'est justement ces coopérations, surtout celles avec la CEE, qui constituent souvent le seul moyen pour réaliser des œuvres culturelles pour les pays moins favorisées.[16] Ainsi,

---

[13] Cf. Joost Smiers, *Artistic Expression in a Corporate World* (2004) p. 25, <www.culturelink.org/news/members/2004/Smiers_Artistic_Expression.pdf> (02.09.2007).

[14] Cf. Meinhard Hilf/Stefan Oeter, *WTO-Recht*, 2005, para. 22, pt. VI.2, p. 398 s.

[15] Cf. Richard Senti, *WTO-System und Funktionsweise der Welthandelsorganisation* (2000) p. 573.

[16] Cf. Joost Smiers, *Artistic Expression in a Corporate World* (2004) p. 24.

ces conditions allégées devraient continuer à s'appliquer uniquement au profit des pays les moins fortunés.

A cause de ces deux principes, la France a également refusé en 1995 le projet de l'AMI[17] pour la libéralisation et la protection des investissements à l'étranger, élaboré dans le cadre de l'OCDE.[18] Si les investisseurs étrangers devaient être traités sous les mêmes conditions en application des accords internationaux, une protection de la culture locale ne serait plus possible.[19]

2.2 Des problèmes structurels de l'OMC nécessitant de nouveaux concepts

Outre les différences d'approches de l'OMC et de l'UNESCO se manifestant par des principes distincts, il s'avère que certaines conceptions fondamentales de l'OMC ne sont plus pertinentes au stade technique, surtout en ce qui concerne le domaine de la culture. Ainsi des nouveaux concepts doivent être élaborés.

2.2.1 *L'inadéquation de la classification de l'OMC en bien et service pour le secteur de la culture*

Une éventuelle insertion du domaine culturel au système de l'OMC poserait encore d'autres problèmes, particulièrement à cause de la classification de l'OMC en biens et services. Cette affectation permet de déterminer le régime applicable, soit les normes de GATT lorsqu'il s'agit d'un bien ou de l'AGCS pour les services. Mais une telle classification en biens et services ne peut être transposée au domaine culturel parce qu'une multitude de services

---

[17] Accord multilatéral sur l'investissement (AMI)/Multilateral Agreement of Investment (MAI).

[18] Rudolf Dolzer dans Wolfgang Graf Vitzthum (ed.), *Völkerrecht*, VI, para. 49; Pour une description détaillée Serge Regourd, *L'exception culturelle* (2004) p. 92 s.; Institut français des relations internationales, *Du cinéma au multimédia: Une brève histoire de l'exception culturelle* (1998) p. 58 s.

[19] Voir Annette Froehlich, « Culture Matters in Investment Agreements and Decisions », dans August Reinisch et Christina Knahr (eds.), *International Investment Law in Context* (2007) (à paraître); Annette Froehlich, « Scheitern von Investitionsschutzabkommen an kulturellen Belangen am Beispiel des MAI-Abkommens », dans August Reinisch et Christina Knahr (eds.), *Aktuelle Probleme und Entwicklungen im Internationalen Investitionsrecht* (2007) (à paraître).

culturels reçoivent uniquement un support (p. ex. un rouleau de film) pour pouvoir conserver la prestation de service culturel pour une diffusion ultérieure.

Les normes de l'OMC ne règlent pas cette répartition. Ainsi, le GATT de l'année 1949 ne contient pas de normes spéciales pour les biens et services culturels. Seul l'art. IV GATT[20] prévoit une réglementation spéciale quantitative intérieure sur les films cinématographiques sur le fondement qu'un tel film est considéré comme un bien.[21] Mais cette exception ne vaut selon les Etats-Unis que pour les films de cinéma. Les productions de télévision ne profiteraient pas selon une lecture stricte de l'art. IV du GATT de cette exception.[22] La France par contre défendait l'approche[23] que le support matériel d'un service audiovisuel n'est qu'un moyen pour fixer le service culturel pour une télédiffusion ultérieure.[24] De plus, cette limitation quantitative touche uniquement le moment de la prestation du service, c'est-à-dire le moment de la diffusion du film par télévision ou dans les salles de cinéma. Elle ne règle pas les situations de transfert et passage de frontière[25] pour lesquelles ces services culturels doivent se transformer en un bien.

En outre, la liste de la 'Classification Sectorielle des Services' de l'AGCS énumère parmi les services audiovisuels non seulement la production et la distribution des films de cinéma mais également la prestation et la diffusion de services de radio et de télévision.[26] Ainsi, le secteur de l'audiovisuel doit être réglementé selon les mêmes normes applicables peu importe qu'il s'agisse de films de cinéma ou de télévision.

---

[20] Art. IV GATT: Dispositions spéciales relatives aux films cinématographiques.

[21] Cette classification doit être considérée du point de vue technique de l'année 1949. De plus le GATT était à cette époque le seul accord international de commerce, cf. Helmut Baumann, *Die Dienstleistungsfreiheit auf dem Gebiet der audiovisuellen Medien* (1997) p. 72. Il se prononce pour une classification de produits audiovisuels en tant que services et soutient que les normes du GATT (art. III para. 10 et IV GATT) sont à comprendre comme dispositions relatives aux services.

[22] Cf. « La déclaration des Etats-Unis des années soixante, Application of GATT to International Trade in Television Programmes », GATT Doc. L/1646 (22.11.1961).

[23] Cf. « L'argumentation française, publiée dans le rapport du groupe de travail, Application of GATT to International Trade in Television Programmes », GATT-Doc. L/1741 (13.03.1962).

[24] Voir Michael Hahn, « Eine kulturelle Bereichsausnahme im Recht der WTO », *ZaöRV* (1996) p. 326 s.

[25] Cf. Helmut Baumann, *Die Dienstleistungsfreiheit auf dem Gebiet der audiovisuellen Medien* (1997) p. 71.

[26] Cf. Para. 2. d.) Classification sectorielle des services, MTN.GNS/W/120 (10.07.1991).

Au niveau européen, la Cour de Justice des Communautés Européennes[27] a jugé dans l'affaire *Sacchi*[28] de 1974 qu'une diffusion d'une production de télévision est soumise aux dispositions relatives aux services du Traité CEE.[29] Selon sa décision *Coditel II*,[30] ceci vaut également pour la présentation des films de cinéma parce que l'utilisation d'un film repose sur la diffusion d'un film dans une salle de cinéma et n'est pas dans le fait d'être un bien corporel. De plus, avec le progrès technique il n'est presque plus nécessaire de fixer la prestation de services culturels sur un support corporel pour le transporter et le faire passer d'un pays à un autre (comme c'est le cas pour les fichiers informatiques). D'ailleurs, les ateliers de films de bandes dessinées d'Hollywood améliorent déjà leur moyens techniques pour pouvoir produire dorénavant les films de manière électronique et de les livrer sous forme digitale aux cinémas.[31]

Une référence doit également être faite à la décision *Schindler*[32] de la Cour de Justice des Communautés Européennes (CJCE) dans laquelle la Cour estimait que le support matériel d'une loterie ne contient pas de fin en soi. Par analogie, il s'ensuit pour le domaine de l'audiovisuel que le support matériel d'une prestation de service culturelle n'influence pas son régime juridique.[33] Par conséquent, il est plutôt nécessaire d'analyser quel élément est partie constituante de l'autre. Mais, vu la complexité croissante des phases de productions, ceci devient de plus en plus difficile.[34] Ainsi, il n'est plus opportun de faire une distinction entre biens et services. Dans un contexte de relations internationales de commerce, il conviendrait par la suite de parler du secteur culturel qu'il est nécessaire de protéger.

---

[27] Ci-après CJCE.

[28] CJCE, aff. 155/73, 1974, 409 (428) – Giuseppe Sacchi ; dans le même sens : CJCE, aff. 52/79, 1980, 833 (856) – Debauve.

[29] Traité instituant la Communauté européenne économique.

[30] CJCE, aff. 262/81, 1982, 3381 – Coditel II.

[31] Cf. Helmut Baumann, *Die Dienstleistungsfreiheit auf dem Gebiet der audiovisuellen Medien* (1997) p. 71.

[32] CJCE, aff. C-275/92, 1994 I-1039 – *Schindler*.

[33] Cf. Christoph B. Graber, *Handel und Kultur im Audiovisionsrecht der WTO* (2003) p. 143.

[34] Cf. Anna Herold, « Öffentliche Filmförderung in Europa im Rahmen der WTO », n° 6 *IRIS plus* (2003) p. 3.

2.2.2 *L'inapplicabilité de la politique favorisant le pays fournissant un avantage concurrentiel*

En outre, une des idées de fond du système de l'OMC est qu'un pays qui dispose dans un secteur d'un certain savoir-faire considérable devrait approvisionner les autres pays de ces biens et services pour un « relèvement des niveaux de vie ».[35] Mais, cette approche comparative n'est pas acceptable pour le secteur culturel pour lequel des critères comme « meilleur » ou « avantage concurrentiel » n'ont pas d'importance. Il serait plutôt dans l'intérêt de l'humanité qu'une multitude d'œuvres culturelles différentes existent et se maintiennent.

L'idée qu'un avantage concurrentiel doit être créé pour remplir certains critères mène également à une standardisation et concentration des moyens de production. La créativité serait par la suite maîtrisée par des critères commerciaux et un appauvrissement des expressions culturelles s'ensuivrait. Ainsi, la politique de réciprocité est plutôt concevable pour le domaine culturel. Celle-ci a été appliquée par la Chine dans des accords avec les Etats-Unis aux termes desquels une permission d'importation fût accordée, en contrepartie d'un engagement des entreprises américaines de medias de diffusion d'œuvres chinoises.[36]

3. Conclusion

La relation tendue entre le secteur culturel et commercial est difficile à résoudre vu les intérêts divergents des Etats-membres. Cette question s'avère d'autant plus pertinente que les premiers différends en la matière ont déjà émergé.[37]

L'article 25 de la nouvelle Convention UNESCO relatif au règlement des différends dispose qu'en cas de litige relatif à l'application de la Convention UNESCO, les Parties doivent rechercher une solution soit par la voie de

---

[35] Para. 1 du Préambule de l'AGCS du 15.04.1994.

[36] Cf. Joost Smiers, *Artistic Expression in a Corporate World* (2004) p. 72 s.

[37] Voir: Turkey – Taxation of Foreign Film Revenues, Mutually Agreed Solution, WT/DS43/3, 24.07.1997; Jane Kelsey, « Lessons from New Zealand: The Saga of the GATS and Local Content Quotas, Paper for the Conference on Cultural Diversity », Paris, 02.-04.02.2003 <www.arena.org.nz/gatspari.htm> (08.02.2006).

négociation (art. 25 para.1) soit par la voie de la médiation d'un tiers (art. 25 para 2). Il faut noter que l'UNESCO ne dispose pas d'un mécanisme de résolution des différends comparable à celui de l'OMC. Ainsi, il s'en suit que les différends entre l'OMC et l'UNESCO seraient décidés par les instances de l'OMC.[38] C'est justement cette perspective de voir les questions culturelles être jugées par des instances à vocation commerciale qui est à craindre. Pour cela l'UE et le Canada n'ont pas opté lors des négociations du Cycle d'Uruguay pour une exception à l'application des dispositions relatives aux services pour une protection du secteur culturel selon l'article XIV AGCS.[39] Autrement les instances de l'OMC aurait dû avoir à décider selon des critères purement commerciaux ce qui est à considérer comme faisant partie du secteur culturel.[40] La décision *Canada – Periodicals*[41] illustre bien que cette crainte était fondée car dans cette affaire les instances de l'OMC n'avaient pas pris en compte les aspects culturels.[42]

Ainsi, la Convention de l'UNESCO est la preuve de la volonté politique de rétablir l'équilibre entre le commerce et les intérêts de l'humanité entière à protéger la diversité culturelle. Son application efficace doit encore se consolider dans les années à venir.[43]

---

[38] Selon l'article 23 du Mémorandum d'accord sur le règlement des différends, les Etats-membres sont tenu de régler des différents relatives aux accords de l'OMC selon ses dispositions du DSU, voir: Tania Voon, « UNESCO and the WTO: A Clash of Cultures ? », *ICLQ* (2006) p. 641 s.

[39] Selon ces dispositions des exceptions aux dispositions de l'AGCS puissent être faites pour des raisons de sécurité et d'ordre public et pour la protection des êtres humains, animaux et plantes.

[40] Cf. Gerald G. Sander, « 'Cultural Exception' in der WTO – eine Bereichsausnahme für audiovisuelle Medien ? », dans Armin Dittmann et al. (eds.), *Der Rundfunkbegriff im Wandel der Medien* (1997) p. 185.

[41] « Canada – Certain Measures concerning Periodicals », AB-1997-2, WT/DS31/AB/R (30.07.1997).

[42] Voir « Canada – Certain Measures concerning Periodicals », AB-1997-2, WT/DS31/AB/R (30.07.1997) p. 17.

[43] Voir Ivan Bernier, « La mise en œuvre et le suivi de la convention de l'UNESCO sur la protection et la promotion de la diversité des expressions culturelles », Perspectives d'action (2006) <www.mcc.gouv.qc.ca/diversite-culturelle/pdf/UNESCO-francais.pdf> (02.09.2007).

Chapter 7
LA CHINE ET LA CULTURE DU DROIT

Guy Olivier Faure

ABSTRACT

Chinese civilization incorporates very specific features concerning the concept of law, both in its definition and practice. The Western term, law, does not translate into the Chinese language. It is expressed by a character expressing the idea of 'norm' or 'model'. In traditional China, which means in Confucian China, the educated gentleman did not need laws and rules in order to behave properly. His own ethics and respect of the rites would do the job. Laws existed to control the populace and deter people from misbehaving by the threat of a heavy punishment.

Referring to the notion of good and bad, Taoism has promoted a paradoxical view, in which each quality includes its opposite. Thus, evil is not the opposite of good, nor is true the opposite of false, but rather its complement. As a consequence, law in China is not a benchmark considered as an absolute as is the case in the West. Furthermore, Chinese people mistrust the court system as a means of seeking justice, which reinforces the propensity to avoid resorting to it.

Establishing a constitution is a new achievement in the history of China. First, during the communist period, the party opinion was the law. Then, the Cultural Revolution brought about an ideological chaos, consequently leaving a major legal vacuum. In implementing the opening policy and modernization of the country, the Chinese government has made considerable efforts to mitigate these shortcomings by creating a real legal system in the civil, penal and commercial domains. However, given the weight of Chinese ancient history and the country' tremendous size, the magnitude of such a task is extremely difficult to conceive. And, once a legal system has been established, even one with 'Chinese characteristics', full implementation and respect will not be achieved without a corresponding cultural change.

P. Meerts (ed.), Culture and International Law

La civilisation chinoise, par la distance qu'elle entretient avec la civilisation occidentale est un révélateur particulièrement efficace de l'impact de la culture sur l'établissement d'un système de lois, codes et règles. Cette distance culturelle agit ensuite à un second niveau, celui de l'utilisation de ces lois. S'il est vrai qu'un arbre se reconnaît à ses fruits, le droit chinois ne peut être apprécié à sa juste valeur que dans ses applications concrètes. Comment un groupe culturel constituant le cinquième de la population du globe voit – il le droit ? En d'autres termes, quel est le rapport du Chinois à la loi ? Quel est celui des autorités à cette même loi ? Dans la phase de transition actuelle, la loi doit – elle être considérée comme un passage obligé ou bien une simple option, ou encore comme un obstacle à contourner ? Donne-t-elle lieu à des interprétations différenciées selon, par exemple les provinces ou les unités territoriales considérées ? Ce sont autant de questions sur lesquelles il est opportun de porter un éclairage.

1. Le droit dans la culture Chinoise

L'importance croissante de la Chine dans le concert des nations invite à porter une attention particulière à sa vision du droit. La multiplication des relations que ce pays entretient avec le reste du monde, qu'elles soient de nature économique, politique, commerciale ou culturelle, justifie amplement cette interrogation.

Pour comprendre la vision chinoise du droit il faut revenir à l'histoire. La loi en chinois moderne se dit « fa ». La France, en chinois se dit « Fa guo » c'est à dire littéralement le pays de la loi. Cependant la sémantique derrière le terme n'est pas la même qu'en occident. Dans son acception chinoise, « fa » est plutôt associé à l'idée de norme, de modèle. Dans la Chine traditionnelle l'application de la loi renvoie à deux principes :

- le respect des rangs et des hiérarchies. Celui-ci est gouverné par l'étiquette (« li ») ;
- le contrôle de la population ou plus exactement de la « populace ». Ce contrôle est mis en œuvre par un système de sanctions (« xing »).

Le code pénal des Qing, la dernière dynastie de la Chine impériale donne une indication sur ce qui était instrumentalisé derrière la punition dans la société ancienne : « Le premier degré du châtiment sera une légère bastonnade infligée avec un petit bambou. Il faut que le contrevenant éprouve un sentiment de honte ».

Dans la culture confucéenne, l'idéal serait que chacun soit érigé en juge de ses propres actes, car la loi, par son caractère extérieur, ne peut avoir l'efficacité nécessaire. Cela équivaudrait tout bonnement, selon le dicton, à « tresser une corde pour attacher le vent ».

De façon récurrente, le conflit entre Confucius et les Légistes constitue la trame de l'histoire de la Chine. Il faut des lois pour que chacun se conduise correctement sous le ciel et entre les quatre mers selon les Légistes. « Sans compas et sans équerre, on ne peut tracer ni cercle ni carré » souligne la sagesse populaire.

L'approche confucéenne diffère radicalement de cette position car pour Maître Kong la loi s'applique à « l'homme de rien » tandis que la droiture s'applique à « l'homme de bien ». Ainsi c'est la morale et ce sont les rites qui doivent régler la conduite du civilisé. La loi n'est nécessaire que pour contrôler les « barbares ».

Au terme de la querelle, c'est l'école confucéenne qui l'emporte. Paul Claudel, écrivain, poète, diplomate et grand connaisseur de l'Orient, voit dans cette victoire la cause du déficit juridique qui caractérise l'Empire et l'exprime dans les termes suivants : « La Chine montre partout le vide constitutionnel dont elle entretient son harmonie ». Cependant la prédominance de la pensée de Confucius n'est que relative car les deux traditions se sont mutuellement influencées et on retrouve dans le droit chinois des éléments du légisme aussi bien que de la tradition confucéenne.

Trois constituants majeurs de la culture chinoise opèrent comme instances de renforcement du phénomène, le Taoïsme, le mode d'éducation et le rapport à la justice. Le Taoïsme tient un rôle essentiel dans la conception qu'il véhicule de la distinction entre le bien et le mal. A partir d'un principe d'équilibre des contraires conçus davantage comme des complémentaires que comme des éléments antagonistes, il favorise l'intégration de données paradoxales. Par exemple, dans une jarre c'est le vide qui est important. Une maison n'a de sens que parce qu'elle a des ouvertures, des portes et des fenêtres. C'est lorsque l'on agit le moins que l'action est la plus efficace. La faiblesse est plus forte que la force. Laozi, fondateur du Taoïsme affirme que « L'homme qui sait ne parle pas. L'homme qui parle ne sait pas ». Dans ce principe dualiste du Tao « les deux sont un dans leur origine et diffèrent seulement par leur nom ». C'est dans leur unité dit le maître que réside le secret. Afin de réussir dans son action, il faut d'abord admettre le principe contraire qu'il faut alors comprendre comme son complémentaire. Ainsi le chaud n'est pas le contraire du froid, le blanc du noir, le vrai du faux, le souhaitable du condamnable.

Ceci conduit la pratique chinoise à se situer souvent dans la zone grise et le cadre juridique proposé d'être d'une nature passablement floue.

Traditionnellement l'éducation était fondée sur la répétition des conduites à tenir et des formules à connaître. On pousse les élèves à recopier inlassablement les œuvres des grands maîtres, à imiter leurs actes, à reproduire ce qui est proposé. Cette pédagogie de l'exercice mécanique de la mémoire explique en partie la propension chinoise à copier, à contrefaire les produits de marque. Ainsi l'éducation érige la copie en véritable réflexe.

Enfin, le regard que pose le Chinois sur son appareil judiciaire et les moyens de son exercice vont tenir une place essentielle au regard de la pratique. Le Tribunal n'est pas considéré comme une instance arbitrale mais plutôt comme un lieu qui sanctionne. Ainsi le Chinois tend à éviter d'y recourir dans toute la mesure du possible car pour lui il n'y a que les criminels ou supposés tels que l'on produit devant une cour de justice. « Tout procès est un incendie, on ne peut en éviter les flammes » affirme la sagesse populaire. Sa vision de la loi et de son rôle réel sont teintés de scepticisme. La loi est, selon la métaphore, comme une toile d'araignée, elle n'attrape que les petits. L'égalité devant la loi reste dans sa pratique une interrogation et l'Etat de droit une perspective à venir.

2. L'ÉVOLUTION CONTEMPORAINE

Le terme de « constitution » (*xian fa*) ne fût introduit en Chine qu'au début du XXème siècle. Le terme auparavant utilisé, « *fa tong* », renvoie à l'unité du système des lois plutôt qu'à l'idée de texte fondant le droit, la protection de la personne humaine et garant des libertés. La République instaurée en 1912 se réclama du principe de séparation des pouvoirs. Le droit occidental s'est en grande partie fait connaître en Chine à travers la traduction en caractères chinois par les japonais de toute une série de mots inconnus en tant que tels dans la langue chinoise tels que liberté. Cette évolution à l'occidentale a été trop courte pour pouvoir faire naître un nouveau système. L'avènement du communisme donna lieu à l'adoption d'une constitution sur le modèle soviétique qui fût ensuite largement mise entre parenthèses durant la Révolution Culturelle, période pendant laquelle toute loi se devait d'être considérée comme rien de plus qu'un « tigre de papier ».

Le vide juridique relatif existant à l'égard des droits du citoyen ou de celui des affaires est assimilé par certains à un dévoiement de l'éthique confucéenne car la loi n'a pas été remplacée autant que cela aurait été souhaitable par la morale. L'instance qui a servi de producteur de normes a simplement été le Parti. « Le ciel n'a pas deux soleils, le peuple n'a pas deux souverains » dit le proverbe. Ainsi on ne peut avoir de séparation entre la loi et le Parti.

Dans le cadre de la politique de modernisation initiée en 1979, la Chine s'est employée à réinstaurer le droit et la « légalité socialiste ». Le souci d'attirer les investissements étrangers puis la perspective d'entrée à l'OMC ont constitué de puissants incitateurs dans la reconstruction du système juridique. Les lois sur les sociétés, sur les contrats et même sur le mariage illustrent une évolution entre un droit initial de type soviétique et un nouveau droit se rapprochant des normes internationales. Un travail considérable est en cours pour élaborer un code civil. Le droit pénal est également en voie de modernisation. Il est reconstruit sur des principes de légalité, de proportionnalité entre les peines et les délits. Par exemple, la notion de « crimes contre-révolutionnaires » a été supprimée. A la faveur d'amendements successifs, le droit de propriété a été reconnu et de nombreuses libertés sont officiellement affirmées. Depuis 2004 un article de loi stipule que la propriété privée est inviolable à l'instar du traitement dont seule bénéficiait jusqu'alors la propriété publique.

La profession d'avocat a été réinstaurée dans sa pleine acception depuis 1997. Elle avait été supprimée lors de la phase dure du communisme puis rétablie au moment de l'ouverture liée à la modernisation. A cette époque les avocats étaient encore des fonctionnaires dépendants du ministère de la justice. Aujourd'hui on assiste à l'apparition de nombreux cabinets juridiques privés.

3. Les problèmes en suspend

Cependant il reste encore beaucoup à faire dans le processus de séparation entre le Parti c'est à dire l'exécutif et l'Etat comme garant de l'autorité du droit, notamment à propos de l'indépendance du tribunal et de l'application du droit des personnes. Les juges ne sont pas indépendants car leur nomination, voire leur destitution, s'effectue dans la sphère du Parti. Les institutions judiciaires sont encore handicapées par le faible niveau de compétence des magistrats. Le droit de grève et la liberté d'association à caractère politique demeurent interdits.

De fait, dans la Chine d'aujourd'hui beaucoup d'activités se déroulent en marge de la loi. L'économie chinoise est un mixte complexe de pratiques formelles et informelles. Cela lui a valu le qualificatif « d'économie yin-yang ». Cette situation dans laquelle deux logiques s'affrontent et se combinent reflète l'état de transition dans laquelle le pays se trouve. Le flou et les zones grises correspondent à une volonté d'avoir une construction juridique pragmatique, qui autorise les tâtonnements et qui laisse se faire des expérimentations.

La croissance s'accompagne d'un retrait de l'Etat. Le flou juridique existant est largement utilisé à leur avantage par les échelons décentralisés que sont les provinces, les municipalités et les districts. Par exemple, selon la terminologie en vigueur, les « affaires illégales et non autorisées » qui ont été répertoriées dans l'activité des quatre grandes banques nationales correspondent à un montant de 73 milliards de dollars pour 2005. Les crédits « souterrains » atteindraient près de 100 milliards de dollars c'est à dire plus du quart des encours en matière de prêts. Le secteur foncier et immobilier pose des problèmes du même ordre dans le cadre d'une politique de rénovation rapide du parc urbain. Le système de santé est un domaine opérant largement dans la zone grise et ce au détriment des plus démunis qui constituent encore la majorité des patients.

D'une façon générale, le désengagement du pouvoir central conduit à la multiplication des pratiques les plus diverses au niveau des autorités locales, qu'il s'agisse du domaine de l'économie et des affaires ou de celui du simple respect des droits des citoyens. L'accroissement du nombre de plaintes adressées au « Bureau des Lettres et des Visites » (*xin fang ban gong shi*) en constitue un indicateur objectif. Ce bureau existe aux différents échelons du système administratif. Il permet au Parti et à ses dirigeants de rester plus étroitement en contact avec les problèmes de la réalité quotidienne. Il est possible d'y dénoncer toute activité répréhensible, tout tort subi et de faire des suggestions dans le but d'améliorer le fonctionnement de l'administration. Plus de 15 millions de plaintes lui seraient adressées chaque année.

4. La pratique avec les étrangers

Une cause supplémentaire venant ajouter aux obstacles présents tient encore à la culture notamment du fait de la difficulté de compréhension des règles chinoises par les étrangers (les traductions sont difficiles à lire, de nombreux termes ne sont pas compris en dehors du contexte chinois, etc.). Le sentiment d'incertitude des étrangers aux prises avec le droit chinoise est grand. Il tient en large part au caractère très changeant des normes, souvent révisées en fonction des priorités économiques ou politiques du moment.

Dans ses relations avec les autres pays ainsi que les grandes entités étrangères que sont les multinationales, la Chine évite soigneusement de reproduire le flou juridique interne. Elle adopte souvent une attitude pointilleuse traduisant un souci de son image, de la face qu'elle souhaite montrer au monde et de la réputation qu'elle a à préserver. La règle peut être fortement instrumentalisée quand elle va dans le sens de l'intérêt national.

Les investisseurs étrangers sur le territoire chinois observent en général des différences considérables dans l'application des lois existantes selon les régions. Les grandes métropoles du littoral Pacifique en ont une interprétation beaucoup plus rigoureuse que celle des provinces de l'intérieur. En dépit de l'adhésion de la Chine à l'OMC, les « règles internes » (*nei bu*) qui ne sont pas sensées être portées à la connaissance des étrangers mais qui doivent néanmoins prévaloir subsistent encore.

Les règlements résultent de l'adaptation des lois à des situations particulières. Ceux-ci varient notablement d'une province à l'autre. On peut même parfois aboutir à des règlements contradictoires dans le même province selon l'administration considérée.

La compétence et l'intégrité des juges sont indubitablement des points sur lesquels il reste à faire des progrès substantiels. Peu de juges ont véritablement reçu une formation adéquate. Ce sont souvent d'anciens militaires dont la sphère de compétence est très éloignée de l'exercice du droit. L'éventuelle corruption ajoute à la partialité de certains. Il est difficile à un étranger d'avoir raison devant un tribunal chinois, patriotisme oblige.

Le respect de la propriété intellectuelle est un problème qui se pose encore avec acuité. Le piratage de la technologie reste largement pratiqué. Ce qui est intangible est souvent perçu comme dénué de réelle valeur donc appropriable à loisir. Les contrefaçons et les copies demeurent un sport national qu'il s'avère particulièrement difficile d'éradiquer. Ce type d'activité reste perçu par le Chinois comme un signe d'habileté, la revanche du faible sur le fort, le puissant, le riche. Copier apparaît comme la compensation à un pillage historique du savoir faire chinois car l'étranger n'a jamais payé de droits de reproduction pour l'usage d'inventions chinoises telles que la porcelaine, le papier, la monnaie, l'encre ou la poudre à canon.

5. L'AVENIR

« Un voyage de mille li commence toujours par un premier pas » dit le proverbe. Ce premier pas a été accompli et a déjà été suivi de quelques autres. La direction générale adoptée est la bonne si l'on considère la pratique internationale comme la référence. Le niveau d'exigence que l'ont peut attendre de la Chine doit être pondéré par les caractères propres de ce pays : population, diversité, absence de tradition juridique et d'un véritable droit consolidé, faiblesse du niveau d'éducation dans les campagnes, existence d'autres priorités.

Depuis l'adoption de la politique de réforme et d'ouverture, la Chine a promulgué la constitution de 1982, apporté 31 amendements et élaboré plus de 200 lois. Les assemblées territoriales ont produit environ 7500 règlements. En outre, la Chine est en train de se doter d'un code civil et commercial, d'un droit administratif, d'un droit économique, d'un droit social, d'un code pénal. Les dirigeants chinois considèrent qu'à l'horizon 2010 l'appareil juridique sera entièrement élaboré. Ainsi un « système légal socialiste à caractéristiques chinoises » présidera à l'harmonie du pays le plus peuplé de la planète.

Cependant toutes ces initiatives ne touchent la société chinoise qu'en extériorité. Même lorsque des lois sont élaborées, le principe du « pas vu, pas pris » occupe encore une place importante dans les consciences. Tant qu'un véritable changement de culture n'aura pas été opéré, une modification des valeurs conduite en profondeur, l'impact des lois et règlements demeurera relatif et son efficacité modeste.

Chapter 8
ISLAMIC VIEWS ON INTERNATIONAL LAW

Maurits Berger

RÉSUMÉ

La pertinence du droit international islamique est très limitée dans le monde musulman contemporain. Pour tous les sujets du droit international, les pays musulmans adhèrent aux notions et aux pratiques contemporaines, y compris celles des traités et reconnaissent l'autorité des corps intergouvernementaux et supranationaux. Ceci s'applique même aux pays avec un caractère islamique distinctif.

Cependant, avec le renforcement du fondamentalisme islamique depuis les années 70, nous voyons également une tendance croissante à appliquer des arguments légaux islamiques aux sujets internationaux. Deux genres d'arguments ont été distingués dans le présent article. L'argument dit de « compatibilité » veut influencer les positions et les notions internationales pour les faire coïncider avec celles de l'Islam. Les exemples sont notamment l'utilisation des normes juridiques internationales modernes et la dénonciation du terrorisme : toutes deux seraient conformes à l'Islam.

L'argument « d'affirmation de soi » emploie l'Islam avec un certain degré de défit et avec le but implicite de réclamer une identité différente de l'Ouest. Cet argument s'exprime principalement dans deux domaines : Droits de l'Homme et sur les questions de guerre et de paix. Les problématiques de Droits de l'Homme liées à l'Islam peuvent être récapitulées comme suit : (in)égalité basée sur la religion, (in)égalité basée sur le genre, et l'utilisation de certaines pénalités. Ces problématiques ont incité les états et certains intellectuels musulmans à développer plusieurs ensembles séparés de droits de l'homme « islamiques » comme alternative aux traités de Droits de l'Homme signés par leurs gouvernements, bien que ces traités islamiques n'aient jamais été mis en application. De façon intéressante, au cours de la discussion islamique sur les Droits de l'Homme il peut y avoir une rhétorique forte rejetant les Droits de l'Homme

P. Meerts (ed.), Culture and International Law

> occidentaux, mais le système global des instruments internationaux n'est jamais remis en question.
> En ce qui concerne la guerre et la paix, l'argument d'affirmation de soi a été employé par plusieurs états musulmans, notamment lors des deux guerres du Golfe (Irak) au moment desquelles, des arguments islamiques ont été exigés par certains pour entrer ou au contraire s'abstenir d'entrer en guerre contre un autre état musulman. Cependant, une perspective toute différente a été projetée sur les règles islamiques vis-à-vis de la guerre et de la paix par les acteurs non-étatiques et militants comme le Hamas, le Hizbollah et Al-Qaeda. Non seulement ces acteurs emploient le jargon islamique, mais ils ont développé une doctrine islamique pour répondre à leurs besoins et circonstances spécifiques.

1. Introduction

In 1998 the World Islamic Front declared a jihad against 'Jews and Crusaders' for 'occupying' Saudi Arabia, 'devastating' Iraq and 'serving' Israel's interests. The Front's statement did not raise much interest except from a few intelligence agencies. But Osama bin Laden and Ayman al-Zawahiri, two of the five signatories of the 1998 statement, soon became internationally infamous for actually acting upon their threat, and unleashing a worldwide jihad. These two leaders of Al Qaeda regularly issued statements – *fatwa*s – explaining their actions in carefully selected Islamic terms. In their opinion, they were involved in a war of defence that was justified by the rules of Islam and staging military operations like suicide attacks that they claimed were equally warranted by Islam.

Islamic law does indeed provide for rules of war, as it does for rules of peace. But is this the international law that Bin Laden claims to be referring to? Many Muslim scholars disagree. To them, Bin Laden is engaging in a new and distorted interpretation of Islamic law to justify his violent actions. These scholars have quickly engaged in a counter-offensive emphasizing the peaceful side of Islamic international law.

Nowadays the often cryptic jargon of Islamic international law fills the pages of newspapers, analysts' reports, commentaries and books. We read about *jihad* and *hudna*, *umma* and caliphate. What was once the obscure specialty of a few scholars has become a matter of international interest? After the demise of the vast Islamic empire in the tenth century, Islamic international law seems to have reappeared on the world stage. In this article it will be argued that this impression, however valid and convincing it may be, contrasts strongly with the facts of the twenty-first century. Islamic international law may be of great historical interest, and a source of inspiration for Islamic militants, but it has no relevance whatsoever for contemporary international law. To make this argument we will first present a brief overview of international law as developed in Islamic history and Islamic doctrine before we will discuss at length the relation between Islam and international law in the contemporary Muslim world.

2. Islamic international law[1]

Islam has elaborate rules on international law. These generally follow Islam's historical developments of conquest and consolidation, followed by disintegration and foreign encroachment. Parallel to the practice of international legal rules there is also a religious perspective on international law.

The Muslim-Arab conquest of the vast area ranging from Morocco to Afghanistan took place within fifty years, leaving the Muslims slightly bewildered at their unexpected success. It also forced them to deal quickly with several issues related to international law like the rules of war and peace, and how one should deal with conquered peoples. In most cases the Muslim-Arab armies – often small in size, and sent on specific missions – rode out with what in contemporary military terms is called 'Terms of Engagement': rules on how to deal with the enemy, the conquered cities and their inhabitants, the conquered lands and its inhabitants, and, most importantly, strict rules on how to divide the booty.

From an Islamic perspective, the world was divided into two dominions: one where Islam ruled – the House of Islam – and one where Islam did not rule: the House of War. This division and its naming did not imply the impossibility of concluding treaties or initiating official relations. On the contrary. Wars with the Franks (in Spain, and later in the Middle East), Byzantines and Sassanides were mostly concluded by peace treaties negotiated by diplomatic emissaries. Also, four centuries of intermittent warfare between the

[1] This section draws from the following literature: E. Ashtor, *A Social and Economic History of the Near East in the Middle Ages* (Berkely and Los Angeles, 1976); M. Al-Ghunaimi, *The Muslim Conception of International Law and the Western Approach* (The Hague, 1968); M. Khadduri, 'Islam and the Modern Law of Nations,' in 50 *AJIL* (1956); M. Khadduri, *War and Peace in the Law of Islam* (Baltimore, 1955); S. Mahmassani, 'The Principles of International Law in the Light of Islamic Doctrine,' 117(I) *Recueil des Cours* (1966).

Islamic and Byzantine empires did not prevent them from engaging in continuous trade and entering into diplomatic relations. Later, in the twelfth and thirteenth centuries, many trade treaties were negotiated between Muslim rulers and Italian city-states like Genoa and Venice. War was much less on the East-African and Asian frontiers of the Islamic Empire, and trade as well as diplomatic relations continued uninterrupted for many centuries.

The division of sovereignty into two realms did not necessarily reflect a parallel division of inhabitants, since many non-Muslims resided on Muslim territory. Once the conquests were consolidated, the Muslims ruled over vast regions of which the inhabitants were not Muslim, but Christian, Jewish or Zoroastrian. Forced conversion was hardly practised, meaning that for several centuries the Muslims were a minority in their own empire. The concept of nationality was non-existent in both the practice and doctrine of early Islam, but status was determined on the basis of religion. One contemporary scholar reflected that Islamic international law is merely an extension of Islamic law dealing with relations between Muslims and non-Muslims, whether within or outside the realm of Islam.[2]

Given the division of sovereignty into two dominions, the following categories of persons were developed. Non-Muslims were either residents of the House of War (*harbi*s), or temporary visitors to the House of Islam (*musta'min*s – 'those with safe conduct'), or residents of the House of Islam (*dhimmi*). In the latter two cases they were subject to Islamic law, with the exception of specific rules relating to their religion. For instance, they were allowed to trade in alcohol and pork, and to apply their own family laws. Muslims, on the other hand, were considered to always remain under the sovereignty of Islamic law, even if they travelled into non-Muslim countries, however imaginary the enforcement of that law may have been. At the same time, Islamic law also obliged the Muslim abroad to abide by the rules of those countries, unless they contradicted basic principles of Islamic law.

The tenth and eleventh centuries presented the contradictory situation of the consolidation of international law, on the one hand and, on the other, the disintegration of the Islamic empire into emirates, khanates, sultanates and even competing caliphates, with Franks invading from the West and Mongols from the East. Only much later, towards the nineteenth century, did new large empires arise like the Moghuls in India, the Safavids in Iran and the

[2] Khadduri, *War and Peace in the Law of Islam,* p. 120.

Ottomans. But they were quickly threatened by the encroaching power of European colonialism. The Ottoman Empire, for example, entered into treaties with almost every European state, mostly dealing with special regulations for foreign nationals in the Ottoman Empire. Sometimes these treaties even extended to local Christians and Jews. The ensuing immunities and exemptions – known as 'Capitulations' – constituted a new species of international law.

From the nineteenth century onwards, we see the emergence of modern nation states in the Muslim world. Their modernity is reflected, from a legal perspective, in the adoption of Western legal systems and laws, the introduction of the concepts of citizenship and nationality (i.e., the abolition of the distinction between Muslim and non-Muslim) and participation as members of the international community in international relations as conducted and developed on a worldwide scale.

3. Islamic and Muslim countries

Before we continue our discussion on international law in the contemporary Muslim world, we must reflect on a few definitions. It is quite common for observers to assert that 'Islamic countries' adhere by default to Islamic laws and hence Islamic international law. While the conclusion drawn is mistaken, its reasoning is logical and therefore understandable. To avoid such a priori misconceptions, a clear distinction will be made in the following between 'Islamic' and 'Muslim' countries.

'Muslim' countries denote countries that have a majority Muslim population. There are approximately fifty such countries.[3] It must be noted that the majority criterion excludes countries with Muslim minorities that are much larger in number than many Muslim majority countries.[4] 'Muslim' is here used as an objective and neutral term, merely stating the fact of the religious affiliation of the population, regardless of how this affiliation is effectuated.

[3] Numbers differ based on interpretations and calculations. The *CIA Handbook* claims to adhere to a strict count of the Muslim population of countries, and comes to 49 majority Muslim countries. The Organization of Islamic Conference, on the other hand, has 57 member states but these include countries like Gabon, Guinea-Bissau, Mozambique and Surinam that do not have an absolute Muslim majority population.

[4] Examples are India and China that would rank number 3 and 9 respectively, on the world list of countries with the largest number of Muslim inhabitants.

Muslim countries therefore include countries with a distinct Islamic profile like Iran or Saudi Arabia, as well as secular states like Turkey and Syria.

We may prefer the term 'Islamic' to 'Muslim' when discussing Muslim countries that are distinctively religious. This label is definitely subjective, for what makes a country Islamic? If it is its laws, most Muslim countries have Islamic family law in addition to their secular legal statutes, so how much more Islamic laws must be introduced before a country can be called 'Islamic'? Countries like Libya and Pakistan, for instance, apply Islamic criminal law but no other Islamic laws, while Saudi Arabia, Sudan and Iran have extended Islamic law to other fields of law. Another issue is the type of government: Saudi Arabia is a kingdom, Sudan a military dictatorship, and Iran a typical form of theocracy that can at best be described as 'Khomeinism'. Only a few Muslim countries actually officially call themselves 'Islamic' and even the ones that do so have added the un-Islamic notion of 'Republic' to their name.[5] Labelling a state 'Islamic' therefore depends on various factors, and is mostly in the eye of the beholder. So when the term 'Islamic state' is used in the following, this must not be understood as a factual statement but as the author's interpretation.

Of course, it would be much more preferable if we were to remove the adjectives 'Muslim' and 'Islamic' altogether since we are discussing nation states that in no other part of the world are indicated in terms of religion.[6] But both the central question in this article and the contemporary state of world affairs demand that we look critically at the religious nature of Muslim states as reflected in their view of international law.

4. International law in the contemporary Muslim world

The relevance of Islamic international law to the contemporary Muslim world is, at best, scant. As mentioned above, Muslim countries acknowledge and often adhere to commonly held standards and conduct of international law. Islamic law has little if any relevance in this respect. On the other hand, it

[5] Islamic Republic of Iran, Islamic Republic of Pakistan, Islamic Republic of Mauritania. Afghanistan is the only country that after the fall of the Taliban officially called itself an 'Islamic State'.

[6] This is even the case for Israel, a state established exclusively by and for Jews, where the name 'Jewish state' is rather pejorative.

could also be argued that since contemporary international law does not in general contradict the basic principles of Islamic international law, Muslim countries are effectively applying Islamic law. How appealing this argument may seem to those Muslims who favour a stricter following of Islamic rules has never been an issue: Muslim states, even those who claim to be Islamic in all state conduct, hardly appeal to Islam when it comes to international law. An important exception in this respect is human rights. Another exception is the increasing use of Islamic arguments in cases of war. These issues will be discussed in more detail below.

4.1 **International law**

Let us first establish the general fact that few Muslim countries object to the customs and rules of contemporary international law. On the contrary: international law to them is often one of the few defences against the perceived Western hegemony. Indeed, in the case of the Israeli-Palestinian conflict it is the Muslim countries that strongly criticize the lack of enforcement of rules of international law which, in their view, is much more to the advantage of the Palestinian people than the present status quo. In addition, almost all Muslim countries have signed and ratified most of the important international treaties. Exceptions are few: Saudi Arabia and Pakistan, for instance, have not signed or ratified the International Convention on Civil and Political Rights.

This behaviour implies that Muslim countries not only acknowledge international law as laid down in treaties, but actually allow themselves to be subjected to international law. Of course, political motivations have persuaded some Muslim countries not to ratify or to make reservations to their ratification. But this also applies to the United States of America, one of the most hesitant countries when it comes to surrendering part of its sovereignty to international legal scrutiny.

With regard to issues like conversion of religion and gender equality, however, many Muslim countries that ratified international treaties have made exceptions on the basis of Sharia. The common denominator of these particular issues is that they relate to human rights.

4.2 Human rights

Human rights have become one of the main bones of contention between Western and Muslim countries. The human rights debate, however, can be divided into two different areas. One is distinctively connected to Islam, while the other is related to the human rights violations that are innate to the autocratic rule that is prevalent in many Muslim countries. The human rights issues related to Islam can be summarized as: (in)equality based on religion, (in)equality based on gender, and the use of certain penalties.

There is no need to go into the details of why and how these questions play a role. Suffice it to say that the equality of men and women, especially in the case of family law, and the possibility to convert from Islam to another religion, are considered sensitive issues that compel governments of Muslim countries to make reservations in that respect to the treaties they ratify. This may be the government's position, but it may also very well be caused by domestic politics, for many of these governments are under pressure from local Islamic fundamentalists for whom the prohibition of apostasy and the role of women are very important to their cause.

In addition to these specific issues there is a general and ongoing debate about the alleged Western bias of international human rights treaties. This debate is not limited to Muslim countries, although the recent tension between the Western and Muslim world is also reflected in this respect. It has definitely contributed to increasing activity among Muslim scholars and some Muslim states to present treaties of 'Islamic' human rights as an alternative to human rights treaties signed by most Muslim states. It must be said, however, that these Islamic human rights treaties have never been implemented.

There is one interesting characteristic of this 'clash of human rights': those Muslims who reject 'Western' human rights in favour of Islamic human rights never question the overall system of international treaties. They may disagree on the content, but not on the mechanism of international law as such.

4.3 Islamic law

How relevant is Islamic law for Muslim countries' actions in the international arena? Few Muslim countries actually apply Islamic law. Almost all their legal systems, including the laws, are based on European models. Only family law has remained Islamic in most Muslim countries. Since the 1970s there has been an increasing call for the reintroduction of Islamic law. The most apparent example thereof is the introduction of Islamic penal law, which was already applicable in several Gulf States, but was first reintroduced in Libya (1974), and later in countries like Iran, Sudan, Pakistan, Afghanistan and Nigeria. Among the advocates of Islamic law it is still being debated whether Islamic laws should replace the existing legal corpus or whether this corpus can also be Islamized, i.e., be reformed in accordance with Islamic law.

Interestingly enough, the call for Islamic law focuses exclusively on the laws and hardly ever on the judiciary system. Moreover, even the concept of 'law' itself – i.e., a corpus of rules promulgated by the legislature and to be enforced by the judiciary – which is quite different from the Islamic legal corpus, is never challenged by the Islamist reformers. Similarly, modern notions like republic and nationality are hardly challenged, even though they have no basis in Islamic law.

Regardless of to what extent Islamic law has been introduced in Muslim countries, it always applies to national laws and therefore remains a domestic issue. Insofar as these domestic laws hampered international relations, they were quickly adapted. This is especially the case in the law of international trade. Saudi Arabia, for instance, one of the few Muslim countries that applies a very strict form of Islamic law even to commercial transactions, has made exceptions for transactions related to the oil industry.

4.4 The use of Islam in international law

When operating in the international arena, Muslim countries generally adhere to international law, regardless of how Islamic they have profiled themselves. However, in international law there appears to be an increasing use of arguments based on Islam. Generally speaking, we can distinguish between what I suggest should be called the compatible and the self-asserting argument.

The compatible argument is usually in response to Western policies on or interpretations of international law, and basically states that the same conclusions are being reached in accordance with Islam. An example is denouncing terrorism. From all parts of the world Muslim scholars and governments have hastened to declare that Islam is against terrorism.[7] Another example

[7] However, Muslim countries generally put more emphasis on the distinction between terrorists and freedom fighters.

of Islamic compatible argumentation is modern international law itself: this is generally considered perfectly compatible with Islamic international law, or at least with its basic premises.

The self-asserting argument is used to justify certain actions in the international arena with Islam. The term 'self-assertion' is used to indicate a certain degree of defiance and a claim to a distinctly different identity. Human rights is one of them, as discussed above. Another issue is war and peace. Egypt was the first of the independent Muslim nation states[8] that invoked Islam to wage war, in this case against Israel in 1973. President Sadat had successfully asked the prominent religious scholars of Egypt to issue a religious ruling (*fatwa*) that allowed him to wage war against Israel. Six years later, he again received a fatwa, this time to enter into a peace agreement with Israel.

This use of Islamic arguments to wage war became very acute during the wars of 1991 and 2003 against Iraq. The central question in both wars was whether waging war against a fellow Muslim nation is allowed in accordance with Islamic law. More pertinent, however, was the question whether collaboration with non-Muslim military forces was allowed. In the specific case of Saudi Arabia, where both questions were answered in the affirmative, fierce debates raged on the presence of non-Muslim troops on Saudi soil – a soil that was deemed more sacred than other Muslim countries due to the presence of the two holiest sites of Islam.[9]

The growing influence of Islamic arguments in determining one's international legal position is not limited to states. Non-state actors, in particular militant Islamic organizations like Hamas, Hizbollah and Al-Qaeda, avail themselves almost exclusively of Islamic arguments to justify their international legal actions. The most notorious example is that of *jihad*, or the war waged by Muslims to defend their faith and territory. Another example is Hamas' use of *hudna* to indicate its cessation of hostilities with Israel. The term *hudna* in this respect has caused much confusion because the common

---

[8] Most contemporary Muslim states were colonized or otherwise occupied by Western powers or were under their sphere of influence and only gained their independence after Second World War. Egypt officially gained its independence in 1922, but the last British troops occupying the Suez Canal zone left in 1956.

[9] Cf. Haddad, Yvonne Yazbeck. 'Operation Desert Storm and the War of Fatwas', in Masud, Messick, Peters and Power (eds.), *Islamic Legal Interpretation: Muftis and Their Fatwas* (Harvard Middle Eastern Studies, 1996).

translation 'ceasefire' or 'armistice' appeared not to be adequate given the temporary nature that Islamic sources grant to *hudna*.

The introduction of medieval Islamic legal terminology into contemporary conflict situations means that adaptations are inevitable (although this will be denied by devote Muslims). An example is Hamas' definition of Palestinian territory as an Islamic endowment (*waqf*) 'consecrated for future Moslem generations until Judgment Day'.[10] While the *waqf* is a legal instrument used by private property owners to endow land for future beneficiaries, Hamas has given it a much wider meaning. The political advantage of this definition is that Hamas has lifted Palestine on an equal footing with Israel: both being sacred lands that have been promised by God to a specific people.

Another example of such an adaptation is Hizbollah's restatement of its goal to establish an Islamic state in Lebanon. From a religious point of view the establishment of an Islamic state will always remain the sacred duty of Muslims but, Hizbollah argues, it must be established with the people's consent. Now that Lebanon has a large non-Muslim population that will not consent to such a state, the risk of unrest, chaos and perhaps even civil war if an Islamic state were to be established outweighs the virtue of fulfilling one's religious obligation to actually do so. Hence, Hizbollah has renunciated the active pursuit of establishing an Islamic state without denouncing its religious obligation and desire to do so.[11]

The most belligerent interpreter of the Islamic doctrine on war and peace is Al-Qaeda. It advocates that all means are allowed to drive non-Muslim occupants ('Crusaders and Jews') from Islamic lands, and to fight all those who oppose Islam. The latter also includes those Muslims who are accused of pursuing lives, policies and beliefs that are deemed contradictory to the true teachings of Islam. Hence Al-Qaeda's vehement opposition to most Arab regimes, but also to many Muslim citizens as well. Defining Muslims who are considered to behave in an un-Islamic manner as unbelievers or apostates has greatly expanded Al-Qaeda's enemy that it claims to fight, and has provided justification for killing individual Muslims who 'collaborate' with foreign powers. A parallel doctrine is that the killing of all and any Western citizens from countries which have sent military forces to Islamic countries is allowed, with the argument that these citizens have democratically elected

---

[10] Art. 11 of the 1988 Charter of Hamas.

[11] See, e.g., Joseph Alagha, *The Shifts in Hizbullah's Ideology. Religious Ideology, Political Ideology, and Political Program* (Amsterdam University Press 2006).

their governments and are therefore individually responsible for the decisions of these governments.

A final and very prominent example of modern Islamic interpretations of the international law of war is that of suicide bombings. Historically speaking, this is a very recent phenomenon – the first suicide bombing taking place in 1983 in Beirut – which has retroactively been grounded in Islamic doctrine. Most Muslim scholars agree that suicide is a sin, but that suicide bombings are allowed when fighting an enemy as long as the targets are military. The attacks on civilians are therefore generally condemned by the Islamic religious establishment, but this does not deter organizations like Al-Qaeda from practising different interpretations in this respect.

5. Conclusions

The relevance of Islamic international law is very limited in the contemporary Muslim world. For all issues of international law, Muslim countries adhere to contemporary notions and practices, including treaties and the authority of intergovernmental and supranational bodies. This even applies to countries with a distinctive Islamic character.

However, with the rise of Islamic fundamentalism since the 1970s we also see a growing tendency to apply Islamic legal arguments to international issues. Two kinds of arguments have been distinguished in this article. The compatible argument wants to make international notions and positions in agreement with those of Islam. Examples are the use of modern international legal standards and the denouncement of terrorism: both are said to be in conformity with Islam.

The self-asserting argument uses Islam with a certain degree of defiance and with the implicit purpose of claiming a different identity than that of the West. This argument expresses itself mainly in two fields: human rights and issues of war and peace. The human rights issues related to Islam can be summarized as (in)equality based on religion, (in)equality based on gender, and the use of certain penalties. These issues have prompted Muslim states and scholars to develop several separate sets of 'Islamic' human rights as an alternative to human rights treaties signed by their governments, although these Islamic treaties have never been implemented. Interesting in the Islamic human rights debate is that there may be a strong rhetoric rejecting 'Western' human rights, but the overall system of international instruments is never questioned.

With regard to war and peace the self-asserting argument has been used by several Muslim states, particularly in the two Iraq wars where Islamic arguments were used to enter into or refrain from war against a fellow Muslim state. However, Islamic rules of war and peace have been given an entirely new life by militant non-state actors like Hamas, Hizbollah and Al-Qaeda. Not only do they use Islamic jargon, but they have developed Islamic doctrine to meet their specific needs and circumstances.

Can we expect this trend to expand into other fields of international law? Not necessarily. The overriding characteristic of all the mentioned examples is that the use of Islamic arguments serves the self-interest of the one using that argument. Although Muslim states and, in particular, militant non-state actors may act on the basis of true faith, Islam is able to meet very diverse demands.

Part III
International Law: Culture and Conflict

Chapter 9
THE CONTROL SYSTEM UNDER THE 1954 HAGUE CONVENTION AND ITS 1999 SECOND PROTOCOL[1]

Jiří Toman

Résumé

L'article propose une réflexion autour de la protection de la propriété culturelle comme établie par la convention de La Haye datant de 1954 et par le second protocole ajouté à cette convention en 1999, en particulier l'article met en lumière la mise en application et l'implémentation pratique de ces documents. L'article décrit également les efforts faits par l'UNESCO pour améliorer le système de contrôle. En se fondant sur son expérience de la protection de la propriété culturelle, l'auteur émet les suggestions suivantes au sujet de l'évolution future des systèmes de contrôle inclus dans les traités internationaux :

En premier lieu, le système de contrôle des conventions internationales devrait fournir une vue d'ensemble du sujet faisant l'objet de tels traités. Ce devrait être un genre de baromètre de l'exécution des mesures existantes ou faisant l'objet de dispositions dans les traités. En second lieu, un tel système permettra de découvrir les faiblesses de l'instrument de contrôle, il pourrait à ce titre servir d'avertissement vis à vis de telles faiblesses et par là-même contribuer à la prévention des échecs. Dans le pire des cas, le système de contrôle aidera également à découvrir si des infractions ont été commises et facilitera l'adoption de sanctions ou d'autres mesures qui auront pour but d'éviter de telles violations à l'avenir. Troisièmement, en contrôlant le système existant et les instruments juridiques actuels, le système de contrôle peut être très utile en vue de l'amélioration des instruments actuels, dans la rédaction des dispositions législatives à venir et suggère la dimension domestique nationale à adopter pour une meilleure protection de la propriété

[1] The present article is based on my presentation in the second part of the Commemorative symposium on the fiftieth anniversary of the 1954 Hague Convention for the Protection of Cultural property in the Event of Armed Conflict, organized by UNESCO in Paris on 14 May 2004.

P. Meerts (ed.), Culture and International Law

> culturelle. Enfin un système de contrôle bien organisé renforcera la coopération des parties contractantes, établira un sentiment de confiance mutuelle parmi elles et encouragera les états qui ne font pas encore partie du système de protection à envisager sérieusement leur adhésion.

The control system in the application of international conventions is relatively new and has developed only slowly with the growing role of a more organized international community and the establishment of international organizations. It was a great concession by States with regard to their sovereignty that they accepted such control in the interest of the community. Even if the international law doctrine only started to be interested in this issue at the end of the 1930s,[2] practice shows the increased impact of the control mechanism on the implementation of treaty provisions. The simple fact of the existence of control influences the behaviour of States and their agents and provides more attention and consideration to the rules as their violation could be brought to the attention of the community of States and public opinion and be denounced by them.

The implementation and enforcement of the rules concerning the protection of cultural property was therefore, to a large extent, dependent on the stage of development of international law.

Among the classics of international law, Christian Wolff affirmed the traditional view than no nation has a right over the actions of another nation whose liberty may not be impeded. But he went a step further. From the concept of *civitas maxima,* he deduced that the members of the society of nations can determine, for the sake of the common welfare, the actions of the individual nations and can force them to fulfil their obligations:

> 'In the supreme state the nations as a whole have a right to coerce the individual nations, if they should be unwilling to perform their obligation, or should show themselves negligent in it. ... The law of nations as a whole with reference to individual nations in the supreme state *must be measured* by the purpose of the supreme state.'[3]

---

[2] Georges Scelle, 'Règles générales du droit de la paix', 46 *Recueil des Cours de l'Académie de droit international* Vol. 1933-IV, p. 636 ff.; N. Kaasik, *Le contrôle en droit international* (Paris: Pedone 1933).

[3] Christian Wolff, *Ius gentium methodo scientifica pretractatum*, Vol. II (Oxford: At Clarendon Press 1934), *Prologomena*, Paras. 13 and 14, pp. 14-15. Para. 15 states: 'Some sovereignty over individual nations belongs to nations as a whole. For certain sovereignty

In an unorganized society, such a concept was obviously criticized by many as going too far; Emer de Vattel, his disciple, was among the critics.[4]

The 1899 and 1907 Hague Conventions were the first international legal instruments to deal with the protection of cultural property in the event of armed conflict. It is not surprising that in this unorganized society at the end of the 19th and the beginning of the 20th centuries, the Hague Conventions paid no attention to the system of control. States were protective of their independence and sovereignty and were certainly not willing to submit their behaviour to control by other States (the only subjects of international law at that time). The idea of the international organization was not yet on the international community agenda.[5]

However, the more the organization of the international community progressed, the more attention was paid to controlling the implementation of the rules of international law, including the laws of war in armed conflict.[6] It was in particular the role of the diplomatic and consular agents to exercise

---

over individuals belongs to the whole in a state. Therefore, as is previously shown, some sovereignty over individual nations belongs to nations as a whole.'

[4] As Vattel wrote: 'The first general law, which is to be found in the very end of the society of Nations, is that each Nation should contribute as far as it can to the happiness and advancement of other Nations. But as its duties towards itself clearly prevail over its duties towards others, a Nation owes to itself, as a prime consideration, whatever it can do for its won happiness and advancement. … . The natural society of Nations can not continue unless the rights which belong to each by nature are respected. No Nation is willing to give up its liberty; it will rather choose to break off all intercourse with those who attempt to encroach upon it. … . Hence in all cases in which it belongs to a Nation to judge the extent of its duty, no other Nation may force it to act one way or another', Emer de Vattel, *The Law of Nations or the Principles of Natural Law Applied to the Conduct and to the Affairs of Nations and of Sovereigns*, Vol. III (Geneva: Slatkin Reprints, Henry Dunant Institute 1983), pp. 6-7.

[5] During the First World War, the *Association internationale pour la protection des populations civiles et des monuments historiques en temps de guerre ou de conflits armés*, known as 'Lieux de Genève' (Geneva Zones), envisaged the establishment of a commission composed of neutrals which was to be responsible, in wartime, for the supervision of duly notified non-transportable historic monuments and the zones around those monuments.

[6] We refer, for example, to the numerous official reports published by the majority of the belligerents during and after the First World War, in the form of 'gray books', or 'white books', having the purpose to inform the public about the violations of the laws of war. For example, in December 1914, Great Britain set up the commission presided over by Lord James Bryce, Report of the Committee on Alleged German Outrages (London, 1915). The Germans did the same in 1914 by establishing Militäruntersuchungsstelle für Verletzungen des Kriegsrechts (Kriegsministerium, *Militäruntersuchungsstelle für Verletzungen des Kriegsrechts* (Belgien, Löwen, Berlin: 1915)).

such control with regard to the behaviour of other States and to keep a watchful eye on territorial competence, the formation and recognition of States, and the implementation of their international engagements. This bilateral form, also called reciprocal control, was established, for example, by the Treaty of London of 20 December 1841 for the Supervision of the African Slave Trade[7] and the General Act of the Brussels Antislavery Conference relative to the African Slave Trade (held from 18 November 1889 to 2 July 1890) providing for the mutual rights of visit and search.[8]

A fundamental step towards institutionalized control was taken by the first 'universal' international organization, the League of Nations. The Covenant gave important powers of inquiry to the Council in case of disputes between States and the rights of supervision in accordance with international conventions. The League had a legitimate right in knowing how its members fulfilled their international obligations.[9] The Permanent Court of International Justice was created. The International Labour Organization was granted important powers in the supervision of the labour convention. The Mandate Commission examined the report of the Mandating powers concerning their obligations.

1. The first signs of a control system concerning cultural property

After these first forms of control systems, it is therefore not surprising that when the Commission of Jurists was appointed by the Washington Conference of 1922 on the Limitation of Armaments and given the task of preparing rules on aerial warfare and rules concerning the use of radio in time of war, the question of controlling application was raised.

---

[7] The Treaty was signed by France, Great Britain, Austria, Russia, Prussia (De Martens, *NRG*, 1841, Tome II, pp. 508-534). See also: Wilhelm G. Grewe, *Fontes Historiae Iuris Gentium*, Vol. 3/1 (Berlin: Walter de Gruyter 1991) p. 379.

[8] Vessels of the Contracting parties could be stopped, searched, brought into port for examination and trial, and sequestered by other contracting parties (Art. II). The Treaty for Suppression of the African Slave Trade was signed between Great Britain and Spain (De Martens, *NRG*, 1882-1893, IIe serie, Tome XVIII, pp. 168-173).

[9] Georges Scelle, 'Règles générales du droit de la paix', 46 *Recueil des Cours de l'Académie de droit international*, Vol. 1933-IV, p. 636.

The Hague Rules of Air Warfare, adopted in 1923 by the Commission, included a reference to the inspection committee made up of three neutral representatives. Paragraph 8 of Article 26 stated:

> 'A commission of control composed of three neutral representatives accredited to the State which has accepted the provisions of the present Article, or of their delegates, shall be appointed for the purpose of ascertaining that no violation of the provisions of paragraph 7 has been committed. One of the members of this commission of control shall be the representative, or his delegate, of the State which has been entrusted with the interests of other belligerents.'

Paragraph 7 of the same Article 26 of the Rules dealt with our issue: cultural property. According to this paragraph:

> 'A State which accepts the provisions of this article [Article 26] should abstain from making use of the historic monuments and the zone surrounding them for military purposes or for the benefit of its military organization in any manner whatsoever and should also abstain from committing, in the interior of such monument or within such zone, any act for military purposes.'

However, the rules were never adopted in a legally binding form, but are of importance 'as an authoritative attempt to clarify and formulate rules of law governing the use of aircraft in war'.[10]

As the 1954 Hague Convention in many respects followed the steps undertaken by 1949 Geneva Conventions, it is appropriate to mention how the question of control was introduced in these conventions and in international humanitarian law. And this was the case for the *Convention relative to the treatment of prisoners of war of 1929* which in its Article 86 included a reference to the role of Protecting Powers.[11] It therefore amounted to great

[10] L. Oppenheim, 'International law – A Treatise', *Vol. II,* in H. Lauterpacht (ed.) *Disputes, War and Neutrality*, 7th edn. (London: Longmans 1952) p. 519.

[11] As we know, the practical experiences of the International Committee of the Red Cross (ICRC) during World War I inspired the codification undertaken in the 1920s. The ICRC included in the preliminary draft, which was later submitted to the diplomatic conference, the provision referring to its own missions. But it was considered too revolutionary to give such a role to a private organization. For this reason, Art. 86 of the 1929 Second Convention relative to the treatment of prisoners of war referred only to the role of the Protecting Powers giving them the right 'to proceed to any place, without exception, where prisoners of war are interned'. The ICRC was mentioned only modestly: 'The foregoing provisions do not consti-

progress in comparison with the Hague Law determined by the 1899 and 1907 Conventions.

1.1 Preliminary Draft of an International Convention for the Protection of Historic Buildings and Works of Art in Time of War (1938)

The first attempt to adopt a universal and not only a regional instrument for the protection of cultural property was the Preliminary Draft of an International Convention for the Protection of Historic Buildings and Works of Art in Time of War, elaborated under the auspices of the International Museums Office in October 1938. This draft, prepared by highly qualified lawyers, introduced a complicated system of control, which nevertheless provided several interesting ideas for future legislators[12] and later inspired the UNESCO draft and the 1954 Hague Convention:

1. The preliminary draft gave important powers to the General Conference, where 'the High Contracting Parties ... decide conjointly upon measures for ensuring the application of this Convention ...'. As the General Conference was supposed to meet only once in five years,[13]

tute any obstacle to the humanitarian work which the International Committee of the Red Cross may perform for the protection of prisoners of war with the consent of the belligerents concerned' (Art. 88). But it was nevertheless the implicit recognition of the charitable right of initiative, giving the ICRC the possibility to renew its experience undertaken during World War I. (Fréderic Siordet, *Le problème de contrôle* (Genève: CICR) p. 17). Art. 86 was the first codified step in the international treaty allowing representatives of third States to have access to places where prisoners were detained.

[12] After mentioning the national safeguarding of a monument, the draft included an interesting provision which was not included in the future instruments. According to Para. 6 of Art. 7, 'Monuments and museums shall be brought to the notice of the civilian population, who shall be requested to protect them, and of the occupying troops, who shall be informed that they are dealing with buildings the preservation of which is the concern of the entire international community.' The civilian population, the inhabitants of the occupied territory, were asked to protect cultural property themselves. It is very probable that the authors of this paragraph were inspired by Art. 2 of the 1899 and 1907 Hague Regulations, giving the status of belligerents to 'the inhabitants of a territory which has not been occupied, who, on the approach of the enemy, spontaneously take up arms to resist the invading troops without having had time to organize themselves in accordance with Article 1'. The draft also provided that States not only had to defend the cultural objects, but also had to inform each other of the steps 'taken, prepared and contemplated' in this respect.

[13] Also inspired by the Red Cross Conferences.

the draft also proposed the creation of the Standing Committee, meeting once a year, but it also mentioned the Secretariat, demonstrating the interest which was given to the daily activities in the execution of the Convention.[14]

2. The idea of a Commissioner has its origin in this preliminary draft, even if formulated differently to the Hague Convention. The international list of Commissioners had to be established, selected by the Standing Committee, and the Commissioner had to be nominated by qualified institutions of the contracting states (Courts of Justice, Government departments, Academies, Universities and Museums).
3. The general protection of refuge, but also the special protection given to monuments and groups of monuments had to 'be open to international inspection during hostilities' (Arts. 4 and 5).
4. The draft proposed the creation of two commissions:
   - the International Verification Commission which had to approve the list of places of refuge and monuments, and
   - the International Commissions of Inspection, which may at any time inspect places of refuge and monuments, participate in the transfer of works of art, report to the Standing Committee, control that no breaches of the Convention are committed, establish the offences, etc.

2. THE CONTROL SYSTEM UNDER THE 1954 HAGUE CONVENTION AND ITS 1999 SECOND PROTOCOL[15, 16]

The preliminary draft of 1938 and the 1949 Geneva Conventions were basic

[14] The Second Protocol of 1999 also includes the provision on the Secretariat (Art. 28).

[15] The control system is particularly well explained in the following article: Jan Hladík, 'The Control System under The Hague Convention for the Protection of Cultural Property in the Event of Armed Conflict 1954 and Its Second Protocol', *Yearbook of International Humanitarian Law*, Vol. 4 (The Hague: T.M.C. Asser Press 2004) pp. 419-431.

[16] Respecting and ensuring respect for the Convention: One element closely related to the system of control and implementation is the provision which was included in Art. 1 common to the 1949 Geneva Conventions, but was omitted from the 1954 Hague Convention and its protocols: the duty of States parties not only to respect the legal provisions, but also the duty 'to ensure respect' for the Conventions 'in all circumstances'. These words refer not only to implementation measures, but also to the fact that such implementation should be supervised

sources for the elaboration of the UNESCO draft[17] presented to the Hague Conference in 1954. The 1954 Hague Convention and its Regulations gave rise to the *original institutional control mechanism* and it was largely inspired by these two instruments.

Two major legal instruments regulate the present system of control:

A. The 1954 Hague Convention and Regulations for the Execution of the Convention, which are an integral part of the Convention.[18]

The following provisions are the most important:

- Article 21 of the Convention introduces control by the Protecting Powers and this has been clearly inspired by the Geneva Conventions. So, the 'Geneva mandate' of the Protecting Powers, as established by the 1949 Geneva Conventions, was followed a few years later (in 1961) by the 'Vienna mandate',[19] completed by the 'The Hague mandate';
- Article 26, Paragraph 2: Reports;
- Article 2 of the Regulations introduced two new major control institutions:

---

and controlled, *Commentary on the Additional Protocols of 8 June 1977 to the Geneva Conventions of 12 August 1949* (Geneva: ICRC 1987) p. 35.

[17] The draft of the Convention prepared by the secretariat, revised by governments and approved by the UNESCO General Conference in 1952 was submitted to the Member States of UNESCO as a basis for the work of the Conference. See Jiri Toman, *The Protection of Cultural Property in the Event of Armed Conflict. Commentary on the Convention for the Protection of Cultural Property in the Event of Armed Conflict, signed on 14 May 1954 in The Hague and on Other Instruments of International Law Concerning Such Protection* (Aldershot/Paris: Darthmouth/UNESCO 1996) p. 22.

[18] The reason why the Hague Conference included the Regulations instead of placing all provisions in one single document was simple: it was the proposal of the preliminary draft elaborated by the International Museum Office with the aim being to revise the Regulations more easily than the Convention, but it was finally decided, in accordance with the proposal of the Legal Committee of the Conference, to keep the same system of revision for both the Convention and the Regulations.

[19] We refer in particular to Art. 45 of the 1961 Vienna Convention on diplomatic relations, which states: If diplomatic relations are broken off between two States, or if a mission is permanently or temporarily recalled: (a) the receiving State must, even in case of armed conflict, respect and protect the premises of the mission, together with its property and archives; (b) the sending State may entrust the custody of the premises of the mission, together with its property and archives, to a third State acceptable to the receiving State; (c) the sending State may entrust the protection of its interests and those of its nationals to a third State acceptable to the receiving State.

- o Representatives for cultural property;
- o Commissioner-General for Cultural Property.

The Article specifies that control is *only* applicable in the case of international armed conflicts (Art. 18 of the Convention). This 'clarification' was added at the request of the United Kingdom and the United States.

B. The 1999 Second Protocol:[20] Articles 23 to 28.

The application of the control system is determined by the States which are bound by these different legal instruments: as of 5th April 2007:

- 116 States parties to the 1954 Convention;
- 93 States parties to the First Protocol of 1954; and
- 44 States parties to the 1999 Second Protocol.

As the number of States parties indicates, the system of control under the Convention constitutes the basic control system which will only be successively completed by the institutional mechanism constituted by the 1999 Second Protocol, depending on the number of States becoming parties to this protocol.

3. Components of the control system according to the 1954 Convention

Basic components of the control system according to the 1954 Convention

The 1954 Convention established the original system composed of three basic bodies:

I. Protecting Powers;
II. Representatives for cultural property;
III. Commissioner-General for Cultural Property.

[20] The Preamble to the Second Protocol underlines in two paragraphs the need for a *better institutional mechanism* by referring to the 'necessity to supplement [the existing] provisions through measures to reinforce their implementation' and providing the High Contracting Parties with the means '... by establishing appropriate procedures'.

To these three basic organs we should add:

IV. The Reporting system introduced by Article 26 of the Convention (together with the communication of translations). The reporting system constitutes probably the most important part of the present control system.

A new component of the control system according to the 1999 Second Protocol

The practical results of the control system established by the Convention were not satisfactory. These deficiencies were one of the reasons why States started to look for an improvement. The result was the adoption of a new legal instrument – the Second Protocol to The Hague Convention of 1954 for the Protection of Cultural Property in the Event of Armed Conflict (The Hague, 26 March 1999) and it created a new control body:

V. The Committee for the Protection of Cultural Property in the Event of Armed Conflict (Articles 23 to 28 of the Protocol).

There are five basic institutions which are included in the current control system. The Committee was established at the first meeting of the States parties to the Second Protocol taking place during the thirty-third session of the General Conference of UNESCO (Paris, autumn 2005). The establishment of the Committee is a new starting point in the protection of cultural property in times of armed conflict. The Committee had its first session on 26 October 2006 during the UNESCO General Conference and should have met again before June 2007.

The Committee is composed of the following States:

- for four years: Austria, El Salvador, Libyan Arab Jamahyria, Peru, Serbia, Switzerland, and
- for two years: Argentina, Cyprus, Finland, Greece, the Islamic Republic of Iran, and Lithuania.

The first Committee meeting – the second should have taken place before June 2007 – dealt with various issues like the rules of procedure or the implementation of the Second Protocol. The main purpose of the Committee's first meeting was:

- the adoption of the Committee's Rules of Procedure;

- the consideration of the draft Guidelines for the implementation of the Second Protocol and its finalization for endorsement by the second meeting of States parties to the Second Protocol foreseen for October 2007;
- discussion of the future work of the Committee.

Additional components of the control system according to both of the before-mentioned instruments

However, we should not forget the additional methods of implementation and control, even if they are not specifically indicated in the text:

VI. The meetings of the High Contracting parties, mentioned in the Convention and in the Protocol.

VII. The Role of UNESCO and its right of initiative. UNESCO is the only organ which has a global view of the system of implementation thanks to the role which has been given to it by its Constitution, the 1954 Convention and by 1999 Protocol.

Let us now examine these different components:

3.1 Protecting powers (Art. 21 of the Convention)

A Protecting Power is a State appointed by another State to protect the latter's interests and those of its nationals within the territory of a third State.[21]

The Protecting Powers played an important role in the application of the Hague Conventions during World War I. Their task was not always easy and States wanted to include the Protection Power in the legal instrument. After lengthy practical experience, the 1929 Geneva Convention relative to the treatment of prisoners of war (Article 86) and the Geneva Conventions of 1949 (common Article 8/8/8/9) laid down the role of the Protecting Powers in legal terms. Article 21 of the 1954 Hague Convention introduced the system of Protecting Powers in the field of protection of cultural property and it reproduced the provision in the 1949 Conventions. It states:

---

[21] *Encyclopedia of Public International Law, published under the auspices of the Max Planck Institute for comparative public law and international law under the direction of Rudolf Bernhardt*, Vol. III (Amsterdam: Elsevier 1997) p. 1147.

> 'The present Convention and the Regulations for its execution shall be applied with the co-operation of the Protecting Powers responsible for safeguarding the interests of the Parties to the conflict.'

The Second Protocol of 1999 did not add to this. It reproduced, *expressis verbis,* Article 21 of the Hague Convention but in relation to and for the purposes of the Protocol. The use of the expression 'in cooperation' indicates that the role of the Protecting Power is secondary to that of the Parties to the conflict; their role remains fundamental.

The 1954 Convention and the Second Protocol 'wisely' left aside the most delicate question of the appointment of the Protecting Power, hoping – probably – that such a power would already have been appointed on the basis of the 1949 Geneva Conventions and the 1961 Vienna Convention. Thus, the appointment was left to the 'Geneva mandate' or the 'Vienna mandate'. 'The Hague mandate' remained silent on this issue. The proposal for UNESCO to act as a substitute was not accepted by the Conference and if there is no Protecting Power, then the exercise of its function would be transferred to the Commissioner-General who shall exercise these functions as specified in Articles 21 and 22 (Art. 6, Para. 6 of the Regulations).

It is unfortunate that from the moment that the institution of the Protecting Powers was included in the legal instruments, i.e., codified, its practical implementation disappeared. And the delegates at the 1954 Hague Conference were already aware of this. That is why they searched the alternatives. The Belgian delegate at the Conference proposed the temporary appointment of the Commissioner-General and the establishment of a Permanent Bureau.[22] A more practical proposal was made by the Swiss authorities in 1973 in order to ensure that the temples of Angkor were protected: 'Would Switzerland, a neutral country held in high esteem in certain Asian States, be in a position to lend its good offices to enable a solution to be found to this particularly disquieting and urgent problem, possibly in the form of expert mission?'[23] And even today we should not close the door to all possible alternatives. It requires not only imagination, but also political will.

The Regulations for the Execution of the Convention provide few additional details concerning the Protecting Powers and confer a series of func-

---

[22] Was he inspired by the system of the Preliminary draft of 1936?

[23] Letter of 18 February 1973 from G. Hammel to Mr. Rene Maheu, Jiri Toman, *The Protection of Cultural Property in the Event of Armed Conflict*, p. 226.

tions on the delegates. The delegates of the Protecting Power may be appointed 'from among the members of its diplomatic or consular staff or, with the approval of the Party to which they will be accredited, from among other persons.'

Compared with the Geneva Conventions, the Hague Convention contains relatively few references to specific activities of the Protecting Powers. Article 3 of the Regulations describes the functions of the delegates of the Protecting Powers as follows:

1. take note of violations of the Convention, on their own authority;
2. investigate, with the approval of the Party to which they are accredited, the circumstances in which these violations of the Convention have occurred;
3. make representation locally to secure their cessation;
4. if necessary notify the Commissioner-General;
5. the delegates keep the Commissioner-General informed of their activity.

Article 8 of the Regulations provides the guarantee that the delegates of the Protecting Powers will not act *ultra vires* (will in no case exceed their mandates). In particular, they shall take account of the security needs of the Party to which they are accredited and shall in all circumstances act in accordance with the requirements of the military situation as communicated to them by that Party.

The very restricted nature of the functions of the Protecting Powers' delegates is surprising, especially when compared to the extensive functions laid down in the Geneva Conventions. The reason for this may lie in the different conception of a control system. The authors of this system probably wanted to stress the specific and professional nature of these tasks and in some way the secondary role of the Protection Power when control is entrusted, in the first instance, to the Commissioners-General and to his experts and inspectors.

But the Hague Convention also entrusts the delegates of the Protecting Powers with other functions, which are mentioned more specifically in Article 6, Paragraph 1 (collaboration with the Commissioner-General); Article 11, Paragraphs 2 and 3 (improvised places of refuge); and Article 17, Paragraph 2 (procedure to obtain immunity) of the Regulations. Other functions are conferred on the Protecting Power itself under Articles 21 and 22 of the Convention and Article 4, Paragraph 1 of the Regulations. One major function is the settlement of disagreements between the Parties to the conflict. Article 22 of the Convention asks them to provide

> '1. ... good offices in all cases where they may deem it useful in the interests of cultural property, particularly if there is disagreement between the Parties to the conflict as to the application or interpretation of the provisions of the present Convention or the Regulations for its execution.
> 2. For this purpose, each of the Protecting Powers may, either at the invitation of one Party, of the Director-General of the United Nations Educational, Scientific and Cultural Organization, or on its own initiative, propose to the Parties to the conflict a meeting of their representatives, and in particular of the authorities responsible for the protection of cultural property, if considered appropriate on suitably chosen neutral territory... .'

The Parties to the conflict are bound to give effect to the proposals for a meeting. This Article is almost identical to the common Article 11/11/11/12 of the Geneva Convention and is reproduced in Article 35 of the Second Protocol.[24, 25]

Being aware of the practical non-existence of Protecting Powers in current armed conflicts,[26] the 1999 Second Protocol was looking for the new alternatives for the settlement of disputes and it is mentioned in Article 36:

a. One is to give to the Director-General the initiative to 'lend good offices or act by any other form of conciliation or mediation, with a view to settling the disagreement'.

---

[24] The provisions in the Geneva Convention were similar to Arts. 83/3 [83(3)] and 87 of the 1929 Geneva Convention. The preliminary draft of 1936 also tried to find the solution (Art. 13).

[25] Another alternative considered by the Conference was the International Court of Justice, but it was difficult to imagine two belligerents resorting to the Court. At that time, in 1954, not all States were parties to the Charter and the Statute of the ICJ.

[26] We should naturally not to forget that from the moment when the institution of the Protecting Power was included in the international treaties, it ceased to function. The last large-scale use of the Protecting Power system was during the Second World War. After 1945 and after the 1949 Geneva Conventions, the Protecting Powers system was only used in very few conflicts: Suez, Goa and Bangladesh. The reasons for this which are sometimes mentioned are: a fear that the designation will be seen as recognition of the other Party; an unwillingness to admit that an armed conflict exists; the maintenance of diplomatic relations between belligerents; the pace of events in some wars; and, finally, the difficulty of finding neutral States acceptable to both parties and able and willing to act in this capacity, Yves Sandoz, *Implementing International Humanitarian Law* (Geneva: Henry Dunant Institute 1995) p. 16.

b. Another way is to give the initiative to the newly constituted Committee and to its Chairman in particular at the invitation of one Party or of the Director-General. In such case

> 'the Chairman of the Committee may propose to the Parties to the conflict a meeting of their representatives, and in particular of the authorities responsible for the protection of cultural property, if considered appropriate, on the territory of a State not party to the conflict'.

3.2 **Representative for cultural property**

Article 2 of the Regulations states that as soon as a Party is engaged in an armed conflict of an international character (Art. 18) 'the High Contracting Party shall appoint a representative for cultural property situated in its territory; if it is in occupation of another territory, it shall appoint a special representative for cultural property situated in that territory'.

The concept of representatives was included in the provision entitled: 'Organization of the control', which means that the authors of this provision were willing to give them a role in implementing and controlling the application of the Convention.

In each international conflict, UNESCO therefore calls on the Parties and reminds them of their obligations according to the 1954 Hague Convention. But the duty of this appointment remains an exclusive responsibility of the Party to the conflict. It is not a difficult obligation and there are no valid reasons to avoid its application. It is a provision which could be helpful in every conflict and should be systematically applied. It is also important that by this minor act the government demonstrates its respect for cultural values and its willingness to apply the Convention.

At the purely practical level, it would be desirable to appoint a representative well before a conflict breaks out. The national committees could play a role even in peacetime, in particular by ensuring that the representative is adequately prepared for a task of this importance, which requires extensive knowledge, both cultural and technical.

The Article had limited practical application. In 1970, during the Cambodian conflict, UNESCO provided a great deal of technical assistance with regard to the application of the Convention. The Rector of the University was appointed as their representative for cultural property. Following resolution II of the 1954 Conference, the government of Cambodia constituted the National Committee for the protection of cultural property. This example demonstrates the need for a connection between the national committees and the appointment of the representatives according to this article.

During the Six-Day War, Israel's Ministry of Foreign Affairs sent a telegram to the Director-General of UNESCO assuring him that the Convention was being respected in the territories 'under Israel's authority'. A report on this subject was submitted to the 77th session of the Executive Board. In August 1967, Mr. Abraham Biran, Director of the Department of Antiquities and Museums, was appointed as the government representative for cultural property in accordance with Article 2(a) of the Regulations. It was intended from the outset that the Commissioner-General for Cultural Property would deal with this representative and with the delegates of the Protecting Powers.

3.3 Commissioner-general for cultural property (Arts. 1, 2, 4, 6)[27]

The introduction of the function of the Commissioner-General is undoubtedly the most original contribution to the system of control and has its origin in the 1938 draft.

Appointment of the Commissioner-General

According to the Regulations (Art. 4, Para. 1), the Commissioner-General is a neutral person accredited to a High Contracting Party engaged in an armed

[27] In the course of the discussion between the representatives of the United States and the UNESCO Secretariat at the Conference, it was pointed out that 'as soon as a High Contracting Party was engaged in an armed conflict, a Commissioner-General for Cultural Property would be nominated for it so that if, for example, country A was at war with countries B, C, and D, only one Commissioner-General would be appointed to country A' (Intergovernmental Conference on the Protection of Cultural Property in the Event of Armed Conflict – The Hague, 1954: *Records of the Conference convened by UNESCO and held at The Hague from 21 April to 14 May 1954, published by the government of the Netherlands* (The Hague: Staatsdrukkerij en Uitgeverijbedrijf 1961), Para. 804, p. 196; quoted as 'Records' in the text which follows). This was also clearly specified in Art. 4 of the Regulations. A multiplicity of Commissioners-General, regarded as a disadvantage by the delegate of the United States, was not viewed as such by others, in particular the observer for the International Committee for Monuments, Artistic and Historic Sites and Archaeological Excavations, who considered that what the experts who met in 1952 had in mind was a Commissioner-General who would preside over the Commission composed of the delegates of the Protecting Powers.

conflict. The Commissioner is chosen from an international list of persons, compiled in accordance with Article 1 of the Regulations, by joint agreement between the Party to which he will be accredited and the Protecting Powers acting on behalf of the opposing Parties. As we have seen, the idea of a list comes from the Preliminary draft of 1938, and it is up to each State party to the Convention to nominate persons to be placed on the list by UNESCO. No other instructions are provided for UNESCO. The list is administered by the secretariat and was last updated in 1986. The list was last submitted to the Committee in 2006.

The formulation of this paragraph was probably the reason for its failure. In a situation of uncertainty concerning the possibilities to appoint Protection Powers (which was probably not yet so clear in 1954), the nomination of the Commissioner by the Protecting Power was a pure illusion.

It seems that several delegates at the Conference were aware of such difficulties and wanted to save this original and practical institution by making additional proposals:

- The Belgian delegate suggested that a provisional solution be 'entrusted to a permanent independent body set up in peacetime and with a sufficient minima of financial resources for use if needed'. The reason for not proposing UNESCO itself was that 'the Organization has rightly taken the view that it cannot assume such a role and must confine itself to purely administrative work'.
- France proposed the peacetime appointment of a Commissioner by means of periodic meetings of the High Contracting Parties.
- The Netherlands suggested that this appointment should be made by the ICRC or by a special international body set up by the High Contracting Parties.
- The United States proposed that it should be made by the Secretary-General of the United Nations, while
- Switzerland proposed the Director-General of UNESCO who could guarantee neutrality.
- The Italian delegate suggested that this role be entrusted to the President of the International Court of Justice, a solution which was finally accepted and incorporated in Paragraph 2:

> 'Should the Parties fail to reach agreement within three weeks from the beginning of their discussions on this point, they shall request the President of the International Court of Justice to appoint the Commissioner-General, who shall

> not take up his duties until the Party to which he is accredited has approved his appointment.'
>
> But even this proposal was not going very far and was never applied in practice.[28]

In an effort to ensure the better application of the 1954 Convention, UNESCO invited several legal experts to Vienna in 1983. The meeting expressed the desire that on the basis of the powers conferred upon UNESCO, under Article 23 of the Convention (Assistance of UNESCO), UNESCO should assess the results of the work of the Commissioners-General and on the basis of such a study, the role of the Commissioners-General should be examined, reconsidered and developed. The meeting also studied the possibility for UNESCO to intervene in the procedure for the appointment of Commissioners-General, even though it is not authorized to do so under the present terms of the Convention and Regulations. The aim is to speed up the procedure for the appointment of Commissioners-General, but nevertheless to avoid taking the place of the Protecting Powers. The main objective was to ensure that the Commissioners were appointed as quickly as possible at the very outset of the conflict.

The 1983 Vienna meeting raised, in particular, the question whether the Director-General should not play some role in the appointment of a provisional Commissioner-General who would intervene should the procedure laid down in paragraphs 1 and 2 of Article 4 of the Regulations not lead to the desired result. This provisional Commissioner would perform the functions of the Commissioner-General until the latter was appointed under the prescribed procedure. The provisional Commissioners could be appointed by agreement between the Party to the conflict and the Director-General (or his representative), who would also obtain the approval of the opposing Party. The provisional Commissioners could be appointed from among the persons on the international list or, exceptionally, from among other persons whom the Director-General might suggest and who would possess both the required competence and the necessary impartiality. The appointment of a senior

[28] I have privately and on a purely personal level discussed such a possibility with the former President of the International Court of Justice Jose-Maria Ruda, but this private discussion was never followed by any official approach by UNESCO. Would this not be an opportune time to do so?

UNESCO official, who would act as the Director-General's representative, might even be envisaged. At the 1983 meeting in Vienna, the experts recognized that according to the present legal provisions, UNESCO could not intervene in the negotiations for the appointment of Commissioners-General, but could provide its assistance in order to accelerate the procedure.[29]

On the basis of what has been said before, other possibilities can be taken into consideration. One of them – as already mentioned – may be the cooperation of the Director General of UNESCO with the President of the International Court of Justice, to appoint such a commissioner.

Another way could be to ask a neutral State to perform the functions of a Protecting Power with a view to such an appointment. This involves the designation of an *ad hoc* Protecting Power for the purpose of appointing a Commissioner-General. It is also possible to imagine that several Parties to the conflict and one or even several neutral States could be asked to assist in the appointment of a Commissioner-General.

Paraphrasing the words of the Swiss delegate at the Conference: a solution could not be obtained by saying they 'might' do something, but only by asserting that they 'must'; at a certain time it was essential to say that there must be a Commissioner-General and if the Parties could not agree, he must be appointed by a third party.[30]

'Be there a will, and wisdom finds a way.'[31] For the realization of a solution, we do not need a new legal instrument.

Functions of the Commissioner-General

The function of the Commissioner-General is impartial and international and its purpose is to safeguard cultural heritage which belongs to all mankind. According to Article 6 of the Regulations, the Commissioner-General has the following functions:

- dealing with all matters referred to him in connection with the application of the Convention, in conjunction with the representative of the Party to which he is accredited and with the delegates concerned;

[29] Meeting of Legal Experts on the Convention for the Protection of Cultural Property in the Event of Armed Conflict (The Hague, 1954), Vienna, 17-19 October 1983 (Paris: UNESCO 1984) p. 11, Para. 34 (CLT-83/CONF. 641/1).

[30] *Records*, Para. 1389, p. 237.

[31] George Crabbe (1754-1832), *The Birth of Flattery* (1807).

- powers of decision and appointment in the cases specified in the present Regulations;[32]
- with the agreement of the Party to which he is accredited, the right to order an investigation or to conduct it himself;
- make any representations to the Parties to the conflict or to their Protecting Powers which he deems useful for the application of the Convention;
- draw up such reports as may be necessary on the application of the Convention and communicate them to the Parties concerned and to their Protecting Powers. He shall send copies to the Director-General of the United Nations Educational, Scientific and Cultural Organization, who may make use only of their technical contents;
- if there is no Protecting Power, exercising the functions of the Protecting Power as laid down in Articles 21 and 22 of the Convention.

In the exercise of his function, the Commissioner may use inspectors and experts. His mission is general, the inspectors and experts only carry out specific missions (Article 7 of the Regulations). The Commissioners-General for Cultural Property (like the delegates of the Protecting Powers, inspectors and experts) shall in no case exceed their mandates and, in particular, 'shall take account of the security needs of the High Contracting Party to which they are accredited. Moreover, they shall in all circumstances conform to the requirements of the military situation as communicated to them by that High Contracting Party' (Art. 8 of the Regulations).

The only practical experience dates from June 1967 when the Director-General invited the parties to apply the Convention mechanism. No Protecting Power was appointed and there were no diplomatic relations between the warring parties: Israel on one side and Egypt, Jordan, Syria and Lebanon on the other. As there was no Protecting Power for the appointment of the Commissioner, the Director-General asked the parties to use Article 9 of the Regulations.[33] The belligerents chose Switzerland

---

[32] In particular: Arts. 7 (Inspectors and experts), 11 (Improvised refuges), 17 (Transport – procedure to obtain immunity), and 19 (Transport – occupied territory) of the Regulations.

[33] Art. 9 states: 'If a Party to the conflict does not benefit or ceases to benefit from the activities of a Protecting Power, a neutral State may be asked to undertake those functions of a Protecting Power which concern the appointment of a Commissioner-General for Cultural Property in accordance with the procedure laid down in Article 4 above.' This provision was

as the neutral State[34] and it made an appointment at the end of September 1967: Mr. Reinnick (The Netherlands) accredited to Israel and Mr. Brunner (Switzerland) accredited to the four Arab countries. The Executive Board examined the reports of the Commissioners and the General Conference adopted two resolutions concerning, in particular, archaeological excavations.[35]

As Mr. Hladik demonstrated in his study, the report by the Director-General on the reinforcement of UNESCO's action, submitted to the 140th session of the Executive Board, pointed out that 'the procedure for appointing Commissioners-General is complex, slow and often impracticable in cases of limited conflict' and that 'the provision for Assistance by UNESCO' is too weak. This was the reason why several States were looking for another way in which to improve the system of control by proposing the creation of the Intergovernmental Committee.[36]

3.4 **Reporting system**[37]

The submission of reports to international organizations on the application of conventions is now a common practice which has developed, more especially, within the context of human rights and the International Labour Organization.

Paragraph 2 of Article26 states that the Contracting Parties

> 'shall forward to the Director-General a report giving whatever information they think suitable concerning any measures being taken, prepared or contemplated by their respective administrations in fulfilment of the present Convention and of the Regulations for its execution'.

---

included in the Regulations on the recommendation of the delegate of Israel, Mr. Zippori. See *Records,* Para. 816.

[34] Jan Hladík, loc. cit., p. 421.

[35] UNESCO General Conference Resolutions 3.342 and 3.343 – 15th session.

[36] Jan Hladík, loc. cit., p. 424.

[37] As we have seen, under paragraph 1 the High Contracting Parties must communicate to one another the official translations of the Convention and the Regulations for its Execution, but nothing is said about communicating the laws and regulations for their implementation as is mentioned in the texts of the Geneva Conventions of 1949 (Common Art. 48/49/128/145) and Protocol I of 1977 (Art. 84). The 1938 Preliminary Draft Convention also provided for the communication of the texts of laws and regulations (Art. 3, Para. 4).

Such a report must be provided to UNESCO 'at least every four years'.

The delegations at the Conference were, in principle, in favour of the communication of reports.[38] The Commentary on the UNESCO Draft made it clear that States which were unwilling to disclose certain information were under no obligation to do so: the text accordingly authorizes States to communicate only such information as they think suitable. Further, this exchange of information is to take place through the Director-General of UNESCO, who will decide on its desirability and the time for giving effect thereto.

UNESCO first applied Article 26, Paragraph 2, in 1962, that is six years after the Convention entered into force. Only nine States responded and six submitted late replies.[39] Another series of reports was requested from the Contracting Parties in 1965.[40] A further series was requested on 30 March 1969: 16 States Parties sent reports and four non-Party States sent information on the measures they were contemplating. A somewhat longer interval preceded the next request for reports, which States received in March 1977. This time 19 replied. Another series was requested in 1984: 24 States replied to this invitation, which was issued within the context of the thirtieth anniversary of the Convention. The following reports were published in 1989

[38] The United Kingdom delegation was alone in asking for the deletion of the article concerning reports, arguing that they were of no real use and that it was enough to fix a time-limit in Art. 34, according to which the signatories to the Convention must take all necessary measures to ensure its application. The delegate of the USSR stressed the importance of reports as a vehicle for exchange, in so far as they strengthened the cultural links between states. The delegate of Greece asked that reports be submitted every year, but it was agreed that the four-year cycle should be retained. The text clearly indicates that these reports must be forwarded at least once every four years and cannot be interpreted as a mere proposal or example, as some delegations appeared to think.

[39] The Director-General, with the meeting of Contracting Parties in mind, requested the States Parties to the Convention to send him special reports, in accordance with a schedule appended to letter MUS/BC/7RI. By 28 February 1962, nine States had submitted reports and information to the UNESCO Secretariat. These were analyzed in document CA/RBC.1/3 of 15 June 1962 to which the texts of the reports were annexed. In addition to these nine States, six other States Parties to the Convention submitted a late reply, and their reports were also appended to the analysis.

[40] Letter MUS/BC 15/1 to 53 of 16 April 1965. At the same time, the Director-General approached those Member States not yet Parties to the Convention (DG/3.2/221/300 of 16 April 1965) and asked them to inform him whether their governments had taken or were contemplating taking certain measures for the protection of their cultural property in the event of armed conflict. Sixteen States Parties and four non-Parties to the Convention replied.

and 1995.[41] The most recent request for reports was sent to States in 1998. By 31 October 2003, the Director General had received 27 reports. The analysis of the responses shows the similar experiences by other institutions.[42] The remedies adopted by the UNESCO Secretariat are also similar. In his in-depth study of the reporting system, Jan Hladik considers that the overwhelming majority of States parties to the Convention are genuinely interested in its good functioning.

> 'What is needed ... is to guide (may be to coach would be a better expression) States Parties by providing them with a relatively simple questionnaire indicat-

---

[41] The reports were published in the following UNESCO documents: UNESCO/CA/RBC/1/3 and Add.1-6, SHC/MD/1 dated 19 May 1967, SHC/MD/6 dated 30 April 1970, CC/MD/41 of July 1979, CLT/MD/3 of December 1984, CC/MD/11 of December 1989 and CLT-95/WS/13 of December 1995.

[42] The Commission for Crime Prevention and Criminal Justice has an interesting experience and it recently developed a coordinated effort for the *improvement* of the implementation mechanism. The meeting of experts evaluated the results of and the progress made in the application of standards and norms and assessed the advantages to be expected in using a cross-sectoral approach. In reviewing the present system of reporting, the experts noted little commitment by the Member States to fulfill their obligation to report: the number of replies usually ranged from 40 to 70, with some requests eliciting over 100 replies. The replies were succinct, essentially noting that the operation of the criminal justice system was in accordance with the standards and norms. Concern has been expressed with regard to the reporting system, the poor response rate, the quality of some of the replies and the absence of any effective verification procedure. Preparing, responding to and analyzing the results was time-consuming, using different definitions and quantitative data being misleading. For that reason, preference was given to the 'cluster approach' referred to in a report of the Secretary-General to the Commission. The Meeting noted four clusters: One concerning the provisions of the standards and norms related to the rule of law and to human rights in the administration of justice; the second relating to good governance, independence of the judiciary and the integrity of criminal justice personnel; the third cluster related to gender equality; and the fourth dealt with legal, institutional and practical arrangements for international cooperation, referring to model treaties. The methods for encouraging States to reply were discussed and it was recommended that the request should be repeated, where appropriate; the process of reporting should be made as simple as possible, sometimes by just ticking the appropriate box and limiting extensive written answers. The Meeting stressed the accuracy of the information and the use of a contact person to whom the Secretary-General could turn for additional information. Supplementary sources of information should be used, through the institutions or the appointment of regional special rapporteurs. It was also suggested to use other mechanisms, including cooperation with UN bodies, intergovernmental and non-governmental organizations ('Report of the Meeting of Experts on the Application of United Nations Standards and Norms in Crime Prevention and Criminal Justice, held in Stadtschlaining', Austria, from 10 to 12 February 2003, UN doc. E/CN.15/2003/10/Add.1).

> ing topics to be reflected in their national reports. Such questionnaire should help them; it should not impose an additional burden on their national administrations.'[43]

As for the quality of the information received, there was a great deal of unevenness in the presentation of the reports. Some countries listed the measures taken and contemplated in the application of the various articles of the Convention, while others took a selective approach. Some were content merely to mention a certain measure, whereas others gave a systematic and detailed description of the measures taken in the application of an Article (safeguarding measures, dissemination, military measures, legislation). The most detailed information to be supplied related to Articles 3 (safeguarding) and 25 (dissemination). The information relating to Articles 7 (military measures), 28 (sanctions), 34 (effective application) and particularly 4 (respect for cultural property) was more sparse and less precise. Information on identification was given whenever the country had taken measures in this area.

The meeting of experts held in Vienna in 1983 suggested that the Director-General should remind the States Parties that the submission of reports was a legal obligation which could not be evaded without infringing Article 26, Paragraph 2, of the Convention.[44]

The UNESCO secretariat has the most important role in the implementation of the reporting system: establishing the questionnaire, collecting the reports, analysing the responses of States and the preparation of the final report. But it is a useful exercise.

> 'The reporting system is necessary because (i) it raises awareness of the Convention; (ii) it periodically reminds States party thereto of their rights and obligations under the Convention; and (iii) it enables them to learn of the experience of other States party to the Convention, a task which would otherwise be difficult even for developed States.'[45]

---

[43] Jan Hladík, 'Reporting system under the 1954 Convention for the Protection of Cultural Property in the Event of Armed Conflict' IRRC, No. 840, 2000, pp. 1001-1016 (at p. 1012).

[44] Meeting of Legal Experts on the Convention for the Protection of Cultural Property in the Event of Armed Conflict (The Hague, 1954), Vienna, 17-19 October 1983, 'Final Report' (Paris: UNESCO 1983) p. 9, Para. 28 (CLT-83/CONF.641/1).

[45] Jan Hladík, loc. cit., p. 1015.

According to Mr Hladík,

> 'the main improvement to the reporting system under the Convention lies in the functions of the future Committee for the Protection of Cultural Property in the Event of Armed Conflict, established under the Second Protocol to the Hague Convention. Article 27 (1) d of the Second Protocol empowers the Committee "to consider and comment on reports of the Parties, to seek clarifications as required, and prepare its own report on the implementation of this Protocol for the Meeting of the Parties". It is true that this function, strictly speaking, concerns national reports on implementation of the Second Protocol. However, there is nothing to stop the Committee from requesting information on implementation of the Convention, because in reality such information will overlap.'[46]

The hope that the creation of the Committee will improve the reporting system coincides with the conclusions of the comparative study of the ICRC on the quality and efficient functioning of a supervisory body: 'States are much more keen to report to a body composed of important people, since this lends weight to the body's conclusions concerning a State.'[47]

3.5 Committee for the protection of cultural property in the event of armed conflict

The idea of a Committee as an instrument of enforcement was in the mind of the UNESCO secretariat when the Hague Conference was being prepared, in connection with the meetings of the High Contracting parties. But the attitude of the secretariat was a negative one.[48] During the Conference itself, it was mainly Italy and Belgium which suggested the creation of the perma-

---

[46] Idem, p. 1016.

[47] A comparison of self-evaluating state reporting systems. Part two. *IRRC*, No. 305, 1995, pp. 137-160 (at p. 155).

[48] The UNESCO Commentary stated: 'It was considered desirable to avoid swelling the number of standing committees equipped with secretariats and involving fresh expense, and also to avoid overlapping. It was noted, in this respect, that there were already bodies like UNESCO, the International Council of Museums and the International Committee on Monuments, which had made and published studies constituting a substantial source of information. A second source of useful information, for the purpose of adapting and improving the Convention, derives from the obligation, undertaken by the signatory States, to furnish reports on the measures taken by them with a view to applying the Convention' (UNESCO Commentary, CBC/3, *Records*, p. 314).

nent or consultative committee responsible for monitoring the execution of the Convention. Italy[49] proposed the intergovernmental committee. Belgium,[50] on the contrary, had in mind a committee composed of individual delegates, appointed *ad personam*.

As a result of the consultations with individual and governmental experts in the 1990s, the 1999 Hague Conference decided to create the Committee of intergovernmental experts,[51] probably without considering a committee composed of individual and independent experts.[52] This seems quite natural as

[49] Italy also wanted coordination in the execution of the Convention: 'Most multilateral conventions, e.g. the Red Cross Convention, the Universal Convention for the Protection of Copyright, referred to the establishment of a *permanent committee* to ensure the application of the convention. No qualified body for such a task existed within UNESCO and it was from that fact that the idea arose of establishing, within the UNESCO framework, a body ensuring the application of the Convention which would make it possible for recourse to a complicated arbitration procedure to be avoided. The choice of property to be placed under general protection had been left to each country. How could their number be reduced if the list submitted by every country was too long? While in cases of disagreement, recourse might be had to the objection procedure, the latter was unpleasant and to avoid it required preliminary control by a body comprising the main Contracting Parties to the Convention. That body would have other duties, such as the choice of the Commissioners-General and other permanent tasks. The meetings referred to in Art. 26 of the Draft would thus be more frequent. The name, whether council, coordinating committee or permanent bureau was of little importance. What was important was that such a body should be representative of the governments and should enjoy some discretion in the compilation of the lists of property falling under general protection. While an exchange of such lists was essential – it was also provided for in the Washington Pact – a general examination with the object of making recommendations to those governments that had submitted lists which were too long was also necessary (*Records*, Para. 1201, p. 244).

[50] The Secretary-General of the Belgian National Commission for UNESCO later suggested the establishment of a Consultative Committee responsible for monitoring the execution of the Convention and for interpreting it. Such a committee might be composed of two delegates from the International Committee for Monuments and the International Council of Museums, together with two jurists (in line with the example of the Universal Copyright Convention).

[51] For a detailed analysis of the process of creating the Intergovernmental Committee and the different proposals made by the governments and by the UNESCO Secretariat, see Jan Hladík, loc. cit., pp. 424-428.

[52] The idea appeared in academic writings whether it would not be more appropriate to have a committee composed of individual experts, following the example of the Human Rights Committee, probably the most efficient among the existing committees. One must not forget that such a committee will be even more costly than the present one: experts should be paid for the time they spend in their activity.

the establishment of the committee mirrored the World Heritage Committee under the 1972 Convention.[53]

The Committee is an intergovernmental body. As we have seen, it is composed of 12 representatives of the States Parties, elected by the Parties to the Protocol (Meeting of the Parties), on the basis of equitable representation. The Parties elected should choose their qualified *representatives* in three fields: cultural heritage, defence and international law, and States parties should consult in order to ensure adequate expertise in all these fields. Articles 25 and 26 of the Protocol deal with their term of office and procedures.

From the point of view of control, the following functions, as described in the Article 27, are the most important:

- develop guidelines for the implementation of this Protocol;
- monitor and supervise the implementation of the Protocol;
- *reports:* two different issues are included in Para. d):
  - o consider and comment on *reports of the Parties*;
  - o seek clarification as required;
- prepare *its own report* on the implementation for the Meeting of the Parties;
- perform *any other function* which may be assigned to it by the Meeting of the Parties (Para. f).

It is only after establishment and the following of Committee activity that its role in the field of control will be clarified.

3.6 **Meeting of the States Parties to the Convention and to the Protocol**

The Meeting of the States Parties to the Convention and to the Protocols may also be involved in the control system.

The idea to convoke the State parties to the Convention and Protocol concerning the protection of cultural property is not new. The origin of this pro-

[53] This was also the conclusion of Patrick J. Boylan in his study: *Review of the Convention for the Protection of Cultural Property in the Event of Armed Conflict (The Hague Convention of 1954)*, (Paris: UNESCO 1993), Para. 18.7, p. 144. In Appendix X, Mr. Boyland included the Outline of Recommended Composition and Role of the Proposed Intergovernmental Advisory Committee on the Protection of Cultural Property in the Event of Armed Conflict. Para. 2 of the outline states that 'the Committee should follow in general terms the model of the World Heritage Committee, though it would not have executive powers.'

vision was already in the Preliminary Draft Convention of 1938. According to Article 12 of this draft, 'the High Contracting Parties agree to meet from time to time in general conference to decide conjointly upon measures for ensuring the application of this Convention and to review, if necessary, the Regulations for its Execution'. The UNESCO document prepared for the Hague Conference also referred to the need for the parties to meet and have direct contact.

The functions of the meeting are described in very general terms in Article 27:

> 'Without prejudice to any other functions which have been conferred on it by the present Convention or the Regulations for its execution, the purpose of the meeting will be to study problems concerning the application of the Convention and of the Regulations for its execution, and to formulate recommendations in respect thereof.'

With the introduction of the Second Protocol, we therefore now have three different types of meetings between States:

- Meeting of the High Contracting Parties, according to the Convention;
- Meeting of the Parties, according to the Second Protocol, and finally;
- Extraordinary Meeting of the Parties, also established by the Second Protocol.

The *functions of the Meeting*, according to the Protocol (Art. 23), are more precise and are related to other provisions in the Protocol. For the control system the following functions are the most important:[54]

> 'd. to consider the report submitted by the Committee in accordance with Article 27 sub-paragraph 1(d);
> e. to discuss any problem related to the application of this Protocol, and to make recommendations, as appropriate.'

---

[54] The following are other functions of the Meeting: The Meeting of the Parties shall have the following functions: (a) to elect the Members of the Committee, in accordance with Art. 24 paragraph 1; (b) to endorse the Guidelines developed by the Committee in accordance with Art. 27 sub-paragraph 1(a); (c) to provide guidelines for, and to supervise the use of the Fund by the Committee.

3.7 The role of UNESCO and its right of initiative (Art. 23 of the Convention)[55]

The provisions on control did not envisage a particular role for UNESCO. But we should not forget the Article 23 of the Convention, which provides the organization with the right of initiative, was also inspired by the Geneva Conventions. This right of initiative is another way in which UNESCO can play an important role and even exercise control over the application of the Convention. It is an important form of control, in particular with regard to complaints or requests for investigation which may be addressed to UNESCO. It would be useful if UNESCO establishes a procedure for handling such complaints and requests in this particular area.

Article 23, though modest, is in fact one of the fundamental provisions on which the entire edifice for the protection of cultural property is built. The very existence of the most advanced protection provisions would be seriously threatened if there was no structure and an institutional framework capable of ensuring the daily operation of the protection, the control of its application, the introduction of the new codification or simply the dissemination of and fostering awareness concerning the relevant rules.

In the legislative field, the Hague Conference was established by UNESCO in 1954, as part of its mandate and the first draft of the Convention was prepared by its secretariat. It is also in this respect that UNESCO followed the example of the Red Cross in the domain of international humanitarian law. The authors of the 1954 Convention based their work on the example of the Red Cross and the Geneva Conventions to such an extent that reference has often been often to the 'Red Cross of cultural property'.[56]

---

[55] Art. 23. Assistance of UNESCO: 1. The High Contracting Parties may call upon the United Nations Educational, Scientific and Cultural Organization for technical assistance in organizing the protection of their cultural property, or in connexion with any other problem arising out of the application of the present Convention or the Regulations for its execution. The Organization shall accord such assistance within the limits fixed by its programme and by its resources. 2. The Organization is authorized to make, on its own initiative, proposals on this matter to the High Contracting Parties.

[56] Several historical examples can be mentioned which demonstrate the need for an appropriate institutional framework. In 1915 the creation of the 'Golden Cross' was already proposed, inspired by the Red Cross. Similarly, the Netherlands Archaeological Society (Nederlandsche Oudheidkundige Bond) envisaged control of the application of the rules by neutral States and the setting up of an office to implement such control. The Preliminary Draft

By its Constitution, UNESCO was given a special task in the application of standards concerning the protection of cultural property. The 1954 Hague Convention developed this task. However, while granting UNESCO certain powers, the authors failed to take into account the fundamental difference between UNESCO and the Red Cross and the practical impact this will have.[57]

According to the general mandate, UNESCO should 'maintain, increase and diffuse knowledge: by assuring the conservation and protection of the world's inheritance of books, works of art and monuments of history and science, and recommending to the nations concerned the necessary international conventions'. When giving such a mandate to UNESCO, the States thereby recognized that the protection of cultural property was no longer an internal affair but a question of concern for the whole of humanity. Moreover, under this same mandate, the international community also gave UNESCO the right to take cultural initiatives, such as formulating recommendations, adopting international conventions, offering its services, making proposals and giving advice, not only in situations of armed conflict but also in other exceptional situations, such as internal strife, natural disasters, and so on. Without that right, UNESCO would certainly not be able to carry out this mandate. It is in this sense that we should understand Paragraph 2 of Article 23 authorizing UNESCO 'to make, on its own initiative, proposals ...'.

We have seen the limited role played by the control system. UNESCO and its Director-General were and are accomplishing *de facto* the good functioning of the control system. The Director-General sends his personal representatives, makes appeals to contracting and also to non-contracting parties

---

Convention of 1936 included the possibility of collaboration with the International Museums Office, but was otherwise seriously handicapped by the non-existence of an institution like UNESCO.

[57] The ICRC is a private Swiss organization of a specific nature, based on the principles of humanity, impartiality, neutrality and independence. UNESCO, on the other hand, is an intergovernmental organization composed of States. Its powers and competence are established by a decision of the Member States and laid down in its Constitution (the instrument creating a United Nations Educational, Scientific and Cultural Organization, signed at London on 16 November 1945). The Organization's policy is laid down by its General Conferences, which reflect the points of view of all the States. The UNESCO Secretariat must be able to perform its functions in a way that conforms as closely as possible to the principles of international humanitarian law. In order to do that States must first bear in mind and understand the functions that UNESCO has to perform in this area and give the Secretariat the fullest opportunity to carry out those functions.

to the Convention, and carries out quit diplomacy between the States concerned. Most of these activities are done on the basis of the general mandate given by the UNESCO Constitution.[58]

In order to perform the mission entrusted to it, UNESCO must remain faithful to its objective and work exclusively for its realization. In order to serve cultural property and hence the whole of the international community, it must try to do its best to remain aloof from politics so as to avoid any confrontation. It must *also act* impartially *and help to settle disputes between its members*. Experience has shown that UNESCO is capable of fulfilling its mission and that the action it has taken to protect cultural property is indeed credible.

The Second Protocol devotes a short provision to the role of the Secretariat that will assist the Committee in its work in – amongst others – the following fields:

- prepare the Committee's documentation;
- set the agenda for the meetings;
- have responsibility for the implementation of the decisions.

These are examples of the official activities of the Committee Secretariat, besides many other supplementary and administrative functions which will necessarily emerge. We must not forget, and it is not mentioned in the title of the article, that we are not speaking about the Secretariat of the Committee, but the Secretariat of UNESCO. This means that the functions relating to the activities of the Committee will merely be a small part of the tasks which are already given to the small secretariat at UNESCO headquarters. Besides, the Secretariat will be obliged to accomplish the work which it is now doing and which is based not only on the 1954 Hague Convention and its first protocol, but also on the other legal instruments in the culture sector. The beginning of the Committee's activities will therefore require a fundamental development in this field and making all necessary financial resources available. This was also kept in mind by Mr. Saba when he was preparing his report for the 1954 Conference.

When the first committee of individual experts met in Paris in 1993 to discuss, among other things, methods for improving the application of the

---

[58] Jan Hladík, loc. cit., p. 422.

Convention, I probably surprised my colleagues with a heretical view comparing the proposal for the new committee, which was later created by the Second Protocol, with another committee, the International Committee of the Red Cross and saying that this last committee is not only a Committee of 25 members, with its assembly and executive board, but that it has a huge secretariat which, under the guidelines of the Committee itself, accomplishes an outstanding and enormous amount of humanitarian work based on the 1949 Geneva Conventions and many other humanitarian functions based on its Statutes and the Statute of the International Red Cross and Red Crescent Movement.

The implementation of the rules concerning the present Committee will certainly be based on the experiences of the World Heritage Committee which already served as an inspiration for the drafting of the articles of the Second Protocol. It is also useful to compare the size of the World Heritage Committee Secretariat and to use this example for the establishment of the Secretariat of the Committee which was created by the Second Protocol. Many articles were written in the past on the enforcement measures under the 1954 Hague Convention and they also strongly advocated *close cooperation between the World Heritage Convention and the Hague Convention*, also recommending close cooperation between the two committees and the two secretariats, the establishment of a common list of protected cultural property, etc. The recent structural changes at the UNESCO Secretariat relating in particular to the integration of the work concerning the 1954 Convention (and its Protocols) with the World Heritage Center has to be commended as they will certainly reinforce the attention to the protection of cultural property during periods of armed conflict.

When the Committee established by the Second Protocol met in the spring or summer of 2007, it was indispensable

- to organize a joint meeting of the members of both Committees;
- to establish close cooperation between the Presidents of the two committees;
- to discuss the possibilities of joint activity between the two systems;
- to ensure the cooperation of the secretariats, when the secretariat of the 1954 Convention will be properly constituted.

Even if we recognize the outstanding experience of the World Heritage Committee, it seems to us that the new committee should not be merely a reproduction thereof. It is desirable that the future committee, its members and its Chairman should consider the experiences of other enforcement mechanisms which have developed during the last few decades. By studying their structure and methods, interesting ideas can be found in the practical activities of these other bodies.[59]

What will be the role of the improved system of control and what can we expect from it? First, the control system of the international conventions should provide us with a global view of the subjects regulated by such treaties, in our case the protection of cultural property. It should act as a sort of barometer for the implementation of existing provisions. Second, such a system will permit us to discover the weaknesses of the instrument, but it could also provide a warning against such weaknesses and contribute to the prevention of failures. In the worst cases, the control system will also help to discover possible violations of the provisions and facilitate the adoption of sanctions or other measures for the purpose of avoiding such violations in the future. Third, by scrutinizing the existing system and the current legal instruments, the control system can be very helpful in the process of improving the present instruments, in the drafting of legislative provisions and suggesting national domestic measures for better protecting cultural property. Finally a well-organized system of control will reinforce mutual cooperation between the contracting parties, will establish a feeling of mutual confidence among them and encourage States which are not yet parties to the protection system to seriously envisage joining it.

[59] What are these other mechanisms? We can mention the oldest and probably the most effective in controlling the application of labour standards: the International Labour Organization, which was already created in 1919. The experiences of Human Rights bodies, and in particular of the Human Rights Committee, are particularly valuable for the consideration of State Reports. Each of the Committees in the human rights field has a secretariat with at least two professional staff members.

Chapter 10
THE MAIN ACTIVITIES OF THE UNESCO SECRETARIAT RELATED TO THE IMPLEMENTATION OF THE SECOND PROTOCOL TO THE HAGUE CONVENTION OF 1954[1]

Jan Hladík

Résumé

Cette contribution traite des principales activités du secrétariat de l'UNESCO en vue de l'application du deuxième protocole 1999 à la convention de La Haye de 1954 pour la protection de la propriété culturelle en cas de conflit armé (« le second protocole »).

La première partie présente très brièvement le dernier rapport périodique du secrétariat sur l'exécution de la convention 1954 de La Haye pour la protection de la propriété culturelle en cas de conflit armé (« convention de La Haye »). En particulier, elle se concentre sur les engagements visés dans l'article 26(2) de la convention 1954 de La Haye liée à la soumission des rapports périodiques sur l'exécution de la convention et fournit un exemple du questionnaire utilisé pour la préparation du rapport 1995–2004 du secrétariat.

La deuxième partie traite des réunions tenues en vertu de la convention de La Haye et du deuxième protocole. Elle se rapporte aux dispositions afférentes aux réunions prévues dans la convention de la Haye et du deuxième protocole telles que l'article 27 de la convention et l'article 23 du deuxième protocole et décrit les objectifs principaux de telles réunions.

La troisième partie étudie le Comité des douze Membres pour la protection de la propriété culturelle en cas de conflit armé. Il analyse l'adéquation et le potentiel

[1] This article is based on previous articles and presentations by the author on different aspects of the implementation of the 1954 Hague Convention and its two 1954 and 1999 Protocols. The views expressed in this article are the author's and not necessarily those of UNESCO, and therefore do not commit the Organization. The present article was completed on 19 May 2007 and, therefore, all the information contained therein is valid as of that date.

P. Meerts (ed.), Culture and International Law

de la création d'un organe de surveillance, de ses éventuelles caractéristiques et de ses fonctions durant le processus de revue de la convention. Il fournit alors un sommaire des fonctions principales du Comité et décrit ses modalités de fonctionnement.

This chapter focuses on the main activities of the UNESCO Secretariat related to the implementation of the 1999 Second Protocol to the Hague Convention of 1954 for the Protection of Cultural Property in the Event of Armed Conflict ('the Second Protocol'). It is divided into three parts. The first part introduces very briefly the latest Secretariat's periodic report on the implementation of the 1954 Hague Convention for the Protection of Cultural Property in the Event of Armed Conflict ('the Hague Convention'); the second part deals with the meetings under the Hague Convention and the Second Protocol, respectively; and the third part focuses on the twelve-Member Committee for the Protection of Cultural Property in the Event of Armed Conflict.

1. Report on the Implementation of the 1954 Hague Convention and its 1954 and 1999 Protocols – Report on the Activities from 1995 to 2004 ('the 1995–2004 report')[2]

Article 26(2) of the Hague Convention provides for the obligation of the High Contracting Parties to provide, at least once every four years, the Director-General with a report 'giving whatever information they think suitable concerning any measures being taken, prepared or contemplated by their respective administrations in fulfilment of the present Convention and of the Regulations for its execution'.[3] This provision, which has a very general character, gives the High Contracting Parties wide discretion in the selection

[2] UNESCO document CLT-2005/WS/06, Paris. The 1995-2004 report is also available online at <http://unesdoc.unesco.org/images/0014/001407/140792E.pdf> (last accessed on 6 May 2007).

[3] The Second Protocol provides in its Art. 37(2) for the obligation of the Parties to submit, every four years, a report on the implementation of this Protocol. However, unlike in the case of the Hague Convention, the report is to be submitted to the Committee for the Protection of Cultural Property in the Event of Armed Conflict. To date, no Secretariat request to the Parties asking for such a report has been made.

and subsequent submission of the relevant information to the Secretariat. Consequently, the scope and quality of the information contained in the national reports varies and depends on a number of factors such as interest in the Hague Convention, a tradition in the implementation of international humanitarian law, the State's own experience from previous armed conflicts and, last but not least, the State's economic potential and the efficiency of its national administration.[4]

When preparing a circular letter to the High Contracting Parties to the Hague Convention requesting national reports for the preparation of the 1995-2004 report, the Secretariat encouraged the relevant national authorities to report on the following eight issues:

- Article 7 – Military measures;
- Article 8 – Special protection;
- Chapter V – The distinctive emblem;
- Article 25 – Dissemination of the Convention;
- Article 26(1) – Official translations;
- Article 28 – Sanctions;
- The 1954 Protocol; and
- Resolution II of the 1954 Hague Conference (establishment of the national advisory committee).

The Secretariat received a total of 27 national reports.[5] It should be pointed out that a large number of those reports were structured in conformity with the above-mentioned list of issues.

While the 1995-2004 report did not focus specifically on the Second Protocol, the Secretariat's introduction thereto includes the specific part III on the *Review of the Convention and Adoption of the Second Protocol* (Paras. 58-

[4] To date, the Secretariat has published seven separate reports, in 1967, 1970, 1979, 1984, 1989, 1995 and 2005. In addition, the first periodic report was published in 1962 with the documents of the first meeting of the High Contracting Parties to the Hague Convention. For an analysis of the reporting system under the Hague Convention, cf. Jan Hladík, 'Reporting system under the 1954 Convention for the Protection of Cultural Property in the Event of Armed Conflict', 82/840 *IRRC* (2000) pp. 1001-1016.

[5] Argentina, Austria, Azerbaijan, Belgium, Bosnia and Herzegovina, Burkina Faso, Egypt, Finland, Germany, the Holy See, the Islamic Republic of Iran, Italy, Kuwait, Liechtenstein, the former Yugoslav Republic of Macedonia, Mexico, the Netherlands, Norway, Poland, Slovakia, Slovenia, Spain, Sweden, Switzerland, Thailand, Tunisia and Turkey.

69). This part summarizes the main aspects of the review of the Hague Convention since the first expert meeting (The Hague, July 1993) through the May 1998 Vienna intergovernmental meeting up to the March 1999 Hague Diplomatic Conference which elaborated and adopted the Second Protocol. It also underscores the main advances of the Second Protocol in comparison with the original Hague Convention and finally provides some examples of the Secretariat's activities on the promotion of the Second Protocol.[6]

To conclude on the reporting system, it is necessary to underline the important role of the Secretariat in preparing the list of issues to be covered by the reports on the implementation of the Hague Convention and the Second Protocol, respectively. On the one hand, such a list must include all the major issues such as the provisions on military or penal aspects, but, on the other, it should not create an additional burden for national administrations in retrieving and analysing the relevant information. Finally, this list must be perceived by States Parties as a tool for collecting and disseminating genuinely useful information enabling them to learn from the experience of other States Parties and to apply such experience; otherwise, in the best case they will limit themselves to communicating the strict minimum and in the worst case they will not reply.

2. Meetings under the Hague Convention and the Second Protocol

Article 27 of the Hague Convention provides for the possibility of having meetings of the High Contracting Parties. In accordance with paragraph 2 of this Article, their purpose is twofold: (i) to assume functions conferred on them by the Hague Convention or the Regulations for its execution (e.g. consideration for objection to an application for entry of cultural property in the International Register of Cultural Property under Special Protection un-

[6] In particular, the Secretariat has commissioned two studies: (i) the insert on military aspects of the Second Protocol into military manuals by Mr David Lloyd Roberts, a retired British officer; and (ii) the study on national implementation of Chapter 4 on Criminal responsibility and jurisdiction by Dr. Roger O'Keefe of the Lauterpacht Research Centre for International Law, University of Cambridge. The first study is available online at <http://portal.unesco.org/culture/en/ev.php-URL_ID=5024&URL_DO=DO_TOPIC&URL_SECTION=201.html> (last accessed on 6 May 2007), the second one is available upon request from the UNESCO Secretariat.

der Article 14(8) of the Regulations for the execution of the Hague Convention); and, (ii) to study problems concerning the application of the Hague Convention and the Regulations for its execution and to formulate recommendations. It may also undertake a revision of the Hague Convention or the Regulations for its execution (cf. Art. 27(3)).

To date, six meetings of States Parties have taken place – in 1962, 1995, 1997, 1999, 2001 and 2005. One of the main issues raised at the 1995 and 1997 meetings of States Parties related to the review of the Hague Convention and, in particular, the advisability of creating a possible supervisory body which would monitor the implementation of the Convention.[7] The 1999 and 2001 meetings were to a large extent devoted to the promotion and dissemination of the 1999 Second Protocol.[8] The 2005 meeting accentuated, among other things, the promotion of the 1999 Second Protocol and its implementation in the civilian sphere.[9] The next (eighth) meeting of the High Contracting Parties is scheduled to take place in Paris in November 2007 following the thirty-fourth session of the General Conference of UNESCO.

The functions of the meeting of the Parties to the Second Protocol are laid down in Article 23(3) of the 1999 Second Protocol. They may be summarized as follows:

- Election of twelve Members of the Committee for the Protection of Cultural Property in the Event of Armed Conflict ('the Committee');

[7] UNESCO documents CLT-95/CONF.009/5 of November 1995 (Second Meeting of the High Contracting Parties to the Convention for the Protection of Cultural Property in the Event of Armed Conflict (The Hague, 1954), UNESCO House, Paris, 13 November 1995, Final Report), p. 3, and CLT-97/CONF.208/3 of November 1997 (Third Meeting of the High Contracting Parties to the Convention for the Protection of Cultural Property in the Event of Armed Conflict (The Hague, 1954), UNESCO House, 13 November 1997, Final Report), p. 3.

[8] UNESCO documents CLT-99/CONF.206/4 of December 1999 (Fourth Meeting of the High Contracting Parties to the Convention for the Protection of Cultural Property in the Event of Armed Conflict (The Hague, 1954), UNESCO Headquarters, Paris, 18 November 1999, Final Report), pp. 2-3, and CLT-01/CONF/204/4 of 26 November 2001 (Fifth Meeting of the High Contracting Parties to the Convention for the Protection of Cultural Property in the Event of Armed Conflict (The Hague, 1954), UNESCO Headquarters, 26 November 2001, Final Report), p. 4.

[9] UNESCO document CLT-05/CONF.207/3 of 7 November 2005 (Sixth Meeting of the High Contracting Parties to the Convention for the Protection of Cultural Property in the Event of Armed Conflict (The Hague, 1954), UNESCO Headquarters, Paris, 26 October 2005, Final Report), pp. 3-4.

- Endorsement of Guidelines for the implementation of the Second Protocol;
- Provision of guidelines for,and to supervise the use of the Fund[10] by the Committee;
- Consideration of the report on the implementation of the 1999 Second Protocol submitted by the Committee; and
- Discussion of any problem related to the application of the 1999 Second Protocol and the elaboration of recommendations as appropriate.

The first meeting of the Parties took place on 26 October 2005. Its main purpose was twofold:[11] (i) to elect 12 Members of the Committee,[12] and (ii) to provide the newly elected Committee with the relevant information. The next (second) meeting of the Parties is scheduled for November 2007 in Paris.

[10] Art. 29 of the Second Protocol establishes the Fund for the Protection of Cultural Property in the Event of Armed Conflict. It is by its very nature a trust fund in conformity with the provisions of UNESCO's financial regulations (cf. Art. 29(2) of the Second Protocol). Its purpose is twofold: (i) to provide financial assistance in support of preparatory or other measures to be taken in peacetime in accordance with, among other things, Art. 5, Art. 10(b) and Art. 30; and (ii) to provide financial or other assistance in relation to emergency, provisional or other measures to be taken in order to protect cultural property during periods of armed conflict or of immediate recovery after the end of hostilities in accordance with, among other things, Art. 8(a). Unlike the Fund for the protection of the World Cultural and Natural Heritage established by Art. 15 of 1972 Convention concerning the Protection of the World Cultural and Natural Heritage, the Fund established by the Second Protocol is to be constituted by voluntary contributions.

[11] For the final report of the Parties' meeting, cf. UNESCO document CLT-05/CONF.208/3, Paris, 17 November 2005.

[12] The Committee Members elected for four years (i.e., until 2009) are: Austria; El Salvador; Libyan Arab Jamahiriya; Peru; Serbia [Serbia and Montenegro was originally elected to the Committee but following the secession of the Republic of Montenegro from the Union of Serbia and Montenegro, the rights and obligations under international treaties (including the Second Protocol) concluded by the former Union of Serbia and Montenegro continued in force for the Republic of Serbia in respect of its current territory. Consequently, membership of the Committee was assumed by the Republic of Serbia as the predecessor State; JH], and Switzerland; and the Members elected for two years (i.e., until 2007): Argentina; Cyprus; Finland; Greece; the Islamic Republic of Iran; and Lithuania.

3. The twelve-Member Committee for the Protection of Cultural Property in the Event of Armed Conflict

One of the most discussed issues during the review of the Hague Convention was the need for a new supervisory body to monitor the implementation of the Hague Convention and its character (an intergovernmental committee or a lighter structure – an *ad hoc* Bureau elected during a meeting of the High Contracting Parties to the Convention, held at the occasion of the session of the General Conference of UNESCO, and an advisory committee to be composed of representatives of the International Committee of Museums (ICOM), the International Council on Monuments and Sites (ICOMOS) and the International Centre for the Study of the Preservation and Restoration of Cultural Property (ICCROM)).[13]

In his study on the review of the Hague Convention Prof. Boylan proposed the creation of an eleven-Member UNESCO Intergovernmental Advisory Committee on the Protection of Cultural Property in the Event of Armed Conflict.[14] In accordance with Professor Boylan's proposal, the Intergovernmental Advisory Committee

> 'should follow in general terms the model of the World Heritage Committee, though it would not have executive powers. The main purpose would be to keep under review the effectiveness and implementation of the 1954 *Convention* and *Protocol*, to advise the Director-General, the General Conference, States Party to the Convention, as well as non-signatory sovereign states, on appropriate practice in relation to all aspects of the implementation of the *Convention* and more generally on the Protection of Cultural Property in times of Armed Conflict.'[15]

---

[13] This proposal was contained in a working document prepared by the Secretariat for the expert meeting on the review of the Hague Convention (cf. 'Expert meeting on the Review of the 1954 Hague Convention for the Protection of Cultural Property in the Event of Armed Conflict – A working document prepared by the Secretariat', UNESCO document CLT/94/608/1 of 28 November 1994, p. 21)

[14] Patrick J. Boylan, 'Review of the Convention for the Protection of Cultural Property in the Event of Armed Conflict (The Hague Convention of 1954)', UNESCO document CLT-93/WS/12, Paris, 1993, pp. 10 and 11. An outline of the recommended composition and the role of the proposed Intergovernmental Advisory Committee is contained in Appendix X of Professor Boylan's study (cf. pp. 219-220)

[15] Boylan, 'Review of the Convention for the Protection of Cultural Property in the Event of Armed Conflict (The Hague Convention of 1954)', pp. 10-11.

The review process of the Hague Convention did not reveal unanimity on this issue. Some States were in favour of the Intergovernmental Committee, while others preferred not to create such a body.[16]

When considering the issue of the supervisory body, the March 1999 Hague Diplomatic Conference on the Second Protocol considered two options – a twelve-Member Intergovernmental Committee or a Bureau composed of six Parties to the Protocol.[17] The summary report of the Hague Conference relating to the discussions on this issue is self-explanatory:

> 'Some doubted that whether an intergovernmental body because of its political character was the best forum for taking decisions on the protection of cultural property of importance to all humankind and preferred an impartial, expert body. Others favoured the political weight and representative character of an Intergovernmental Committee for such decisions. The financial and institutional implications for the administration of the new Protocol made others prefer a Bureau, perhaps with some simplifications of its functions.'[18]

Finally, the Conference decided to establish a twelve-Member Intergovernmental Committee.[19]

The functions of the Committee are laid down in Article 27 on *Functions* and may be summarized as follows:

- elaboration of the Guidelines of the Committee;
- granting, suspension or cancellation of enhanced protection;[20]

---

[16] For an evaluation of the control system during the review of the Hague Convention, cf. Jan Hladík, 'The Control System under The Hague Convention for the Protection of Cultural Property in the Event of Armed Conflict 1954 and its Second Protocol', in *Yearbook of International Humanitarian Law*, Vol. 4 (The Hague: T.M.C. Asser Press 2004) pp. 419-431.

[17] Cf. document of the March 1999 Hague Diplomatic Conference 'Draft Second Protocol to the 1954 Hague Convention for the protection of cultural property in the event of armed conflict', HC/1999/1/rev. 1, February 1999, pp. 16-23.

[18] UNESCO document 'Diplomatic Conference on the Second Protocol to the Hague Convention for the Protection of Cultural Property in the Event of Armed Conflict (The Hague, 15-26 March 1999) – Summary Report', Paris, June 1999, p. 5.

[19] To date, the Committee has held one short meeting (Paris, 26 October 2006). The second session of the first meeting is foreseen for 11 June 2007.

[20] Chapter 3 of the Second Protocol elaborates a new concept of 'enhanced protection' which combines aspects of the special protection and criteria for the listing of outstanding cultural property in the World Heritage List under the 1972 UNESCO Convention concerning the Protection of the World Cultural and Natural Heritage. Three conditions are to be met for inscription (cf. Article 10 of the Second Protocol):– the cultural property in question must be

- assistance in the identification of cultural property under enhanced protection;
- supervision of the implementation of the Protocol;
- consideration of reports by Parties to the Protocol and the elaboration of its own report for submission to the meeting of States party to the Protocol; and
- consideration and distribution of international assistance and the use of the Fund for the Protection of Cultural Property in the Event of Armed Conflict.

The Committee will co-operate with international and national governmental and non-governmental organizations having objectives similar to those of the Convention and its two Protocols, and it may invite to its meetings eminent professional organizations such as the International Committee of the Blue Shield,[21] its components, ICCROM and ICRC (Article 27(3)).

The Committee meets once a year in ordinary session and, if necessary, may meet in extraordinary session (Art. 24(2)). It must reflect an equitable geographic distribution of the different regions and cultures of the world (Art. 24(3)). Its members must be selected from professionals in the field of cultural heritage, defence or international law (Art. 24(4)) by the meeting of States party to the Protocol (Art. 23(3)(a)). Their mandate is for four years and they are not immediately eligible (Art. 25(1)). However, the term of office of half of the members designated at the first election will cease at the

---

of the greatest importance for humanity; – it must be protected by adequate domestic legal and administrative measures; and – it may not be used for military purposes or to shield military sites. A declaration to this end must be provided. Enhanced protection is granted by the entry of the cultural property in question in the 'List of Cultural Property under Enhanced Protection'. To date, no cultural property has been entered in the List.

[21] The International Committee of the Blue Shield (ICBS) is an umbrella organization created in 1996 by representatives of the International Council on Archives (ICA), the International Council of Museums (ICOM), the International Council on Monuments and Sites (ICOMOS) and the International Federation of Library Associations and Institutions (IFLA). Its main purpose is to co-ordinate expert activities and to disseminate knowledge on the Hague Convention, the 1954 Protocol and the 1999 Second Protocol. The term 'Blue Shield' in the name of this new organization signifies the emblem of the Hague Convention which is used to mark cultural property. For more information on the ICBS' role in the protection of cultural heritage during hostilities, cf. Jan Hladík, 'Protection of Cultural Heritage During Hostilities', 3 *Museum International* (2001) pp. 65-66.

end of the first ordinary session of the meeting of States party to the Protocol following that at which they were elected (Art. 25(2)).

The Committee is prevented from a possible procedural paralysis which is important, in particular, in the case of granting, suspending or cancelling enhanced protection by virtue of Article 26(3) providing for the obligation of the Committee's Members to abstain from voting on any decision concerning cultural property affected by an armed conflict in which they are involved.

The Secretariat of the Committee is ensured by the UNESCO Secretariat (cf. Art. 28). The Secretariat is also in charge of the Committee's documentation and the agenda for its meetings as well as having responsibility for the implementation of the Committee's decisions (ibid.).

To facilitate the work of the Committee, the Secretariat elaborated the draft Guidelines for the implementation of the Second Protocol. The draft Guidelines dealt with a number of issues such as the granting of enhanced protection, the marking of cultural property with the distinctive emblem of the Hague Convention, the granting of international assistance or the monitoring and supervising of the implementation of the Second Protocol.

On 31 January 2007 the Secretariat transmitted the draft Guidelines to all Member States and the international organizations concerned requesting their comments. At the time of writing this contribution, replies from seventeen UNESCO Member States (Argentina, Austria, Belgium, Canada, Cyprus, Finland, Greece, Italy, Japan, Mexico, The Netherlands, Norway, Peru, Slovakia, Switzerland, Turkey and the United Kingdom) as well as three non-governmental organizations (the International Council on Archives, the International Committee of the Blue Shield and the International Council of Museums) have been received. Those comments will be brought to the attention of the second session of the first meeting of the Committee (Paris, 11 June 2007) which will decide on the future direction with regard to the elaboration of the draft Guidelines as well as the work of the Committee.

When commenting on the relevance of the Committee, Dr. Roger O'Keefe, an eminent specialist in the protection of cultural property in the event of armed conflict, stated the following, among other things:

> 'It [i.e. the Committee – JH] will probably not, however, do much to improve the implementation of, and compliance with, the provisions of the former [i.e., the Second Protocol; JH] and, *a fortiori*, of the latter [i.e., the Hague Convention;

> JH] in the course of armed conflict, which was seemingly its most basic rationale: the Committee does not replace the dysfunctional system of international control established under the Convention and its Regulations, and its mandate to 'monitor and supervise the implementation of [the] Protocol' is unlikely, in the end, to prove more potent a check on wartime breach than UNESCO's existing and continuing rights of initiative (through the exercise of which any diplomatic intervention may anyway have to come).'[22]

However, he goes on to say that

> 'It must seriously be questioned whether the breaches of the Convention during the Iran-Iraq War, the invasion of Kuwait and the wars in the former Yugoslavia would have been prevented by stronger international institutional oversight. Even the most intrusive mechanisms for compliance with the laws of war *among which the Committee cannot be counted* [emphasis added; JH] are powerless against malice and contumacious outlawry.'[23]

Thus, it may be submitted that everything boils down to the *bona fide* implementation of the Second Protocol by its States Parties because no control system, no matter how carefully crafted or elaborated, can prevent the violation of the Second Protocol if a State Party does not wish or is unable to implement its provisions.

4. Conclusion

The Secretariat's assistance is indispensable in assisting all UNESCO Member States including the High Contracting Parties to the Hague Convention and the Parties to the Second Protocol in the promotion and wide dissemination of those agreements. By providing a technical secretariat to the Hague Convention and the Second Protocol, organizing statutory meetings of the High Contracting Parties and Parties, initiating technical studies on different aspects of the implementation of those agreements or providing expert advice the Secretariat makes the Hague Convention and its Second Protocol known, thus contributing to their better implementation by their States Par-

---

[22] Roger O'Keefe, *The Protection of Cultural Property in Armed Conflict* (Cambridge: Cambridge University Press 2006) p. 300.

[23] Ibid.

ties or encouraging States which are not yet party to the Hague Convention and/or its Second Protocol to consider the possibility of becoming party to those agreements. Finally, the Secretariat plays an important role in the exchange of information on the implementation of those agreements among UNESCO Members States which enables them to learn from the experience of other States, thus avoiding 'the re-invention of the wheel'.

Chapter 11
SECOND PROTOCOL TO THE 1954 HAGUE CONVENTION
Dutch Involvement

Nout van Woudenberg

Résumé

Pendant la dernière décennie du 20ème siècle, il est devenu évident que la convention de l'UNESCO pour la protection de la propriété culturelle en cas de conflit armé, avec les règlements pour l'exécution de la convention et du premier protocole, a dû être mise à jour et complétée. Les deux guerres du Golfe et le conflit armé en ex-Yougoslavie ont été la cause immédiate pour cette révision. Après diverses réunions et rounds des négociations, le deuxième protocole à la convention a été adopté à La Haye en mars 1999. Ce protocole peut être considéré comme un pas en avant important dans la protection de la propriété culturelle en vertu de la loi humanitaire internationale, renforçant et complétant la convention en présentant des règles internationales plus efficaces. Ces règles additionnelles étaient plus que nécessaires. La propriété culturelle est en effet devenue la cible des attaques directes et ciblées, et les violations de la convention de 1954 sont restées impunies dans beaucoup de cas. Beaucoup de conflits récents n'étaient pas internationaux, et la convention comportait des manques, c'est en particulier cet aspect que devait rectifier le nouveau protocole. Le protocole devrait également prévoir un système des sanctions basées sur le droit pénal. En conclusion, l'exécution de la convention était insatisfaisante puisque, par exemple, le système de la protection spéciale et la notion de puissances protectrices se sont révélés en grande partie inefficace en pratique.
L'article rend compte de la participation néerlandaise au deuxième protocole de la convention de 1954 de La Haye pour la protection de la propriété culturelle en cas du conflit armé. L'article décrit à la fois la participation des Pays-Bas au processus qui a amené à la conclusion du deuxième protocole et la contribution néerlandaise pour mettre en application les dispositions du deuxième protocole aussi efficacement que possible. Les Pays-Bas ont toujours joué un rôle impor-

P. Meerts (ed.), Culture and International Law

tant dans la protection légale de la propriété culturelle en temps de guerre. Par exemple, ils ont eu une part essentielle dans la conclusion de la convention en 1954 (y compris le premier protocole), et ils ont souhaité jouer un rôle semblable dans l'adoption de mesures pour renforcer cette convention. Par conséquent, les Pays-Bas ont pris la tête de l'initiative dès le début, en présentant ce protocole avec l'UNESCO. La première partie de l'article illustre ceci. La deuxième partie de l'article, sur la mise en application hollandaise, se concentre en particulier sur le chapitre 4 du deuxième protocole, le chapitre sur la responsabilité criminelle et la juridiction. Ce chapitre introduit pour les membres une obligation d'ajouter une responsabilité criminelle individuelle dans le cas de certaines violations du protocole. Les Pays-Bas avaient anticipé le fait que les actes définis comme des offenses dans le deuxième protocole soient inclus dans la loi sur les crimes internationaux (International Crimes Act (WIM)). Comme les Pays-Bas ont souhaité assurer d'abord entièrement la mise en place de leur législation, ils ont attendu jusqu'au début 2007 avant de devenir membre signataire du deuxième protocole. On peut en déduire que les Pays-Bas ont fait un effort considérable vers la mise en application de ce protocole. Maintenant, espérons que les dispositions de la responsabilité et de la juridiction criminelles n'aient pas à être appliquées trop souvent.

During the last decade of the 20th century, it became evident that the UNESCO Convention for the Protection of Cultural Property in the Event of Armed Conflict (the 1954 Convention), with Regulations for the Execution of the Convention and the First Protocol, needed to be updated and supplemented. The two Gulf Wars and the armed conflict in the former Yugoslavia were the immediate cause of this. After various meetings and rounds of negotiations, the Second Protocol to the Convention was adopted in The Hague in March 1999.[1] That Protocol can be considered as a major step forward in the protection of cultural property under international humanitarian law, strengthening and supplementing the Convention by introducing more effective international rules.

Below is an account of the Dutch involvement in the Second Protocol to the 1954 Convention. This describes both the involvement of the Netherlands in the conclusion of the Second Protocol and its steps to implement the provisions of the Second Protocol as effectively as possible.

---

[1] The text can be found at <http://portal.unesco.org/en/ev.php-URL_ID=15207&URL_DO=DO_TOPIC&URL_SECTION=201.html> or at Treaty Series of the Kingdom of the Netherlands 1999, no. 107.

1. General

1.1 The need to conclude a Second Protocol to the 1954 Hague Convention

The 1954 Convention with Regulations for the Execution of the Convention and the First Protocol, was adopted in The Hague on 14 May 1954. It is the main multilateral instrument for the protection of cultural property during armed conflicts. It creates a legal regime which is intended to protect cultural property against the effects of an armed conflict that are foreseeable in time of peace and obliges the States Parties to respect and protect cultural property during an armed conflict.

Almost half a century after the adoption of the 1954 Convention the need for a Second Protocol to update and supplement the Convention became apparent, partly due to the manner in which armed conflicts are now conducted. The conclusion of the Second Protocol was a direct consequence of the armed conflicts in the early 1990s, which demonstrated that the system of protection created by the Convention and the First Protocol needed to be improved. Doubts arose about the effectiveness of the Convention, partly as a result of the violations of cultural heritage during the two Gulf Wars, in which archaeological sites proved particularly vulnerable, and subsequently the armed conflict in the former Yugoslavia. A great deal of damage was caused in historic cities such as Sarajevo, Dubrovnik and Mostar. Cultural property became the target of direct attacks, and violations of the 1954 Convention went unpunished in many cases. Many recent conflicts have not been international, and it was this above all which would have to be addressed in a new Protocol to supplement the 1954 Convention. The Protocol should also provide for a system of sanctions based on criminal law. Finally, the implementation of the Convention was inadequate since, for example, the system of special protection and that of the Protecting Powers had proved largely ineffective in practice.

This Second Protocol to the 1954 Convention is a major step forward in the protection of cultural property under international humanitarian law. It strengthens and supplements the Convention by introducing more effective international rules (see Art. 2 of the Protocol). Only States that are party to the 1954 Convention can become a party to the Second Protocol.

An obvious example of the improvements made by the Protocol is the more precise definition of terms such as military necessity, which had been left deliberately vague in the 1954 Convention, thereby limiting its effectiveness in practice. The possibility of invoking military necessity as a reason for not adhering to the protection of cultural property is subjected to strict rules in the Second Protocol.

The application of the Convention in non-international armed conflicts was also deficient. As conflicts of this type are on the increase, supplementary rules were necessary and are now contained in Chapter 5 of the Second Protocol.

The Second Protocol supplements the 'special protection' under the Convention with a system of 'enhanced protection'. It was found that virtually no country was able to meet the conditions for eligibility for special protection, partly because of the practical requirements listed in Article 8 of the 1954 Convention. The system of enhanced protection in the Second Protocol involves the obligation to establish as a criminal offence the intentional violation of cultural property. This addition may also be seen as an important development in the law on the protection of cultural heritage in the event of an armed conflict. It should be noted that this enhanced protection also applies to non-international armed conflicts (see Art. 22 of the Protocol).

1.2 History of the negotiations on the Second Protocol

The Netherlands has always played an important role in the legal protection of cultural property in times of war. For example, it had a leading part in the conclusion of the 1954 Convention with Protocol, and it wished to play a similar role in relation to the measures to strengthen this Convention.

During the 26th session of the General Conference of UNESCO (the United Nations Educational, Scientific and Cultural Organisation) in November 1991, the indignation among the members about the destruction of cultural heritage during the conflict in the Balkans was so great that it was decided to review the effectiveness of the 1954 Convention and make proposals for improvement. In 1992 the Dutch government then took the initiative of drawing up an Explanatory Note on ways to strengthen the Convention.[2] This Dutch proposal resulted in a preliminary discussion during the 140th session of the Executive Board of UNESCO in October 1992. In close collaboration with the Director-General of UNESCO, the Netherlands organised meetings

[2] Doc. no. 140 EX/26 of 11 September 1992.

of experts in July 1993 and February 1994 to prepare the way for decisions. A similar meeting was held in Paris in late 1994. The aim of these meetings was to formulate specific recommendations for improving the 1954 Convention and enhancing the effectiveness of its implementation. The first question that arose in this connection was whether the aim should be to revise the 1954 Convention or conclude a second protocol. Ultimately it was decided to have a second protocol, because the unanimous decision required to amend the Convention had proved not to be feasible.

An extensive meeting of experts was held in Vienna in 1998. UNESCO, together with the Netherlands, set out the results of the meeting in a working document containing the draft text of a legal instrument. UNESCO and the Netherlands jointly sent this document to the individual States, the International Committee of the Red Cross and various international organisations for their comments. On the basis of these comments, UNESCO – once again with the help of the Netherlands – prepared a final draft that would serve as a basis for a diplomatic conference to negotiate the text.

Subsequently, the Second Protocol to the 1954 Hague Convention for the Protection of Cultural Property in the Event of Armed Conflict was adopted in The Hague on 26 March 1999 after two weeks of negotiations. This diplomatic conference was attended by 93 States and various international organisations. The Protocol entered into force on 9 March 2004.

The Netherlands deposited its instrument of ratification on 30 January 2007 as it first wished to meet the conditions set in the Second Protocol. The articles of the Protocol which require legislative measures have now been implemented by means of amendments to the Surrender of War Crimes Suspects Act contained in the International Crimes Act.[3]

2. Dutch obligations and implementation

A number of specific articles in the Second Protocol require national implementation. Several of these articles will be examined below and it will be particularly assessed how they have been implemented by the Netherlands. Before dealing specifically with most of the articles in chapter 4 of the Second Protocol (Arts. 15, 16, 18, 20 and 21 – Criminal responsibility and juris-

[3] *Government Gazette* 2003, no. 270.

diction), I would mention two other articles that contain obligations of a more general nature. These are Article 5 (the safeguarding of cultural property) and Article 30 (the dissemination of information).

2.1 Article 5 – The safeguarding of cultural property[4]

Like the 1954 Convention, the Second Protocol contains obligations for States Parties to take measures both in times of peace and armed conflicts. Preventive measures are an important aspect of the protection of cultural property. Under Article 5 preparatory measures must be taken in times of peace 'for the safeguarding of cultural property against the foreseeable effects of an armed conflict'.

The Netherlands has integrated the preventive measures which are necessary under the 1954 Convention and the First and Second Protocols into its general system for the protection of cultural heritage. National, provincial and local authorities each have their own responsibilities. For example, the State Secretary for Culture has general responsibility for the entire field of cultural heritage and specific responsibility for State-owned collections and for historic buildings and sites designated as such under the Monuments and Historic Buildings Act. Provinces and municipalities have their own responsibility for cultural heritage within their boundaries. This responsibility for the protection of cultural heritage is partly contained in the new Disaster Response (Quality Improvement) Act, which entered into force on 1 July 2004.[5] This Act provides that protection of the cultural heritage must be regulated in municipal disaster response plans, which are subsequently evaluated by the provinces.

---

[4] Art. 5: 'Preparatory measures taken in time of peace for the safeguarding of cultural property against the foreseeable effects of an armed conflict pursuant to Article 3 of the Convention shall include, as appropriate, the preparation of inventories, the planning of emergency measures for protection against fire or structural collapse, the preparation for the removal of movable cultural property or the provision for adequate in situ protection of such property, and the designation of competent authorities responsible for the safeguarding of cultural property.'

[5] *Government Gazette* 2004, no. 184.

2.2 Article 30 – Dissemination[6]

Knowledge of the rules is an important precondition for compliance therewith. Article 30 imposes a number of obligations on the Parties regarding the dissemination and communication of the present Protocol. Article 25 of the 1954 Convention has served as a model for this purpose and has been extended in various respects.

Paragraphs 1 and 2 of Article 30 concern the entire population, both military and civilian. Although the dissemination of information among the entire population is important, the authorities responsible during an armed conflict for the application of all or part of the Protocol are an even more important target group. They may be either military authorities or civilian authorities such as the Queen's Commissioners. In this connection, Paragraph 3 of Article 30 imposes a number of specific obligations on the Parties designed to ensure that these authorities are fully conversant with the text of the Protocol. It is evident from the history of the negotiations on the Protocol that the target group includes military personnel taking part in crisis management, peace or humanitarian operations. In the course of such operations Dutch military personnel may have to deal with cultural property present in their area of deployment. The nature of international operations may mean that military force has to be used. Dutch military personnel may find themselves in a situation in which they are obliged to use their weapons. It is important in this connection that commanders of military units, especially, are familiar with the relevant provisions of the Second Protocol. This relates, above all, to the limitations imposed by the Protocol on the conduct of mili-

[6] Article 30: '1. The Parties shall endeavour by appropriate means, and in particular by educational and information programmes, to strengthen appreciation and respect for cultural property by their entire population. 2. The Parties shall disseminate this Protocol as widely as possible, both in time of peace and in time of armed conflict. 3. Any military or civilian authorities who, in time of armed conflict, assume responsibilities with respect to the application of this Protocol, shall be fully acquainted with the text thereof. To this end the Parties shall, as appropriate: (a) incorporate guidelines and instructions on the protection of cultural property in their military regulations; (b) develop and implement, in cooperation with UNESCO and relevant governmental and non-governmental organizations, peacetime training and educational programmes; (c) communicate to one another, through the Director-General, information on the laws, administrative provisions and measures taken under sub-paragraphs a) and b); (d) communicate to one another, as soon as possible, through the Director-General, the laws and administrative provisions which they may adopt to ensure the application of this Protocol.'

tary operations and to the responsibility of Dutch military personnel for protecting cultural property from misappropriation, theft, pillage, damage and acts of vandalism. This subject is taught in the basic training of military personnel and in the specific preparations which military personnel undergo prior to a deployment. The provisions of the Protocol have also been included in the Guide to the Humanitarian Law of War adopted by the Commander-in-Chief of the Army. This guide is used by army personnel. The relevant provisions of the Protocol are also taken into account in drafting rules of engagement.

2.3 **Chapter 4 – Criminal responsibility and jurisdiction**

One of the shortcomings of the 1954 Convention was the lack of a peremptory system of sanctions. The Convention introduced an obligation for the Parties to provide for violations of the Convention to be criminal offences under national law. Chapter 4 (Criminal responsibility and jurisdiction) of the Second Protocol adds a more exact list of serious violations of international humanitarian law in relation to cultural property (Art. 15(1)) and also contains provisions governing criminal responsibility and jurisdiction. The Second Protocol reaffirms the inviolability of cultural property in times of war or military occupation. The main innovation is the creation of a repressive mechanism. Chapter 4 of the Second Protocol introduces an obligation for the Parties to provide for individual criminal responsibility in the case of the violations of the Protocol listed in Article 15. The Netherlands has already arranged for the acts defined as offences in the second Protocol to be included in the International Crimes Act.

2.3.1 *Article 15 – Serious violations of this Protocol*[7]

Paragraph 1 of Article 15 describes a number of acts contrary to the Protocol as serious violations and obliges the Member States to make such acts crimi-

[7] Art. 15: '1. Any person commits an offence within the meaning of this Protocol if that person intentionally and in violation of the Convention or this Protocol commits any of the following acts: a) making cultural property under enhanced protection the object of attack; b) using cultural property under enhanced protection or its immediate surroundings in support of military action; c) extensive destruction or appropriation of cultural property protected under the Convention and this Protocol; d) making cultural property protected under the Convention and this Protocol the object of attack; e) theft, pillage or misappropriation of, or acts of

nal offences. This applies to any acts whereby a person intentionally and in violation of the Protocol (a) makes cultural property under enhanced protection the object of attack; (b) uses cultural property under enhanced protection or its immediate surroundings in support of military action; (c) causes extensive destruction or appropriation of such cultural property; (d) makes cultural property protected under the Convention and the Protocol the object of attack;[8] (e) commits theft, pillage or misappropriation of, or acts of vandalism directed against cultural property protected by the Convention.

As far as Dutch law is concerned, these obligations in relation to offences committed in an international armed conflict have already been implemented by inclusion in Section 5, Subsection 4 (a), (b), (c), (d) and (e) of the International Crimes Act.[9]

Although the International Crimes Act does not explicitly state that these acts are criminal offences when committed in a non-international armed conflict, they will still be criminal under the catch-all provision of Section 7 of the International Crimes Act.[10] Here too, therefore, provision is made for these acts to be criminal offences.

---

vandalism directed against cultural property protected under the Convention. 2. Each Party shall adopt such measures as may be necessary to establish as criminal offences under its domestic law the offences set forth in this Article and to make such offences punishable by appropriate penalties. When doing so, Parties shall comply with general principles of law and international law, including the rules extending individual criminal responsibility to persons other than those who directly commit the act.'

[8] So this does not deal with enhanced protection, as under (a).

[9] Section 5, Subsection 4 International Crimes Act: '4. Anyone who, in the case of an international armed conflict, intentionally and unlawfully commits one of the following offences shall be liable to a term of imprisonment not exceeding fifteen years or a fifth category fine: (a) making cultural property under enhanced protection as referred to in Arts. 10 and 11 of the Second Protocol, concluded in The Hague on 26 March 1999, to the Hague Convention of 1954 for the Protection of Cultural Property in the Event of Armed Conflict (Netherlands Treaty Series 1999, 107) the object of attack; (b) using cultural property under enhanced protection as referred to in (a) or the immediate vicinity of such property in support of military action; (c) destroying or appropriating on a large scale cultural property under the protection of the Convention, concluded in The Hague on 14 May 1954, for the Protection of Cultural Property in the Event of Armed Conflict (Netherlands Treaty Series 1955, 47) or the Second Protocol thereto; (d) making cultural property that is under protection as referred to in (c) the object of attack; or (e) theft, pillaging or appropriation of – or acts of vandalism directed against – cultural property under the protection of the Convention referred to in (c).'

[10] Section 7 International Crimes Act: '1. Anyone who, in the case of an international or non-international armed conflict, commits a violation of the laws and customs of war other than as referred to in sections 5 or 6 shall be liable to a term of imprisonment not exceeding

2.3.2 *Article 16 – Jurisdiction*[11]

Under Paragraph 1, States which are party to the Protocol are required to establish jurisdiction over the offences listed in Article 15, in so far as they are committed in their territory, by one of their nationals and, in the case of the offences set out in Article 15, Subparagraphs a), b) or c), when the alleged offender is present in its territory. The Netherlands has already established jurisdiction over these offences by including them in the International Crimes Act; Section 2 of the Act provides that Dutch jurisdiction over these offences is in keeping with the requirement in Article 16(1) of the present Protocol.[12]

---

ten years or a fifth category fine. 2. A term of imprisonment not exceeding fifteen years or a fifth category fine shall be imposed: (a) if an offence as referred to in subsection 1 is likely to result in the death of or serious bodily injury to another person; (b) if an offence as referred to in subsection 1 involves one or more outrages committed upon personal dignity, in particular humiliating and degrading treatment; (c) if an offence as referred to in subsection 1 involves compelling another person to do, refrain from doing or permit something, or (d) if an offence as referred to in subsection 1 involves pillaging a city or place, even when taken by assault.'

[11] Art. 16: '1. Without prejudice to paragraph 2, each Party shall take the necessary legislative measures to establish its jurisdiction over offences set forth in Article 15 in the following cases: a) when such an offence is committed in the territory of that State; b) when the alleged offender is a national of that State; c) in the case of offences set forth in Article 15 subparagraphs a) to c), when the alleged offender is present in its territory. 2. With respect to the exercise of jurisdiction and without prejudice to Article 28 of the Convention: a) this Protocol does not preclude the incurring of individual criminal responsibility or the exercise of jurisdiction under national and international law that may be applicable, or affect the exercise of jurisdiction under customary international law; b) except in so far as a State which is not Party to this Protocol may accept and apply its provisions in accordance with Article 3 paragraph 2, members of the armed forces and nationals of a State which is not Party to this Protocol, except for those nationals serving in the armed forces of a State which is a Party to this Protocol, do not incur individual criminal responsibility by virtue of this Protocol, nor does this Protocol impose an obligation to establish jurisdiction over such persons or to extradite them.'

[12] Section 2 International Crimes Act: '1. Without prejudice to the relevant provisions of the Criminal Code and the Code of Military Law, Dutch criminal law shall apply to: (a) anyone who commits any of the crimes defined in this Act outside the Netherlands, if the suspect is in the Netherlands; (b) anyone who commits any of the crimes defined in this Act outside the Netherlands, if the crime is committed against a Dutch national; (c) a Dutch national who commits any of the crimes defined in this Act outside the Netherlands. 2. The expression "any of the crimes defined in this Act" as referred to in subsection 1 shall be equated with the serious offences defined in Articles 131-134, 140, 189, 416-417*bis* and 420*bis*-420*quater* of the Criminal Code, if the offence or crime referred to in such articles is a crime

Nonetheless, as is apparent from Subparagraph 2(a), broader jurisdictional criteria may be applied in respect of individual criminal responsibility than those specified in Paragraph 1. Similar provisions are already known from previous instruments of criminal law, for example Article 6(5) of the International Convention for the Suppression of Terrorist Bombings (STB) concluded in New York on 12 December 1997.[13]

2.3.3 *Article 18 – Extradition*[14]

This extradition provision also corresponds with previous provisions from the recent terrorism conventions, namely Article 9 STB and Article 11 of the International Convention for the Suppression of the Financing of Terrorism (FTC).[15]

---

defined in this Act. 3. Prosecution on the basis of subsection 1 (c) may also take place if the suspect becomes a Dutch national only after committing the crime.'

[13] Art. 6(5) STB: 'This Convention does not exclude the exercise of any criminal jurisdiction established by a State Party in accordance with its domestic law'.

[14] Art. 18: '1. The offences set forth in Article 15 sub-paragraphs 1 a) to c) shall be deemed to be included as extraditable offences in any extradition treaty existing between any of the Parties before the entry into force of this Protocol. Parties undertake to include such offences in every extradition treaty to be subsequently concluded between them. 2. When a Party which makes extradition conditional on the existence of a treaty receives a request for extradition from another Party with which it has no extradition treaty, the requested Party may, at its option, consider the present Protocol as the legal basis for extradition in respect of offences as set forth in Article 15 sub-paragraphs 1 a) to c). 3. Parties which do not make extradition conditional on the existence of a treaty shall recognise the offences set forth in Article 15 sub-paragraphs 1 a) to c) as extraditable offences between them, subject to the conditions provided by the law of the requested Party. 4. If necessary, offences set forth in Article 15 sub-paragraphs 1 a) to c) shall be treated, for the purposes of extradition between Parties, as if they had been committed not only in the place in which they occurred but also in the territory of the Parties that have established jurisdiction in accordance with Article 16 paragraph 1.'

[15] Art. 9 STB: '1. The offences set forth in article 2 shall be deemed to be included as extraditable offences in any extradition treaty existing between any of the States Parties before the entry into force of this Convention. States Parties undertake to include such offences as extraditable offences in every extradition treaty to be subsequently concluded between them. 2. When a State Party which makes extradition conditional on the existence of a treaty receives a request for extradition from another State Party with which it has no extradition treaty, the requested State Party may, at its option, consider this Convention as a legal basis for extradition in respect of the offences set forth in article 2. Extradition shall be subject to the other conditions provided by the law of the requested State. 3. States Parties which do not make extradition conditional on the existence of a treaty shall recognize the offences set forth

It obliges Parties to make extradition possible for the most serious violations of Article 15 (1). These criminal offences are already deemed to be included as extraditable offences in any extradition treaty concluded between any of the Parties before the entry into force of the Protocol. Moreover, the Parties undertake to include such offences in every extradition treaty to be subsequently concluded between them. The Protocol also gives States the option of treating the Protocol itself as the legal basis for extradition between States Parties. To make this possible for the Netherlands too, a reference to this Protocol will be added to section 1 of the Surrender of War Crimes Suspects Act in a bill currently being prepared for partial amendment of the Criminal Code, the Code of Criminal Procedure and other statutes.

2.3.4 *Article 20 – Grounds for refusal*[16]

Paragraph 1 of this article provides that for the purposes of extradition and mutual legal assistance the offences set out in Article 15, Subparagraphs 1a), b) and c) are not to be regarded as political offences, or as offences connected with political offences or as offences inspired by political motives. As the Netherlands already does not treat such offences as political offences, the exception for political offences is excluded in extradition law.

---

in article 2 as extraditable offences between themselves, subject to the conditions provided by the law of the requested State. 4. If necessary, the offences set forth in article 2 shall be treated, for the purposes of extradition between States Parties, as if they had been committed not only in the place in which they occurred but also in the territory of the States that have established jurisdiction in accordance with article 6, paragraphs 1 and 2. 5. The provisions of all extradition treaties and arrangements between States Parties with regard to offences set forth in article 2 shall be deemed to be modified as between States Parties to the extent that they are incompatible with this Convention.'

[16] Art. 20: '1. For the purpose of extradition, offences set forth in Article 15 sub-paragraphs 1 a) to c), and for the purpose of mutual legal assistance, offences set forth in Article 15 shall not be regarded as political offences nor as offences connected with political offences nor as offences inspired by political motives. Accordingly, a request for extradition or for mutual legal assistance based on such offences may not be refused on the sole ground that it concerns a political offence or an offence connected with a political offence or an offence inspired by political motives. 2. Nothing in this Protocol shall be interpreted as imposing an obligation to extradite or to afford mutual legal assistance if the requested Party has substantial grounds for believing that the request for extradition for offences set forth in Article 15 sub-paragraphs 1 a) to c) or for mutual legal assistance with respect to offences set forth in Article 15 has been made for the purpose of prosecuting or punishing a person on account of that person's race, religion, nationality, ethnic origin or political opinion or that compliance with the request would cause prejudice to that person's position for any of these reasons.'

Paragraph 1 also provides that States which are party to this Protocol may not refuse a request for extradition or for mutual legal assistance based on the offences listed in Article 15, Subparagraphs 1a), b) and c) on the sole ground that it concerns a political offence or an offence connected with a political offence or an offence inspired by political motives. A virtually identical depoliticisation clause can be found in Article 11 of the STB[17] and Article 14 of the FTC; the underlying idea is once again that the offences are of such a serious nature that they cannot be justified by political motives of any kind whatever.

In both these Conventions the clause in question is followed by a non-discrimination clause, with which it is closely connected.[18] This clause, which is included in Paragraph 2 of Article 20, provides that there is no obligation to extradite or afford mutual legal assistance if the requested State has substantial grounds for believing that the request for extradition has been made for the purpose of prosecuting or punishing a person on account of that person's race, religion, nationality, ethnic origin or political opinion or that compliance with the request would cause prejudice to that person's position for any of these reasons.

Together, the two paragraphs of Article 20 strike a balance between the protection of two justified interests: on the one hand, that a suspect should not escape prosecution or punishment for a serious violation of the Protocol on the sole ground that his offence was of a political nature and, on the other, that an individual should not be exposed to prosecution on improper grounds. Section 12 of the International Crimes Act already contains a depoliticisation clause for the serious violations of the Protocol which are to be made crimi-

---

[17] Art. 11 STB: 'None of the offences set forth in article 2 shall be regarded, for the purposes of extradition or mutual legal assistance, as a political offence or as an offence connected with a political offence or as an offence inspired by political motives. Accordingly, a request for extradition or for mutual legal assistance based on such an offence may not be refused on the sole ground that it concerns a political offence or an offence connected with a political offence or an offence inspired by political motives.'

[18] Art. 12 STB: 'Nothing in this Convention shall be interpreted as imposing an obligation to extradite or to afford mutual legal assistance, if the requested State Party has substantial grounds for believing that the request for extradition for offences set forth in article 2 or for mutual legal assistance with respect to such offences has been made for the purpose of prosecuting or punishing a person on account of that person's race, religion, nationality, ethnic origin or political opinion or that compliance with the request would cause prejudice to that person's position for any of these reasons.'

nal offences and have, as mentioned above, already been included in that Act.[19]

2.3.5 *Article 21 – Measures regarding other violations*[20]

Under Article 21 the Parties to the Protocol are required to adopt, in addition to the criminal sanctions prescribed by Article 15(2), for the serious violations described in Paragraph 1 of that article such other measures as may be necessary to suppress other intentional violations of the Protocol. Subparagraphs a) and b) of this article indicate when these measures must be taken.

However, the Parties have greater freedom of choice in respect of these measures than in the case of serious violations, since the measures in question need not necessarily be of a criminal law nature. Nonetheless, Dutch law already has criminal sanctions for a number of the acts covered by this, for example under the Cultural Heritage Preservation Act,[21] and the definitions of offences of a more general nature (such as handling stolen goods in Art. 416, Para. 1 of the Criminal Code) may be applicable in certain situations.

The Geneva Conventions also contain such a provision. See, for example, Article 146 of the Geneva Convention relative to the protection of civilian persons in time of war, concluded on 12 August 1949: 'The High Contracting Parties undertake to enact any legislation necessary to provide effective penal sanctions for persons committing, or ordering to be committed, any of the grave breaches of the present Convention defined in the following Article.'

An example of a sanction other than under criminal law is the application of military disciplinary law.

---

[19] Section 12 International Crimes Act: The crimes defined in this Act shall not be deemed to be offences of a political nature for the purposes of the Extradition Act or the Surrender of War Crimes Suspects Act.

[20] Art. 21: 'Without prejudice to article 28 of the Convention, each Party shall adopt such legislative, administrative or disciplinary measures as may be necessary to suppress the following acts when committed intentionally: a) any use of cultural property in violation of the Convention or this Protocol; b) any illicit export, other removal or transfer of ownership of cultural property from occupied territory in violation of the Convention or this Protocol.'

[21] Sections 7, 14a and 14b in conjunction with Section 1 of the Economic Offences Act.

3. Membership of the Committee under the Second Protocol

For the Netherlands, its involvement does not stop with its contribution to the development and realization of the Second Protocol, or with the implementation of the articles of the Second Protocol in its national legislation. These are just the first steps. The Netherlands would like to remain active and involved. One way to fulfil that would be through the membership of the Committee for the Protection of Cultural Property in the Event of Armed Conflict.[22] This Committee is foreseen under Article 24 (and further) of the Second Protocol and can be considered as the practical hands and feet of the Protocol.[23] It operates at the crossroads of the Laws of War and the protection of cultural heritage. In both fields, the Netherlands considers itself to be able to contribute its special knowledge and expertise. It has a long tradition and expertise in the field of the Laws of War, visible by, e.g., the Hague Conferences of 1899 and 1907. Besides, in the field of cultural heritage, the Netherlands can build upon its membership to the World Heritage Committee.[24]

4. Final observations

During the last decade of the 20th century the need for a Second Protocol to the 1954 Convention became apparent. The Netherlands took the lead, together with UNESCO, in introducing this Protocol. As the Netherlands wished to fulfil its implementation obligations to the letter, it took until the begin-

[22] Since 20 December 2007, The Netherlands is a member of the Committee, for a period of four years.

[23] Its functions are, in conformity with Article 27 of the Protocol: a) to develop Guidelines for the implementation of the Protocol; b) to grant, suspend or cancel enhanced protection for cultural property and to establish, maintain and promote the List of Cultural Property under Enhanced Protection; c) to monitor and supervise the implementation of the Protocol and to promote the identification of cultural property under enhanced protection; d) to consider and comment on reports of the Parties, to seek clarifications as required, and prepare its own report on the implementation of the Protocol for the Meeting of the Parties; e) to receive and consider requests for international assistance under Article 32; f) to determine the use of the Fund [a Fund which is foreseen under Article 29 of the Protocol]; g) to perform any other function which may be assigned to it by the Meeting of the Parties.

[24] From 2004 until 2007, the Netherlands was a member of the World Heritage Committee, the Committee under the World Heritage Convention.

ning of 2007 before it could become a Party to the Protocol. It can be concluded that the Netherlands has taken considerable efforts towards this implementation. Let us now hope that the provisions of criminal liability and jurisdiction do not have to be applied in practice too often.

Chapter 12
UTILIZING MILITARY CULTURAL EXPERTS IN TIMES OF WAR AND PEACE: AN INTRODUCTION

Cultural Property Protection within the Military, Experiences in Theatre, Different Perceptions of Culture and Practical Problems

Joris D. Kila

> 'In fact nobody is excluded from culture unless they exclude themselves'
>
> *Pierre Bourdieu*

> 'We are bound to respect monuments as far as war allows. If we have to choose between destroying a famous building and sacrificing our men, then our men's lives count infinitely more and the buildings must go. But the choice is not always so clear-cut as that. In many cases the monuments can be spared without detriment to operational needs. Nothing can stand against the argument of military necessity but the phrase is sometimes used where it would be more truthful to speak of military or even personal convenience.'
>
> *General Eisenhower, December 29th, 1943*

Résumé

Le chapitre donne un point de vue pratique des activités culturelles en cours qu'elles soient militaires ou conjointes avec d'autres entités. Des exemples et des problèmes sont présentés aux experts juridiques(militaires) traitant de l'interprétation et des implications légales de convention de La Haye et de ses protocoles et de l'ensemble de droit international. Egalement pris en considération sont les approches archéologiques, artistiques, historiques et culturelles, les politiques publiques afférentes ainsi que les différences culturelles entre militaires et civils, les différences au sein même des forces armées et les diverses méthodes pour le

P. Meerts (ed.), Culture and International Law

transfert de connaissances entre les dépositaires en charge de la formation militaire.
Principaux sujets :

- impératifs militaires contre protection de l'héritage culturel selon la convention de La Haye
- affaires culturelles et/ou unités culturelles d'intervention en urgence pourquoi l'OTAN devrait-elle traiter la culture ? Perspectives de la doctrine OTAN CIMIC AJP-9
- capital culturel comme ressource économique
- perception de la culture, exemples pour former des militaires
- coordination des diverses parties prenantes pour l'intervention en urgence en période de conflit en vue de la protection du patrimoine culturel
- conclusions et recommandations

Les sujets explorés incluent : les problèmes et les préjudices dérivant de l'opposition ou de la friction entre cultures différentes tels que la difficulté de concilier les règles militaires et le droit international, celles de la coopération entre civils et militaires avec celle de l'aide au développement (purement civile), les réticences mutuelles entre les militaires réservistes et les militaires professionnels, etc.
Les expériences pratiques et les leçons apprises sont illustrées par nombre d'études de cas en Irak et en Afghanistan comme par exemple la protection d'Uruk (Al Muthanna Irak) contre les pillages par des experts militaires hollandais, des civils locaux et des structures tribales du secteur.
Le dilemme d'être « soit à l'appui de la mission comme décrit dans la doctrine AJP-9 de l'OTAN CIMIC ou de prendre une décision contraire à la convention de La Haye ».
D'autres problématiques dérivent des intérêts contradictoires au niveau politique impliquant l'aide humanitaire, la stratégie de politique culturelle aussi bien que des questions ministérielles et de défense, voir l'étude de cas : un musée ethnographique national pour l'Afghanistan.
L'attention est donnée à l'importance particulière des interventions en urgence notamment militaires pour la protection culturelle dans des situations où des motifs culturels sont à l'origine ou des facteurs imbriqués dans les motifs du conflit par exemple appartenance ethnique, éducation, religion, différences dans la perception de la culture et, enfin, identité nationale comme cela a été démontré en ancienne Yougoslavie où les nombreux actes iconoclastes ont eu lieu.

Figure 1. General Dwight D. Eisenhower, Supreme Allied Commander, accompanied by Gen. Omar N. Bradley, and Lt. Gen. George S. Patton, Jr., inspects art treasures stolen by Germans and hidden in a salt mine in Germany. Lt. Moore, April 12, 1945. US National Archives.

1. Introduction

This chapter is meant to give a practical insight into current cultural military and joint interagency activities on the subject of Cultural Heritage Protection. The military implement this also through civil military co-operation (CIMIC) or Civil Affairs (CA). Cultural should be read as cultural heritage (CH), more specifically the protection of cultural heritage, in juridical terms often referred to as cultural property where cultural heritage should be seen as a *specialis* under a *generalis*.

Although there is a need for a theoretical framework for and a reflection on implementing cultural activities within the modern military context, my first aim is to put recent experiences, lessons learned and practical problems out in the open to be discussed. Furthermore, it is necessary to present practical examples and problems to (military) juridical experts dealing with the legal interpretations and implications of the Hague convention and its protocols. Several of them participated in the conference 'From Peace to Justice: Culture and International Law'. Let me first say I am not a lawyer nor did I study law. My approach takes into account archaeological, art historical and cultural policy expertise. Other matters explored are cultural differences between military and civilian parties and ideas on how to transfer knowledge during training on the subject. Questions such as 'when does the Hague Convention prevail or should prevail over military law or a field commander's decisions' and 'what is the legal status of civilians working together with militarized experts in theatre' will certainly arise from the examples used. They have to be answered by juridical experts who will of course if necessary consult cultural experts. The question of what is the use or added value for the military to deal with CP protection has to be answered by all stakeholders involved. Therefore I hope that this article will help both military and civilian experts as well as policy and decision makers to obtain a clear view on this important subject and that the connection between juridical theory and practice will be strengthened.

Most of the problems and examples mentioned are based on experiences within the European (Dutch) context; discussions with peers, however, have revealed that worldwide many nations have experienced similar problems. Another good reason to find multinational denominators and to create an international strategy is the fact that European military are often deployed together with colleagues from other parts of the world. During the time which has elapsed between writing this article and its eventual publication international attention to the subject has been steadily increasing Conferences and symposia have been and will be set up in Chicago, Vienna, Amman, New York, Rome, The Hague, Baeza (Spain), Tallinn and elsewhere. Publications like a multidisciplinary study on the subject by the University of Chicago's Cultural Policy Center called Antiquities under Siege (New York: Alta Mira Press, February 2008) are to be expected soon.

Apart from this, specific developments have to be taken into account like the growing amount of illicit trade in artifacts. In Iraq, for instance, opposing forces buy weapons with the earnings from these activities and this is an extra reason for field commanders and military planners to study the cultural heritage of mission areas, preferable before deploying. Also this element is important for – and could be part of – military intelligence, providing that this will not compromise cooperation with civilian experts. A newly founded NGO in Rome called the World Association for the Protection of Cultural Heritage in Times of Conflict wants to be active in civil/military coordination concerning culture.[1] Due to the events in Iraq that involved the destruction and looting of Cultural Heritage, the US government[2] and army is now paying more attention to the subject of training troops on CH matters. Initiatives include efforts to populate Geographical Information Systems (GIS) planning data bases with archaeological information so that military personnel do not rediscover sites and in fact may be able to practice site avoidance. This will be supplemented by additions to the Department of Defence (DoD) archaeological reference website that currently focuses on Iraq and Afghanistan.

There is the potential for using DoD imagery to help planners delineate sites to improve the quality of available information. Training materials for deploying personnel, in addition to the archaeological playing cards, also include ready reference pocket cards, replica sites in the field, and a training module in the Joint Engineers Officer Course.[3] The recently founded American Blue Shield Committee is playing an active role in US training efforts. It must be noted that although the US did not ratify the Hague Convention of 1954 and its Protocols, there was no barrier to prevent the constitution of a US Blue Shield Committee although normally such committees are only found in countries that are signatories to the convention. In this case the necessary support from umbrella organizations such as International Committee of Museums (ICOM), International Council on Monuments and Sites (ICOMOS), International Council on Archives (ICA) and International Federation of Library Associations and Institutions (IFLA)[4] was provided. Un-

---

1 <www.eyeonculture.net.>

2 The US Embassy in The Hague funded the author's participation in a round-table discussion between military and civilian experts during the Archaeological Institute of America's annual meeting in Chicago in January 2008.

3 Information given by Dr Laurie W. Rush, US Army Archaeologist and Project Director, OSD Legacy Funded in Theatre Heritage Training in an email message dated November 2nd, 2007.

4 International council of Museums, International Council on Monuments and Sites, International Council on Archives, International Federation of Library Associations and Institutions.

fortunately, Europe more or less lags behind due to competence and status problems within the military and for political reasons. NATO could play a role in the protection of cultural heritage during armed conflicts and training the troops in peacetime, but is not acting because certain members, want to reserve special expertise within the military including CH expertise for the new Rapid Reaction Force (RRF) of the European Union instead of NATO. In the meantime little is being done, a suggestion to hold a NATO conference on the subject was made but was not followed by any response.[5] On the other hand, the EU did organize a conference on the topic in Amman in 2005 through the Euromed[6] programme; furthermore, in 2006 the EU mentioned the intention to implement within their activities training for the military when the Draft Strategy Paper on Cultural Heritage within the European Neighbourhood Policy (ENP) (2007-2013) was presented. This was later followed by the EC's Strategy for the development of Euro-Mediterranean cultural heritage: priorities from Mediterranean countries (2007-2013) stating 'the main areas of intervention identified may lead to promoting actions to protect CH in times of conflict'.[7] The International Committee of the Blue Shield (ICBS), based in Paris and specifically mentioned in the Hague Convention,[8] is not very active apart from an occasional written appeal in the case of an emergency situation.

In general it can be said that the whole subject of protecting CH in times of armed conflict is quite complicated in practice. The fact that especially during and after World War II a great deal of field experience was gained by utilizing militarized experts has been of no influence. Lessons learned as well as the methods and structures developed during that period seem to have been forgotten. During my research I found that the problems encountered in the field in places like Iraq were similar to most of the problems encountered by military predecessors like the US Monuments, Fine Arts and

[5] The suggestion was made in 2005 to organize a conference or workshop at NATO's Civil Emergency Planning Department. They requested that all necessary information be sent; a quick answer was promised by the head of the Civil Emergency Planning Dept. at NATO in Brussels, but no reaction followed. Recently new contacts have been established with the NATO school in Oberammergau to organize guest lectures and a seminar and there will be more contacts at the beginning of 2008.

[6] <www.euromedheritage.net>.

[7] Luxembourg 2007, Office for Official publications of the European Communities.

[8] Art. 11, Second Protocol.

Archives (MFAA) monuments officers. Too many political and competence factors still play a role, so maybe this article and especially its case studies can contribute to the thought that cultural heritage protection deserves to be approached from an angle which remains detached from personal and political objectives. There are many case examples in this chapter, sometimes at first glance not bound by a logical framework, but they do represent all the elements that I have encountered when practising and researching the possibilities for protecting CH in times of conflict.

Cases are used to demonstrate what takes place in theatre and to give examples of good and bad practice. Especially in the examples of Uruk and the Afghan ethnographical museum the information is quite comprehensive in order to indicate and thoroughly describe the relevance and position of cultural heritage in times of armed conflict to archaeological, cultural, military and juridical experts. Of course it is not possible to mention all known cases and problems, so further research and debate is necessary because of continuous growing insights and new developments concerning the topic.

2. Basic problems and prejudices

Cultural Heritage protection within armed forces and utilized during various stages of an armed conflict is a relatively[9] new phenomenon.[10] There is a need for the creation of international partnerships dealing with this, the subject has to become accepted within circles of the military, policymakers and politicians, and, most importantly, its (added) value to parties that are traditionally less interested in cultural property matters has to be demonstrated. Proactive strategies and visionary ideas are needed to get and keep Cultural Heritage Protection projected on the map. In a strict objective sense the reason for utilizing militarized experts is the pure fact that in times of armed conflict the civilian experts cannot operate. This can be caused by a poor security and safety situation or by logistical reasons. Also political reasons

[9] Activities such as returning stolen artefacts and the registration of disappeared art took place during and directly after World War II by Civil Affairs (CA) units of the US and UK armies; the Russians had special units dealing with recovering missing art. An overview of what happened is provided in *The Rape of Europa* by Lynn H. Nicholas.

[10] The Dutch army has a department for Cultural Background Information (CAI); however, this department only deals with cultural awareness matters and not with cultural heritage-related issues. Their core business is to support pre-deployment training.

can play role, e.g., German scientists, apart from security reasons, cannot work in Iraq because their government is against the involvement of coalition forces and will not allow them to officially work there. Therefore military experts are needed until civilian experts can take over.

Obviously the military and cultural heritage protection is not a mix by nature. The military do not consider knowledge and handling of cultural goods and environments part of their core-business and certainly not a priority; the same is more or less true for the international field of civilian aid organizations. However, in order to understand and consequently appreciate types of culture, such as art and cultural heritage matters, the understanding of codes, knowledge of conventions and iconography is a prerequisite. A contradiction though it may seem, the military are trained to understand codes and conventions, so in theory should make ideal art history students. However, when mentioning the subject in military organizations cultural heritage is considered to have low priority and often the communication stops at this point.

Many experts working for civilian cultural institutions like museums, non-governmental organisations (NGOs), and universities generally consider the military to be an entity that destroys culture, or in the best case, an organization not interested in cultural sites and goods whereas a military discussion about cultural activities during a mission may be labeled 'mission creep'. An ongoing dialogue between both parties is not only needed, but is of the utmost importance. Both sides should explain each other's codes, iconography, conventions, etc. Very worthwhile considering might be to set up a civilian international liaison agency dealing with establishing and maintaining good working relations with the military in both war and peacetime.[11] Another strategy is to apply the joint interagency coordination approach as used by the Americans (the US Central Command (CENTCOM) created a Joint Interagency Coordination Group, JIACG, to fight terrorism) concerning cultural affairs.[12]

---

[11] This has been lately recommended on several occasions as one of the outcomes of the Euromed Heritage conference on CH management in war-infested areas held in Amman in April 2005. See <www.Euromedheritage.net>.

[12] Matthew F. Bogdanos, 'Joint Interagency Coordination Group (JIACG) Mission', CCJIACG Position Paper (MacDill Air Force Base: US Central Command, 17 September 2002) p. 1. See also his book on the looting of Baghdad Museum, *Thieves of Baghdad.*

3. Field experiences and related problems

Practice has shown that military cultural activities can add value.

A remarkable lesson learned has been that cultural experts are needed during all phases of a conflict and post-conflict situation. At first, it was anticipated that cultural activities were only to be applied during later phases, but it was found especially in Iraq that most of the damage had already been done by that time. This could have been known since the same was experienced by the so-called monuments officers active in Europe during the 2nd World War. During field research it became quite apparent that nowadays monuments officers (sadly enough a limited number) face similar problems and restraints as their predecessors in and after World War II.

Examples are the lack of transportation in the field for monuments officers,[13] the low priority of CH protection within the complex of Civil Affairs activities, and ranking and status problems.

Some examples of good practice: in Baghdad during 2004 a rather significant archive addressed as the Ottoman Archive[14] was damaged during an earlier phase of the last war. When it was still relatively safe, civilian experts managed to deep-freeze the archive, which was suffering from water/mould and soot damage. Freezing is a commonly applied method that prepares for final restoration under better (i.e., safer) circumstances at a later stage. However, the frozen archive was located in a former officers' club of Saddam's army, situated in the Red Zone. Due to multiple electricity failures and changed security circumstances the material began to deteriorate rapidly and was also exposed to the risk of looting.

At that time the Dutch-based CIMIC Group North[15] Cultural Affairs (CuA), acting on a bilaterally agreed request, had an officer stationed in Baghdad who was able (since he was in uniform) to go out and assess the situation personally, escorted by armed soldiers. He reported to me, being his supervisor, and I ordered him to communicate with high-ranking US officers[16] and ask for support.

---

[13] From personal experience in Iraq, Al Muthanna compares with similar situations in World War II as described in Lynn H. Nicholas 1994, *The Rape of Europa*.

[14] This is not an official name but a working title given by a cultural advisor – the material was a collection of Ottoman manuscripts. Funding was through the US military Commander's Emergency Response Program (CERP).

[15] Officially the deployed specialist was not on a CIMIC mission since the activity was not directly in support of the mission in the Dutch AOR

[16] See also the Art Newspaper Insider's account of the evacuation of Babylon by Gary Schwartz on the internet, The Artnewspaper.com, April 2005.

As a result, money was provided to buy equipment in the form of a freezer truck, and the archive was refrozen in this vehicle. The truck then was parked in a sun-shielded space in a safe environment powered by generators. Also funding was donated for fuel and training was organized on defrosting techniques for Iraqi experts to be implemented at a later stage.

Other matters of concern included the condition of the archaeological site of Al Hatra, severely threatened in late 2004 by the presence of a Saddam ammunition depot located 5 kilometers away, where an ammunition demolition programme was being carried out that initially caused damage to the site. Our advice on the matter contributed to a solution in which the vibrations decreased by 50 percent, thus saving Al Hatra. It must be noted that one 'cultural' officer on the ground in Baghdad proved to be not enough, so it was necessary to give him instructions and monitor his situation on a daily basis. The situation would have been easier and more successful if a trained archaeologist/restorer with management skills could have been deployed, preferably heading or participating in a small team of international militarized cultural experts. Such experts must be psychologically fit to work under stressful circumstances.

3.1 A case study: Saving Uruk from looting utilizing Dutch military experts and local civilians is an example of good practice

The importance of Uruk – An introduction[17]

One of the oldest cities of South-Mesopotamia located ON the Euphrates River approximately halfway between Baghdad and Basrah in Iraq is Uruk; its modern name is Warka. The pre-Sumerian toponym for Uruk was UNUG. The Sumerians called the site Unu while the Akkadian name used was Uruk but this name appears in the Bible as Erech (in Genesis 10 as one of the four

[17] Sources used: Information from Dr. M. van Ess, DAI Institute Berlin and DAI website; Wolfgang Gockel, Irak, Cologne 2001; Information from Prof. Dr. Wilfred van Soldt, University of Leiden; Gwendolyn Leick, *Mesopotamia, The Invention of the City* (London 2002); Georges Roux, *Ancient Iraq* (London 1992); The *Concise Oxford Dictionary of Archaeology* (New York 2002); Wikipedia; *The Oxford Encyclopedia of Archaeology in the Near East*, Vol. 5 (New York 1997); Joris D. Kila, 'The Role of NATO and Civil Military Affairs', in Lawrence Rothfield (ed.) *Antiquities under Siege* (New York: Alta Mira Press 2008); *Alle Hens*, magazine from the Royal Netherlands Navy Marine Corps, March 2004 and information from the 21st INFCIE.

cities in Shinar founded by Nimrud). Uruk is the largest Tell[18] in this area and the site measures approximately 400 hectares. Excavations have only exposed part of the city. Already from 5000 BC people inhabited the site: this was the so-called Ubaid period. Originally Uruk lay in marshy, alluvial land covered with a network of river tributaries resulting in an abundance of mud and reeds that served as the main building materials while all stone had to be imported. Uruk was more or less born from two older centres separated by half a mile that joined together, namely Kullaba, devoted to the god Anu, and E-anna or Innana devoted to the love goddess (also called Ishtar by the Akkadians/Semites and later Venus). In the fourth millennium BC the Sumerians took over the city. The most important structures erected in this Sumerian period were the great Ziggurat[19] of the main god Anu (the sky god) including the so-called 'White Temple' that was plastered with white gypsum and the E-Anna complex with the temple of the goddess Inanna. These buildings remained intact until the end of Uruk's existence although they were remodelled around 3000 BC. In the debris of this rebuilding project numerous fragmented clay tablets were found bearing pictograms as well as sculptures and cylinder seals.

The most important period in the history of Uruk was without any doubt the era between approximately 3400 and 2800 BC, the time of the so-called 'high civilization', a period in which a giant leap forwards took place on multiple territories. Apart from the construction of major buildings that could only be realized within a highly organized extensive administrative system, the main achievement was the invention of cuneiform writing. The development of cuneiform can be seen in the findings from Uruk. First, clay envelopes with little objects representing certain figures appeared, this practice of storing tokens in clay envelopes being significant for the development of mathematics, and in the next phase clay tablets were utilized with the same signs on their surface. Finally, an ideographic sign representing an object such as a vessel or animal was added. At a later stage these signs were used to actually write a language, in this case the Sumerian language.

---

[18] A type of archaeological site in the form of an earthen mound that results from the accumulation and subsequent erosion of material deposited by human occupation over long periods of time.

[19] A religious building made of mud brick and consisting of several superimposed platforms, also a temple tower.

In Uruk cuneiform was invented and developed and spread from there over the entire ancient near east. It seems fair to conclude that in Uruk humans wrote for the first time in history.

Uruk remained an important city throughout the 27th and 26th centuries BC, but no longer played a leading role in Mesopotamian politics. There is not much clear evidence from archaeological findings dating from this period but it was the time of great Kings such as Enmerkar, Lugalbanda and especially Gilgamesh. According to the Sumerian list of kings, Uruk was founded by King Enmerkar (1st Dynasty of Uruk) who brought the official kingship with him as described in the epic Enmerkar and the Lord of Aratta. Gilgamesh became the main character in the famous Epic named after him. He was said to have built the great wall of Uruk that according to archaeological evidence actually must have been erected in this period and measured approximately 10 km (6.21 miles) surrounding the settlement making Uruk the largest known in the ancient world until the 6th century BC, when the city of Babylon occupied an even larger area. No written evidence on Gilgamesh who, according to the Sumerian list of Kings, was one third human and two thirds a god has yet emerged dating from the period he is supposed to have lived in, although contemporary texts mentioning two of his opponents from Kish (located in the North) have been discovered.

During the old Babylonian period Uruk became involved in several conflicts between cities such as the neighbouring towns of Larsa and Babylon situated in the North. In the 18th century BC the king of Babylon demolished Uruk's wall as a punishment. Then all sources remain silent about Uruk. Probably at the time the city was part of the so-called 'Sealand' until the mid 9th century BC. This was an area situated on the edge of the Persian Gulf where even nowadays one can still find many marshes. For the rulers of Babylon it was quite difficult to obtain and retain control over this area.

As from the 9th century BC more information is available regarding Uruk. The city played an important role in the resistance against the Assyrian domination and was at that time situated in the area of the Chaldean Bit-Amukani tribe. During the civil war between the Assyrian King Assurbanipal and his brother, the governor of Babylon, Uruk chose the side of the Assyrian king. It is rather curious that Uruk was especially of importance for the beginning and end of the Mesopotamian civilization. Not only the oldest period, but also the youngest one (3rd-2nd century BC) provides evidence through many texts showing that the Babylonian culture was still very much alive, but after this period it went downhill very quickly. During Parthian times (2nd-3rd century AC) Uruk blossomed again briefly, but was probably deserted not long afterwards. The inhabitants deserted Uruk sometime during the Sassanian period (224-633 AD).

Figure 2. Uruk Great Ziggurat in September 2003. Photograph by Joris D. Kila.

The history of excavating Uruk

Sir William Loftus, a member of the so-called Perso-Turkish Boundary Commission who visited the site for an investigation as early as 1849, deemed it the most desolate place he had ever seen and carried out some minor explorations between 1850 and 1854 on only the most prominent mounds apart from clay tablets, clay coffins (some of them now in the British Museum) and uncovering the famous coloured clay cone wall (mosaic). Walls in the Temples were quite often decorated with inserted coloured clay cones. He did not find any of the monumental sculptures or bas reliefs which his commissioners had hoped for. It was not until 1856 after a rumour that a ruin existed in a remote area of Southern Mesopotamia that Sir Henry Rawlinson, famous as the decipherer of Assyrian cuneiform, visited the site. He became convinced that he had found Erech and that it was, as he called it, 'the mother of all cities'. However, it took more than 50 years before the first systematic excavation of Warka started between 1912 and 1914 by a German team led by Julius Jordan for the *Deutsches Orientgesellschaft.* This occurred after Robert Koldewey, famous for his excavations of Babylon, visited Uruk and nominated him. After the First World War the excavations resumed in 1928 to 1939, halted by the Second World War, and then started once again in 1953 continuing to 1989 and they were carried out by the 'Deutsches Archaeologisches Institut' of Berlin (DAI). The political situation, followed by the 1st Gulf War, prevented any continuation. Therefore the 39 campaigns of German excavations came to a halt in 1989, while in 2001 and 2002 a team directed by M. van Ess returned to Uruk very briefly to begin mapping the site using subsurface magnetometry, a method used to see what is under the surface without digging.

When a Battle Group from the Dutch Army (Marines) took over Al Muthanna province from the Americans in the summer of 2003, I knew through information obtained from the Oriental Institute of the University of Chicago[20] that Uruk was situated in their area of responsibility (AOR). During a Civil Theatre Assessment mission[21] on behalf of the Dutch Ministry of Defence that addressed the key Civil Military Coordination functional areas (including Cultural Affairs) I was in a position to visit the site with a patrol of the Dutch Military Police (*Marechaussee*) and discovered that it was one of the few Iraqi sites that had not yet been looted.

According to information which I gathered from German archaeological experts before the Dutch army was actually deployed to Iraq, the site was (formerly) guarded by a local Bedouin tribe (family size) acting as guards for the German Archaeological Institute (Berlin) which had held the concession for excavating this site since 1912. The German scientists had to stop their work years ago when the situation in Iraq deteriorated. After the start of the 2003 war the payments to these Bedouin guards initially staggered, and finally ceased in the spring of 2003. The German Archaeological Institute gave me the name of the head of the family who worked for them: Muhhar Rumain. The institute also provided me with a letter written in Arabic as a sort of introduction. In this part of the world, as well as in Afghanistan, it is very important to have some sort of introduction.

However, before involving members of certain tribes in guarding archaeological sites or monuments extensive research is necessary because existing

---

[20] Given by Professor Macguire Gibson.

[21] Irak Civil Assessment Al-Muthanna October 2003 Internal report Nederlands Ministerie van Defensie, Dept. DCBC.

or potential conflicts between different tribes can create major problems. The same is true for the involvement of tribes that are not originally from the area where the monuments or sites are located.

Figure 3. Uruk, September 2003 on top of the great Ziggurat Dutch CIMIC officers with at-Tobe guards. Photograph by Joris D. Kila.

In Warka I met the son of Muhhar Rumain since he was not at home himself. The son, Ali Muhhar, explained that Uruk (now called Warka) belonged to them, the Bedouin at-Tobe clan, by virtue of an agreement with Bedouins of other tribes, who ruled over other parts of Al-Muthanna. They still wanted to safeguard the site against looting, but after the German payments had stopped their capabilities were limited due to a lack of transport and money to buy food and water. Finally, it was arranged and agreed that both Dutch and German money (USD 300) was to be paid to the tribe every three months through military channels allowing them to continue their very useful work. I also agreed with the Marechaussee that they should send a patrol to Warka whenever they had the means and possibility available. Following an agreement with the Dutch Ministry of Defence these payments continued until the Dutch forces withdrew from Iraq in March 2005.

The only known incident involving looters took place at the end of January 2004 when a patrol from the Dutch Marines visited Warka. While having a guided tour by Muhhair Rumain himself they saw in the far distance that people were digging. Muhhair Rumain told them that these people were looters. The patrol and the Bedouin guard rushed to the area, arrested the thieves and returned the stolen goods (pictures) that had been taken from a grave. Only minor damage was reported.

To date, everything is still fine in Uruk, at least until last May (2007). That was the last time that there was any contact with the guard. The next contact is to be expected at the end of September 2007.

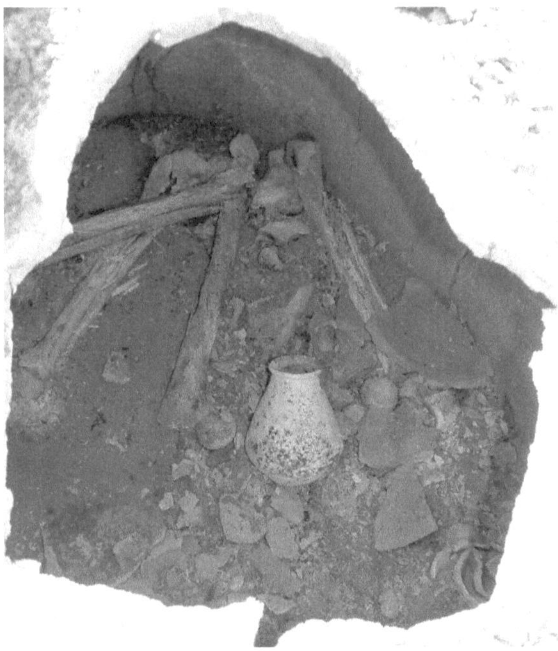

Figure 4. Looted grave in Warka, January 2004. Photograph reproduced with permission from the Royal Netherlands Navy Marine Corps.

There are some recent photographs, taken by members of the Iraqi State Board of Antiquities, of the expedition house. Except for some expected erosion to the ruins and the expedition house, everything seems to be in order. Nevertheless, the poor condition of some ancient buildings in Uruk will become a major problem in the near future or is actually already the biggest danger to the site.

In 2004 a German project team under the leadership of the German Archaeological Institute gathered the expertise of archaeologists, geophysicists and space engineers to address the urgent problems related to the state of archaeological activities in Iraq without actually being on the ground. The project was funded by the German Federal Foreign Office and worked also in cooperation with UNESCO and the Iraq State Board of Antiquities and Heritage. The project used equipment such as very high resolution optical space imagery with images taken before and after the military conflict to be used to detect looting activities combined with semi-automated image analysis software that can support the process and even find new structures. It is expected that satellite and aero imagery will be more accessible to the international archaeological community when good contacts with the military are established.

Figure 5. Equipment and stolen artifacts from arrested looters, Warka, January 2004. Photograph reproduced with permission from the Royal Netherlands Navy Marine Corps.

It must be noted that during the Al Muthanna assessment mission I spent a lot of time finding the representative of the Local State Board of Antiquities and Heritage whose name I had obtained from the German Archaeological Institute. I finally found this inspector called Toufiq Abed Mohammed only a couple of days before my departure.

His office in As Samawah was in a very poor state and the building in which it was situated had been looted and damaged by mortars and rockets and was about to collapse. There was an obvious need for another office as well as office furniture, office supplies and training in management and registration. Apart from this the Public Library in As Samawah had been completely looted and the building severely damaged; all the books were gone. Everything was reported in the assessment report for the Dutch Ministries[22] and to the CIMIC officers of the Dutch Marines.

Figure 6. Looted library in As Samawah, September 2003.
Photograph by Joris D. Kila.

4. In support of the mission or making a wrong decision according to the Hague Convention?

The types of events described above prove that military or militarized cultural experts are indispensable; their military status gives them leverage within the command structure in order to get things done or understood. However, a problem one might face is the directive taken from the NATO CIMIC doctrine AJP-9 that all CIMIC activities in a certain area controlled by a military unit or formation have to meet a basic military criterion, namely to support the commander's mission.[23] All kinds of military rules, customs and regula-

[22] The report was held for several months and was later released for internal use by the Ministry of Defense but was rather dated by then.

[23] NATO CIMIC Doctrine AJP-9 states: 'The co-ordination and co-operation, in support of the mission, between the NATO Commander and civil actors, including national population and local authorities, as well as international, national and non-governmental organisations and agencies.'

tions are set out and described in annexes to the mission plans to eventually achieve its desired end-result. All aspects primarily serve military goals. CIMIC/CA are considered to be tools to attain the end-result of the mission quicker and more easily by creating and keeping good relations with the civil environment, and particularly the local population. Here a contradiction may arise between a military decision implicating low priority to cultural affairs and an action that is mandatory according to the Hague Convention and its Protocols having a high priority within the context of the treaty.

When CH protection is implemented separately, meaning not within the CIMIC framework, this type of problem can be solved in a less complicated fashion.

No serious debate has taken place on this since the military leave the discussion to policy and decision makers who often confuse cultural aid with the highly politicized humanitarian aid in general to be implemented by NGOs. In the meantime there seems to be little attention to CH protection within the military. Practice shows that commanders and planners, not familiar with cultural and cultural heritage matters, give priority to highly visible quick impact projects such as redecorating schools, starting local broadcasting stations, etc. The motto is 'to win the hearts and minds of the people'. This, of course, is a noble and necessary goal, but to obtain a complete overview of civilian needs advice from experts representing all five CIMIC functional areas and CH experts prior to selecting a course of action to achieve this goal is essential to succeed. Apart from this, one could argue that an assessment on CH protection is always mandatory under the international treaties.

If, in military planning, requests for cultural projects are labeled as not being in direct support of the mission, it is still likely to assume that cultural activities create a stabilizing effect in the AOR. However, conflicting interests may occur on the political level where humanitarian aid cultural policy matters and defence issues are handled by different ministries and departments. For example, in the case of requested cultural (CIMIC) support for Afghanistan the Dutch Humanitarian Aid Division, as part of the Ministry of Foreign Affairs, blocked this since they considered it false competition with cultural NGOs, thereby ignoring the fact that cultural civilian organizations were actually (through military channels) requesting the support. The department of international cultural policies of the Ministry of Foreign Affairs that was in favour of this support was not consulted, since all CIMIC is considered an issue for the Humanitarian Aid Division of the Dutch Ministry of Foreign Affairs. The case involved a request from both the Afghan authorities as well as UNESCO to support efforts to create a national ethnographical museum.[24] An assessment and research was conducted by specialists of CIMIC cultural affairs including myself. This resulted in a proposal and plan for a possible project that met all the relevant criteria but was also flexible in implementation possibilities, in other words: it could be executed cheaply with only the input of expertise being more expensive, together with investing money in buildings and equipment. This was very much accepted by all opposing factions within Afghan society since all their respective artifacts, cultural goods showing their identity, would be represented. In general, the proposal was considered, at least among experts, to be a good and intelligent example of an attempt to win the hearts and minds of a population and therefore the mission was supported. If cultural heritage matters would have been treated separately from CIMIC, but as an obligation under international law, the outcome might have been different.

4.1 **A case study**

In answer to the requests and after necessary research and consultations with experts and the parties involved, the Cultural Affairs Unit of CIMIC Group North designed the following proposal and plan with the title: 'An Ethnographical Museum for Afghanistan'.[25]

After the expulsion of the Taliban in the autumn of 2001, international and Afghan organizations and experts started to make plans for the resurrection and reconstruction of the Afghanistan National Museum. Part of this world-famous museum collection was destroyed by the Taliban in the spring of 2001. Previously, in the early 1990s, a substantial part of the collection had already been stolen while the building itself was seriously damaged by different bombardments and mortar attacks.

The museum's collection consisted for the larger part of archaeological objects discovered in Afghanistan at the beginning of the last century. These objects mostly dated from the country's pre-Islamic period or more exactly

[24] Not to be confused with the also destroyed archaeological museum in Kabul that is in the process of being restored.

[25] Based on a document prepared on August 20th, 2002 by Willem Vogelsang with contributions and editing by Joris Kila in order to provide backing to the Afghan authorities' request for support. See also Vogelsang 2002.

before 800 AC. The items often represented the Buddhist and Hindustan periods. Especially these objects were destroyed by the Taliban.

Archaeological activities in Afghanistan have always been strongly linked with the emergence of Afghanistan as a nation, a process that started during the first half of the 20th century. The same is true for the establishment of the National Museum. The ruling elite that was striving for the creation of a secular-based nation was trying to demonstrate, by utilizing archaeological projects, that within Afghanistan's borders an old and rich culture always existed emanating from even long before the Islamic period. Archaeology as well as the National Museum of Afghanistan served as a means for the country's ruling parties to secure their own and their nation's position.

The ordinary Afghans' resentment of the before-mentioned political strategy became apparent when in 1929 the ruling monarch was impeached and replaced by an Islamic fundamentalist ruler who immediately ended the policy of reform that was being implemented at that time. All archaeological projects in Afghanistan were stopped while monuments and objects dating from pre-Islamic periods were destroyed.

The destructions in 1929 closely resemble the recent Taliban vandalism. The blowing up of the famous Buddha statues of Bamiyan in the spring of 2001 also fits this modus operandi. The Taliban, supported by many other Afghans, cannot relate to an era in which the inhabitants of the country had not been converted to Islam.

The reconstruction of Kabul's (archaeological) museum, however good the intention may be, therefore raises a number of questions. Is this really what the Afghan people want? Is this what they need? Is it not possible to spend allocated funds in a different and better way? Is the rebuilding of the Museum not part of the foreigners' wish list accompanied by Western-orientated leaders who want to give priority to the rebuilding of the Museum?

It is remarkable that the ethnological collection of the National Museum almost entirely survived the civil war as well as the Taliban regime. This is of course not without reason. The surviving objects do relate more directly to the lives and customs of the average Afghani, therefore they remained almost undamaged. It is easy to draw a conclusion from this phenomenon.

Plans have been initiated by independent experts regarding the possibilities for the establishment of an Ethnographical Museum in Kabul. Such a Museum should focus on Afghanistan's contemporary history presenting visitors with an image of the country's traditional and modern life using daily objects, tools, photographs etc. In short, the Museum should give the visitor an impression of Afghan identity in the context of daily life. The exhibitions on display should not only stress the differences between existing ethnic and religious groups within society, but should point more to themes such as water management, the climate, clothing and costumes, village life, etc. It seems logical that also Islam will have a prominent position within this approach.

The Museum must not function as a mere storage for old objects but has to serve as a dynamic location with changing exhibitions, workshops, lectures and a cinema. An example demonstrating these qualities is the head office of the Iranian Cultural Heritage Organization in Teheran.

It is of the utmost importance that the Ethnographical Museum will be designed, constructed and the interior decorated by Afghans themselves and they must carry out all the work since the activities concern their Museum, their culture, their country and, last but not least, their future.

The President of the intermediate government of Afghanistan, Hamid Karzai, has indicated several months ago that the establishment of an Ethnographical Museum in Kabul has a high priority. The President even suggested a particular building on the outskirts of Kabul as a possible location for the museum.

The earlier mentioned independent experts have been talking about the subject with the UNESCO representatives in Kabul; with the Afghan Minister of Information and Culture; with his deputy minister who deals especially with national museums; and with the director off all national museums in Afghanistan. Agreement has been reached on subjects such as the necessity and exact nature of a new Ethnographical Museum. The building suggested by Hamid Karzai is probably not very suitable for the museum, however this has to be determined during a fact-finding mission in the very near future. As a good alternative a complex of buildings has been allocated near the centre of Kabul. These buildings are almost undamaged, presently they are owned by the Afghan Ministry of Defence.

It is of course necessary that funding for this project has to be found. Apart from this, building up relevant expertise is very important. In late July it was agreed in Kabul that the UNESCO representation in Afghanistan will be responsible for the design of a complete plan; henceforth this plan will be presented to different potential donors in order to acquire financial support. Concerning the possible involvement of the Netherlands, conversations took place with Dutch representatives in Kabul and Islamabad as well as with staff members at the Ministry of Foreign Affairs in The Hague.

Support for this project has to be multinational, also to prevent all kinds of chauvinistic implications.

Concerning the building up of expertise it seems easy to use several functional specialists of CIMIC who are particularly qualified for this project. Apart from this, they can offer possibilities for Afghans to take training courses to become ethnographical curators in the new museum or somewhere else. It goes without saying that funding is needed for these activities.

Possible Dutch support for this initiative cannot be seen in isolation from the general need for international involvement in the developments in Afghanistan.

In the short term a complete plan is expected regarding the Museum as well as a European round trip for the Afghan Director of National Museums.

It is highly recommended that CIMIC executes a fact-finding mission, at relatively short notice, in order to speak to all the parties involved and to examine, with the help of a qualified architect (a functional specialist from CIMIC Group North) the possible locations suggested for the Museum. CIMIC's involvement will primarily concern the adjustment and repair of the building as well as basic training in Museum-related skills and the creation of a depot and basic laboratory with acceptable climate conditions. The exact terms of reference have to be determined during and after the fact finding.

The proposed project is 100% politically correct. The activities involved will generate a substantial amount of force protection since kick-off results will be directly visible. Splitting activities and taking part in one or more phases is simple. Sustainability is guaranteed because of UNESCO participation. For a follow-up and the transfer of knowledge, apart from the deployment of functional specialists, it is also possible to ask for the cooperation of the Netherlands Institute for Cultural Heritage (ICN).

This proposal was supported by UNESCO which also requested a fact-finding mission to be carried out by military cultural specialists from CIMIC Group North[26] and the Afghan Academy of Sciences who addressed a separate request to the ISAF headquarters in Kabul.[27]

---

[26] Letter from UNESCO to the Commander of CIMIC Group North, dated April 23rd 2003 and signed by L. Levi-Strauss, Deputy Director of the Division of Cultural Heritage.

[27] Letter from the Afghan Academy of Sciences dated 10 August 2002, no. 45 signed by Abdul Bari Rashed.

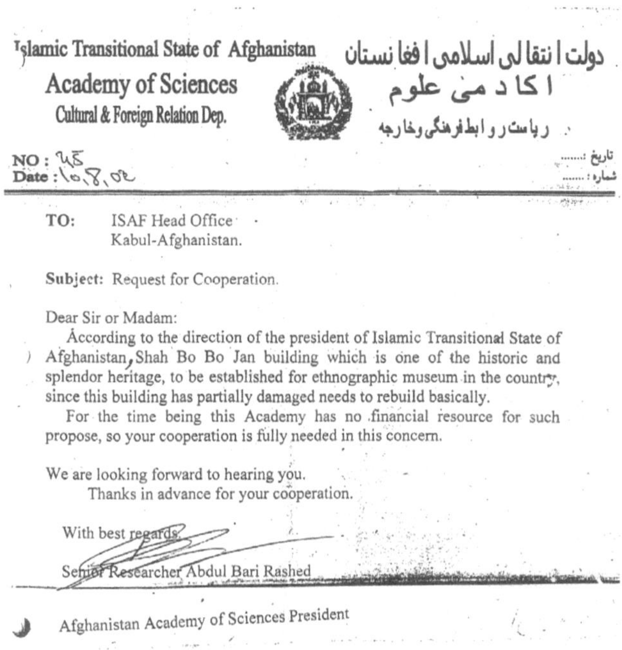

Islamic Transitional State of Afghanistan
Academy of Sciences
Cultural & Foreign Relation Dep.

دولت انتقالی اسلامی افغانستان
اکادمی علوم
ریاست روابط فرهنگی و خارجه

NO :
Date :

تاریخ: ......
شماره: ......

TO: ISAF Head Office
Kabul-Afghanistan.

Subject: Request for Cooperation.

Dear Sir or Madam:

According to the direction of the president of Islamic Transitional State of Afghanistan, Shah Bo Bo Jan building which is one of the historic and splendor heritage, to be established for ethnographic museum in the country, since this building has partially damaged needs to rebuild basically.

For the time being this Academy has no financial resource for such propose, so your cooperation is fully needed in this concern.

We are looking forward to hearing you.

Thanks in advance for your cooperation.

With best regards,

Senior Researcher Abdul Bari Rashed

Afghanistan Academy of Sciences President

Figure 7. Official request from the Afghanistan Academy.

The plan/proposal was submitted to the Dutch authorities as well as to NATO.[28] Finally, the Dutch authorities considered that the project was not in support of the Commander's mission. Several arguments were given, such as Kabul was outside the Dutch AOR and culture has low priority.

5. In support of the military mission

In general it is safe to say that cultural projects in a strict military sense are *not in direct support* of the military mission, but they can still have a huge impact on the overall conduct of the operation and will generate goodwill and positive publicity, while at the same time respecting and meeting the commitments of the Hague Convention. However, possibilities for imple-

[28] NATO did not respond and the Dutch authorities initially delayed a response and later declared that the plan was not in support of the mission. The low priority argument in the case of culture is often used when there is no specific knowledge about the Hague Convention and other relevant treaties.

mentation are limited due the international scarcity of militarized and deployable cultural experts. The US recently made an attempt to tackle the problem by creating vacancies for two cultural heritage specialists to work with the Iraq Reconstruction Management Office (IRMO) on the ground in Iraq; they should also deal with the military and this is an example of utilizing civilian experts with a diplomatic status in a military context. In this case this is possible because the US has a large force on the ground and a leading position.

As illustrated by the complexity of the available opportunities mentioned above, psychological factors and complications, as well as competence management, also play a role in the process of appraising the status and relevance of cultural emergency response in a military setting. The French philosopher Bourdieu[29] wrote in *La distinction* that people when perceiving and appreciating culture at the same time tend to profile their personal distinction. In practice this might affect the behaviour of a military staff as well as cultural experts who have to deal with cultural matters. Some look upon cultural erudition as being a strengthening of their self-esteem whereas others with a different perception of culture are strongly opposed to involving cultural issues in actions undertaken to resolve conflict situations and the reconstruction of a war-stricken area. It seems that the only remaining choice is the one between involvement and distance. This observation supports, on a micro level, the thesis that many conflicts have a culturally determined basis derived from factors such as ethnicity, education, religion, differences in the perception of culture and, last but not least, national identity. This was demonstrated in the former Yugoslavia where numerous acts of Iconoclasm took place attempting to deprive ethnic groups of their cultural identity.[30] Another method is to take cultural identity and to add it to one's own group, e.g., just before the 2nd World War the Nazis defined paintings by Rembrandt as being 'Nordic and/or Germanic', thus forming part of German culture.[31] In addition, there is the political use of archaeology as the Nazis practised in order to produce evidence for the evolution of a master race in Europe (Fagan 1994, B. Arnold 1992). Attempts to write history misusing archaeology were also undertaken in the late 1960s by the white settler government of Rhode-

[29] Pierre Bourdieu 1930-2002.

[30] See the mural in the Mattecce Monastery featured in this paper.

[31] See L.H Nicholas, *The Rape of Europa* (New York 1994).

sia (now Zimbabwe) claiming a rather strange and false connection of the country with the Phoenicians (Fagan 1994, Garlake 1973). Recent examples of the important identity aspect of monuments and what can go wrong if such qualities are not taken into account are cases like the (re)moved statue of a Red Army soldier in the capital of Estonia, Tallinn, and the destruction of the Al-Askariyya Shrine in Samarra, Iraq, better known as the golden mosque. The Askariya shrine's dome was destroyed on February 22nd, 2006, during bombing blamed on Sunni Muslim militants believed to be linked to al-Qaida that unleashed a wave of sectarian violence. Insurgents blew up the two minarets in Samarra on June 13, 2007.

Sometimes purely military reasons can persuade a Commander to address culture, examples being the theft of relics and artifacts from monuments and sites in his AOR, or the illicit traffic of cultural artifacts. In this light another question arises: is or should cultural affairs be a part of military intelligence? On the other side, military reasons can stop a Commander from protecting a cultural site, for instance when the ruins or other buildings provide cover and shelter for the opponents or when the monuments are located in such positions (towers etc.) that they are of strong strategic relevance .

It goes without saying that apart from all the described procedural and competence problems most countries do have a legal if not a moral obligation to put culture and cultural heritage in the curricula of military education programmes, since training on these matters is mandatory under international treaties such as the Hague Convention and its Protocols, see, for instance, the 2nd Protocol Article 30 under 3. Signatories to other treaties such as Unidroit, the UNESCO Treaty from 1970 or bilateral agreements should take obligations deriving from such treaties into account. A solution to tackle part of the problems is to make CPP an army-wide asset since there are juridical obligations. This way the 'being in support of the Commander's mission' rule is less dominant.

6. The (ill-defined) principle of military necessity versus the protection of cultural heritage according to the HC

> 'We are bound to respect monuments as far as war allows. If we have to choose between destroying a famous building and sacrificing our men, then our men's lives count infinitely more and the buildings must go. But the choice is not al-

ways so clear-cut as that. In many cases the monuments can be spared without detriment to operational needs. Nothing can stand against the argument of military necessity but the phrase is sometimes used where it would be more truthful to speak of military or even personal convenience'. General Eisenhower, December 29th, 1943

Military authorities in the US deal with cultural looting and destruction within the framework of their more general Law of War (LOW) that of course gives a lot of room to the ill-defined principle of military necessity.[32]

London Daily Mail *cartoon, March 1944, responding to German art destruction propaganda (Cartoon by Illingsworth* © London Daily Mail)

Figure 8.

It is obvious that warfare changed from symmetrical to asymmetrical since the experiences gained during World War II. However, some matters are still the same such as snipers who take high positions in the terrain e.g. in minarets like in Samarra, Iraq.

In the Second Protocol of the Hague Convention Article 11(2) states that immunity as granted to cultural property according to Chapter II Article 8 can be lifted in 'exceptional cases of unavoidable military necessity'. This necessity, see also the statement by General Eisenhower, can only be established by a commander of a force the equivalent of a division in size or larger. This appears to be an indication of the great importance that the treaty gives to the quality of military decision making on the subject and the quality of advice that will influence a commander's considerations while making the decision. In practice the commander of force equivalent to a division will

---

[32] 8 *Yale Human Rights & Development L.J.* (2005) pp. 164-166, 2005.

be at least a two-star general often heading a multinational mission. From a logical point of view advice concerning withdrawing immunity has to be given by military strategic experts, military lawyers and, last but not least, cultural experts. Results of assessments and research undertaken prior to the mission should normally play a role in this. However, the development of a scenario applicable to different occasions is highly recommended. This implicates that juridical experts, both civil as well as military, should investigate and comment on the above-mentioned article of the Hague Convention also to determine if it will apply to certain situations such as events involving a commander of a force smaller than a division. Furthermore, does the treaty also provide a directive for military decision making in the case of claimed cultural property that is not (yet) on the international register? Finally, what are the legal implications if a situation in theatre unexpectedly occurs concerning the possible destruction of cultural heritage involving a smaller battle group?

6.1 A case study: An example of (unintended) violation of the Hague Convention and how to prevent this

The practical example described in the following table is a violation to the Hague Convention: Article 3. The safeguarding of cultural property: Article 4. Respect for cultural property: Article 5.2. Occupation: Article 7. Military measures and the Geneva Convention IV, Articles 33 and 53.

The problem is the use of so-called Hescos, which are large bags that are filled with sand/rubble to serve as barriers for military camps and fortifications. They are also known as Concertainer™ Barriers and are made by the UK Company Hercules Engineering Solutions Consortium, in short HESCO.

Cases are known where these bags were filled with deposits from archaeological sites containing pottery sherds, bones, etc. The soil in an archaeological site represents all kinds of important data that are only useful when extracted by experts from their original context.

For instance, earth layers can give information through stratigraphical data, e.g., pottery fragments can serve as an important dating tool when found in the original context of the soil. When such deposits are used to fill Hescos the context of the site is disturbed and it is very difficult or even impossible to be used for archeological research. Even worse were cases where after a complaint was made about the use of archaeological deposits, these deposits

Hague Convention 1954 + protocols	**Current military policies, customs, practice and regulations**	**Possible incongruities or desired additions**
Article 3. Safeguarding of cultural property The High Contracting Parties undertake to prepare in time of peace for the safeguarding of cultural property situated within their own territory against the foreseeable effects of an armed conflict, by taking such measures as they consider appropriate	Operations take place in: Area of Responsibility (AOR) Country of origin of military force and AOR in countries where a mission is taking place	Does Article 3 give a directive or even an obligation to prepare before a foreign mission for the safeguarding of cultural property situated within the AOR of a foreign mission, territory, etc.? Article 5: possible obligations concerning safeguarding cultural property outside country of origin.
Article 4. Respect for cultural property 1. The High Contracting Parties undertake to respect cultural property situated within their own territory as well as within the territory of other High Contracting Parties by refraining from any use of the property and its immediate surroundings or of the appliances in use for its protection for purposes which are likely to expose it to destruction or damage in the event of armed convict; and by refraining from any act of hostility directed against such property.	AOR = mission area COM = Commander CH protection has to be in support of the COM's mission Following NATO's AJP-9 CIMIC doctrine	Is there an obligation for the military to protect CH not only in their AOR but also in the entire country where they fulfill a mission if this 'foreign' country is a High Contracting Party to the HC? Does the UNESCO treaty give directions?
Article 4. Respect for cultural property 2. The obligations mentioned in Paragraph 1 of the present Article may be waived only in cases where military necessity imperatively requires such a waiver.	Field COM decides on all actions.	What is military necessity? Who decides? Who gives advice? What is a military target? Is this determined by function, location, daily use? Who determines the military value compared to the cultural value of a cultural property?
Article 4. Respect for cultural property 3. The High Contracting Parties further undertake to prohibit, prevent and, if necessary, put a stop to any form of theft, pillage or misappropriation of and any acts of vandalism directed against cultural property. They shall refrain from requisitioning movable cultural property situated in the territory of another High Contracting Party	No cultural assessments or cultural military staff, since CH protection is often considered not to be a priority or is not in support of the Field COM's mission. Military police not trained in CH matters.	Obviously mandatory under HC Do military customs and regulations prevail over obligations deriving from international treaties specifically HC + protocols. In case of no special military necessity urging to refrain from what is described in Article 4? In what case does a field COM's decision prevail over international law?
2nd Protocol of the Hague Convention Article 11(2) … immunity as granted to cultural property according to Chapter II Article 8 can be lifted in case of 'exceptional cases of unavoidable military necessity' to be ordered by division Commander or higher	Not in support of COM's Mission following NATO's AJP-9 CIMIC doctrine In practice a COM on division level or higher is most likely to be a COM of coalition forces or multinational forces	A high Commander as meant in this Article in general has no cultural advisors working for him. Is such a provision mandatory under HC as stated in Article 7? NB: A J9 CIMIC advisor cannot be a substitute for this.

were replaced and dumped on another archaeological site thus causing a second disturbance. John Curtis Keeper of the Department of the Ancient Near East at the British Museum gives examples in his 'Report on Meeting at Babylon 11th-13th December 2004'.

Figure 9. Military personnel preparing Hescos.

In preparation for the meeting the three archaeologists attached to the Polish forces, Miroslav Olbrys, Agnieszka Dolatowska and Tomasz Burda, had prepared a document entitled 'Report Concerning the Condition of the Preservation of the Babylon Archaeological Site'. As the title suggests, this document is essentially a condition report and it contains many photographs that provide an invaluable record of the state of the site in November 2004. Therefore Curtis sometimes refers to the 'Polish Report' also as a source to verify his observations. I will quote some segments of Curtis' report dealing with the misuse of deposits in Hescos in Babylon.

Babylon is undoubtedly one of the most important archaeological sites in the world and was the capital city of two of the most famous kings in antiquity, Hammurabi (1792-1750 BC) who introduced the world's first law code, and Nebuchadnezzar (604-562 BC) who built the Hanging Gardens of Babylon, one of the Seven Wonders of the World. In the report the condition of several parts of the site are investigated. They sometimes bear modern names like the Reno Gate, Warsaw Gate and Tent City.

'*Reno Gate*'
3. To the west of the Reno Gate there is a trench *c*. 30 m × 10 m, up to 2 m deep, that is said to have been dug to fill conix containers (HESCO bags).

4. There are further large cuttings to the south of the barbed wire perimeter that we were not allowed to visit.
5. To the south of the Reno Gate for a distance of about 200 m the road is lined by HESCO bags that have clearly been filled with deposits from the Babylon site, containing sherds, bones, etc.

Tent City #2
In the northern part of Tent City #2 there is much disturbance in an area used as an ammunition store. What remains is a horseshoe-shaped berm made up of deposits emptied from HESCO bags. These deposits clearly come from archaeological contexts. Much sand, said to have been brought in from the desert, has also been deposited in this area. See the *Polish Report*, fig. on p. 31.

'*Warsaw Gate*'
1. Outside the so-called Warsaw Gate which is in the north-west corner of the camp there are two trenches, each *c.* 20 m long. See *Polish Report,* fig. on p. 16. In the piles of spoil alongside the trenches there are many fragments of brick, some with inscriptions of Nebuchadnezzar.
2. About 200 m south-west of the Warsaw Gate are HESCO bags protecting an open storage area with floodlights that are filled with earth containing many fragments of brick, some inscribed … .
Around the site there are thousands of sandbags and HESCO barriers/conix containers. Originally these sandbags and HESCO barriers were apparently filled with earth scooped up from the Babylon archaeological site, and the presence of potsherds and bones in the bags is a testimony to the archaeological nature of the deposits used. I was informed that on 3rd November 2003, an order was issued requiring that the bags should only be filled with sand and earth brought in from outside Babylon, but this is in effect substituting one problem for another. By bringing in large quantities of sand and earth from elsewhere (some of these probably in themselves archaeological deposits), the deposits at Babylon will be irrevocably contaminated … . John Curtis Keeper, Department of the Ancient Near East, The British Museum.

The HESCO problem can be solved by good training also in peacetime and by including cultural experts in assessment missions prior to a military mission and by (temporarily) including military cultural experts in a mission. The problem should also be addressed in a military field guide.

7. Cultural emergency response and assessment units

The disciplines proven to be most needed and useful in relation to practical experiences[33] are:

- Project managers;
- Library and archives experts;
- Archaeologists;
- Restorers of all disciplines;
- Conservators, curators;
- Trainers;
- (Police) Specialists in guarding sites and in tracking down objects (in the case of stolen and or lost objects).

7.1 **Some general ethical guidelines (as used by the Dutch CIMIC)**

NB: These guidelines can (partly) be used for CH protection activities.

- As civilian as possible, and as military as necessary (guideline coming from the Dutch Ministry of Development Aid).
- The military do not undertake work that has already been started by civilians or can be done by civilian organizations. However, safety conditions have to be taken into account. It goes without saying that for Cultural Affairs this implies that activities such as excavations, non-emergency restorations etc. are strictly prohibited.
- The military consider the value of CIMIC within the balance of their own (military) mission and undertake to provide as much added value as possible when active in a civilian context.

Note that these are just guidelines coming from the Dutch perspective and especially the 'as civilian as possible' rule provides room for multiple explanations and should be put to the test in practice.

A very persistent problem, that I know to be an international issue as well, became manifest. Some of the CIMIC branches, especially Humanitarian Affairs[34] are confronted with serious criticism from NGOs, International

[33] Based on my personal experiences as a network manager/coordinator for CIMIC missions in Iraq and Afghanistan and two trips to Iraq to assess the CIMIC situation.

[34] A CIMIC branch like Humanitarian Affairs is closely monitored by civilian counterparts working in the same field. Since there are many more active organisations, the competition is greater compared to the cultural branch.

Organizations (IOs) and decision makers within ministries of development aid/foreign affairs. NGOs consider military emergency aid to be false competition. Furthermore, they claim that (already earmarked) money is used that was originally meant to be spent on NGO activities. Another complaint is that NGOs can operate more economically than the military. I do not want to make a judgment on all CIMIC disciplines, but the arguments raised by opponents are not valid in the case of Cultural Affairs. There are only a limited number of civilian organizations dealing with cultural heritage protection and on several occasions (Iraq, Afghanistan) these organizations have asked for the assistance of militarized experts since they could not go in themselves due to security conditions. On the other hand, military experts should not stay in theatre longer than necessary and should hand over their activities and project information to civilian organizations or succeeding militaries before leaving.

8. Why should NATO deal with culture?

In theory, NATO would be an ideal organization to house and support a militarized cultural emergency team. International treaties such as the 1954 Hague Convention and its protocols require that institutions like NATO and the EU bring in expertise concerning cultural heritage protection in times of armed conflict in their organizations. In the case of NATO, this task could fall more or less naturally to the department of Civil Emergency Planning (CEP), in particular the Senior Civil Emergency Planning Committee (SCEPC). There is also a related military intelligence element, especially in the case of the illicit traffic of artifacts. In addition, NATO's Allied Command Transformation (ACT)[35] should include cultural heritage protection in its programme and in the curriculum of the NATO school in Oberammergau.

Since many countries are members of NATO, the possibility of locating and recruiting militarized cultural experts is potentially great. Furthermore, the NATO CIMIC (Civil Military Cooperation) AJP-9 doctrine seems designed to enhance the implementation of Cultural Affairs: responsibility for providing advice on cultural heritage issues to military planners and commanders of NATO forces lies with CIMIC/CA or in the future with the entity

[35] ACT's mission statement includes the following goals: 'Improve military effectiveness and interoperability' and 'Support Alliance operations.'

described as the centre of expertise and liaison, see the chart further on in this chapter.

In the field, the deployment of military cultural experts (if in the CIMIC context) must be in support of the commander's mission. This is based on NATO CIMIC doctrine AJP-9, wherein CIMIC (known in the United States and United Kingdom as Civil Affairs, or CA) is defined as:

> 'The co-ordination and co-operation, in support of the mission, between the NATO Commander and civil actors, including national population and local authorities, as well as international, national and non-governmental organizations and agencies.'

The AJP-9 doctrine provides room for multiple interpretations. The phrase 'in support of the Commander's mission' could mean in the actual area of the deployment of a battle group, e.g., Al Muthanna (Iraq), or in a wider context in support of the mission in a whole country, e.g., the NATO commander's mission in Afghanistan. It can be argued that cultural activities, including tourism and the creation of national identity, are of benefit to the whole country and should be protected. The NATO doctrine is useful as a reference since, although all the countries involved in Iraq and Afghanistan have vastly different military and civilian structures, they are mostly NATO members, including the United States, and should therefore comply with the doctrine.

However, each of these approaches is problematic. A major problem with getting NATO[36] involved in cultural heritage protection is the fact that member states such as France oppose the idea of creating and developing special expertise aimed at reconstruction and stabilization processes during and after missions within NATO. Their main argument is that such expertise should be implemented by the Rapid Reaction Force (RRF),[37] the EU's first mili-

---

[36] 'In NATO, I see an extraordinarily valuable emergency management capability that is being underutilized. I believe that this is due to the lack of civil-military cooperation, coordination and planning at NATO': FEMA Director Paulison speaks at NATO on the importance of civil-military cooperation. Release date: November 16, 2006. Release number: FNF-06-017.

[37] The Rapid Reaction Force was set in motion by the French and British. Despite some reservations by non-NATO members, EU leaders agreed at the Helsinki summit in December 1999 to establish the RRF for peacekeeping, crisis management, and humanitarian and rescue work.

tary initiative.[38] Therefore, initiatives not coming directly from member states are currently not discussed within NATO.

8.1 Opportunities following the NATO CIMIC AJP-9 Doctrine

The following are excerpts from CIMIC doctrine and how they could apply to cultural affairs.

CIMIC Doctrine	Explanation
'CIMIC activities form an integral part of the Joint Force Commander's (JFC) plan, are conducted in support of his mission and are related to implementing the overall strategy and achieving a stable and sustainable end-result.'	For Cultural Affairs this means that planners and commanders have to be made aware of the importance and value of CH. One can point out the economic impacts of tourism, the unifying effect on national identity, security concerns related to illicit trafficking and the generated funds for insurgents. In addition, the obligations for the military deriving from international treaties and other documents such as the Hague Convention and protocols. A commander (COM) can only determine if CH protection is in support of his mission if he gets all the information needed about the cultural situation in his AOR to make a decision. The COM must be trained and counseled in matters related to culture to interpret this information.
'The Commander's CIMIC staff are fully integrated into his Headquarters (HQ) and have full vision of and are authorized to coordinate CIMIC activities in the Joint Operations Area (JOA), theatre or region.'	In this case, an international military cultural heritage experts team or individual experts should temporarily be added to a COM's CIMIC or CA staff with a reach-back capability outside of theatre. In other words the experts are lent out by their ministries of defense or an organization such as NATO following requests and make use of a (virtual) back office of civilian experts that can supply additional and more specific information if needed.
'In co-operating with a potentially wide range of civilian bodies, NATO forces will, as far as possible and within military means and capabilities, accommodate and support the activities of these bodies, providing this does not compromise the mission.'	If the situation permits it and civilian experts are available, it is recommended to have them on the ground instead of militarized or military experts.

[38] Example: 'We cannot accept an institutional structure that allows NATO exclusivity in matters of security, while at the same time confining Europe to a permanent secondary role. We don't want a division of roles that leaves the strategic direction of operations in American hands, and European forces facing the task (and the risk) of carrying them out on the ground. The principle established in Berlin in June 1996 permitting the Western European Union (WEU) to use the resources of the alliance to carry out European operations under its own direction should be put into effect.' Source: Paul Quiles, a deputy from Tarn in the French National Assembly is president of the Commission on National Defense and the Armed Forces. An interesting link to this is Foreign Minister Hubert Vedrine's speech to the North Atlantic Council in Brussels on December 8, 1998.

'CIMIC activities are carried out with a view to timely transition of those functions to the appropriate civilian organizations or authorities.'	All military cultural experts (not only CIMIC/CA) should not stay in theatre longer than necessary and should hand over their activities and project information to civilian organizations or succeeding militaries before leaving. Procedures must be developed to properly hand over cultural activities.
'CIMIC is applicable to both Article 5 Collective Defence and Non-Article 5 Crisis Response Operations (CROs). In both scenarios commanders are increasingly required to take account of social, political, cultural, religious, economic, environmental and humanitarian factors when planning and conducting military operations. Commanders must take into account the presence of large numbers of IOs and NGOs with their own aims, methods and perspectives, all of which may have to be reconciled with those of NATO. The context and profile of CIMIC will alter according to the nature of the crisis or operation. In combat operations, the focus of CIMIC is likely to be narrower than in other operations. In a CRO, CIMIC's focus will be broader and more complex, enabling a COM to play his part in what is likely to be a composite, multi-functional approach to a political emergency.'	Cultural Affairs supplies information and guidance concerning the above-mentioned. CIMIC/CA Cultural Affairs always aims to cooperate with NGOs, IOs and local civilians wherever and whenever possible. It must be noted that there are not many NGOs and IOs dealing with this so it will be likely that Cultural Affairs will be called upon more often than other CIMIC branches. Better would be the use of CPP advisors from the whole army not restricted to CIMIC/CA only.
'Relationships with the Civil Environment. Challenges will be enhanced by the presence of the media and the expectations of both the international and local communities. Therefore effective relationships with a wide range of civilian organizations as well as local populations, governments and military forces will be essential in future conflict resolution. These relationships may include joint planning mechanisms at the strategic level. CIMIC is the COM's tool in establishing and maintaining these relationships.'	Cultural and cultural heritage matters have proven to be quite effective door openers in attempts to bring parties together in times of minor conflicts. Also, the protection of cultural heritage is good for the PR of the organizations involved, including the military.

9. In theatre

A situation similar to what happened in Iraq can occur, i.e., military from a certain country redeploy before the situation is stable enough to hand over to the proper civilian bodies and agencies. This was the case when the Dutch Battle Group, after a political decision, left its AOR (Al-Muthanna province) in Iraq. At this moment the CIMIC cultural experts who had not yet finished their job had to leave as well. Procedures have to be developed to properly hand over cultural rescue activities if such events occur. The founding of an international civil liaison agency (to maintain contacts with the military also in peacetime) for cultural emergency response either within or without the CIMIC framework may help out in such matters.[39]

[39] The creation of such an office is recommended by the Amman Euromed Heritage workgroup as well as (for Iraq) by the Unesco ICC Committee.

Another permanent subject of discussion is the relative high ranking of Functional Specialists. There are two main reasons for this: first, pay is directly connected with rank. This means that, in practice, in order to be able to recruit highly qualified civilian experts representing various domains they must be paid a corresponding and reasonable salary, while still being considerably less than their standard civilian income. Their rank must therefore be of a certain level. Secondly, in order to be able to properly negotiate in the field with governmental officials, higher foreign military officers and international organizations and the like should have a representative (high) rank in order to be taken seriously. Opposition against this level of ranking occasionally comes from career soldiers. Mostly arguments focus on the problem that foreign military cannot see that the high ranking officer is a functional specialist who is not equally equipped and trained to act in military emergency situations if they occur, whilst the (foreign) military of lower rank expect the officer to act and take command. This can be avoided by sending out Functional Specialists in the field accompanied by at least one professional colleague being normally of lower rank but acting (by mutual agreement) as a so-called functional superior during the field assignment. Strangely enough, such problems do not seem to exist with military medical staff and legal experts, probably because these militarized experts have long proven to be necessary in the army, whereas cultural officers and their expertise are a relatively new phenomenon.

10. Cultural capital

As has been stated in the literature (e.g., Bourdieu, De Swaan a.o.) there is such a thing as *international as well as national cultural capital.* In other words, cultural assets like natural resources and available expertise can be essential elements of a civil society's economy. Both income (foreign currency) and labor are generated through tourism. On the other hand, there is also a more abstract added value, for instance linked to national and ethnic identity, as illustrated by events in Iraq and former Yugoslavia. One can see that the cultural identity of a nation is disrupted by the damaging and removal of heritage representing the cultural and historical identity of such nations. Rival factions address and (mis)use Cultural Heritage in sometimes contradicting ways and from different backgrounds and interpretations (in Iraq for instance Shiia and Sunni), even on some occasions causing the looting of their own country's cultural heritage. Regrettably enough, initiatives for international conferences on sustainable tourism in Iraq have been suspended for security reasons.[40]

Nevertheless, it must be emphasized that the safeguarding and preservation of all monuments and objects must be given high priority especially for the benefit of future generations. Outbursts of modern iconoclasm must be stopped in time through professional intervention. Of course there is also a more abstract value to cultural capital since individuals strive to increase their personal cultural capital in order to enrich themselves intellectually. At the same time CH objects such as archives are not only economic assets but represent both the identity and memory of a nation.

In this context the question posed by Eric Foner[41] – 'who owns history?' – can be supplemented with 'who owns cultural heritage'?

An example of what can go wrong with libraries and military is the following recent case that took place in Baghdad[42] on August 8th 2007.

According to the Director of the Iraqi National Archives and Library (INLA) a group of Iraqi national guards broke into the National Library and Archive's main building.

In doing this they violated the instructions of the Council of Ministers, which clearly assert that Iraqi security and armed forces cannot enter any state-run institution without the prior approval of the government and the concerned authorities.

The national guards acted without consulting the director, Dr Saad Eskander, and entered the building by force. Because there was a 4-day curfew period, the director was not able to go to the INLA to speak with the INLA's own guards, who did not know how to react. Dr. Eskander talked to the commander of the national guards by phone, asking him to leave the building immediately. He refused to evacuate the building, claiming that he had orders from his superiors and the Americans to occupy the INLA. The commander also stated that the national guards wanted to protect Shi'i visitors to the holy shrines of al-Kadhimiyah, which is situated 30 km from the

[40] See <www.Columella.co.uk>.

[41] Eric Foner, *Who owns history?: Rethinking the past in a changing world* (New York 2002).

[42] Sources: email from Jeff Spurr, Harvard University, to the author dated August 8th, 2007; letter to Spurr from Saad Eskander, Director of the Iraqi National Library and Archive, dated August 8th, 2007, Looting Fear as Iraqi State Library Seized, in the Guardian on August 10, 2007.

INLA. Apparently, according to Dr. Eskander on Monday (6 August), a US military patrol entered the INLA's main building also without his permission. The commander of the patrol interrogated the INLA's guards and ordered them to show their IDs. In July, US soldiers entered the INLA three times. Obviously the actions of US soldiers have encouraged Iraqi national guards to do the same, i.e., entering and then occupying the building by force.

US authorities in Baghdad were contacted indirectly with the request to stop the violations and the unlawful actions of both US soldiers and Iraqi national guards against the INLA and its staff but showed no interest in the matter according to Dr. Eskander who asked for support from his international colleagues asking them to protest against the matter to all the authorities.

This is an example of a situation that can occur when there is no or bad communication between military, governmental and civilian parties. First, there is the fact that apparently Iraqi militaries use their US colleagues as an excuse to achieve their own goals, in this case involving cultural property. Secondly, both the US and Iraqi military violated the Hague Convention by invading the cultural property mentioned; third, no Military Necessity was apparently proven. The only excuse was the protection of Shi'í, but this was not very likely considering the distance from the holy shrines; probably there was a strategic interest concerning the building or the status of the INLA's own guards. However, matters could have been solved through good liaison with the US militaries. It is remarkable that in this case a situation arises where cultural heritage matters are mixed with ethnical and religious as well as military matters. This shows the complexity of CH protection and how important it is to organize training and develop procedures and good contacts already in peacetime.

11. Perception of culture, examples for training the military

For people not trained in cultural matters it can be difficult to distinguish objects and make a proper first determination. It would be one of the major tasks of an international cultural coordination and liaison centre to provide commanders with information on objects in their AOR, preferably on request. A typical example of two objects that are difficult to determine for non-experts and that I used for training militaries is the following:

Figure 10.
Photograph by Joris D. Kila.

Figure 11. © 1990 Philadelphia Museum of Art (The original, pencil additions to printed reproduction).

At first glance both pictures look damaged but actually the one on the right is an important work of modern art by Marcel Duchamp made in 1940[43] whereas the other is a historical mural representing a Christian saint from the Mattecce Monastery in Macedonia (FYROM). This piece was damaged with graffiti by soldiers from the UCK, an Islamic militia of ethnic Albanians in order to deprive their orthodox Christian opponents of their cultural and religious identity. Note the fact that the soldiers, most likely not trained in art, used graffiti derived from Western mass-culture (Ray Ban sunglasses, football trophies, and Diego Maradonna).

The picture on the right seems to be Leonardo da Vinci's Mona Lisa but is actually a creation by Marcel Duchamp. This artist's aim was to attack the eternal values of Western culture. Through Duchamp's rather iconoclastic act the famous smile of 'la Joconde' is now hidden behind a moustache and

[43] Duchamp made a first version in 1919. The moustache and chin-tuft were added on a reproduction with lead pencil, 20 × 12, New York, private collection. This version from 1940, 19 × 12, Rotterdam, Museum Boijmans Van Beuningen, was part of his 'ready-made' suitcase project.

chin-tuft.[44] So we have one work of art not damaged and one that is damaged and representing the cultural identity of an ethnic group.

CIMIC CuA offered to restore the damaged mural by removing the graffiti and putting on a non-intruding protective layer that would facilitate removing graffiti if it would be applied again. But the party responsible for the mural saw it as excellent PR and asked us not to restore it until a peace agreement was signed. For the moment they were quite happy with their new mural that made a powerful statement, as did the Mona Lisa of Marcel Duchamp when it was exhibited for the first time.

How does one deal with situations like these where art is (mis)used as propaganda and how can the military recognize cultural objects, give a basic iconographic description, and assess the possible damage? Training is needed on different levels as well as putting militarized cultural experts in theatre. Furthermore, the creation of a guide for Militaries containing basic instructions on how to handle cultural heritage and other practical information is necessary. The US Civil Affairs recently published such a guide for US service personnel.[45] A European version will be most welcome, maybe extended with basic determination forms; last but not least an Arabic version is indispensable. At this stage I am working together with the Netherlands Red Cross and the Netherlands Defence Academy in order to realize this within a reasonable time frame. The Dutch Military Police (Marechaussee) have shown a first interest in this guide.

The most recent development is an US initiative for Iraq and Afghanistan. The Defence Department sends decks of playing cards to troops in Iraq – this time showing some of the country's most precious archaeological sites instead of the most-wanted former regime officials. Some 40,000 new decks of playing cards will be sent to troops in both Iraq and Afghanistan as part of an awareness programme so that troops can help preserve the heritage of those countries, It is aimed at making troops aware they should not pick up and take home artifacts and to avoid causing damage to historic sites, such as an

---

[44] He desecrated the piece by giving the Mona Lisa a moustache thus declaring her a man and through the letters in the centre. Duchamp's aim was not simply the effect of alienation, he also wanted to demonstrate that a commonly known icon could be totally changed through adding or removing something. The result is not plain nonsense but multi-interpretation and alienation of an object (Leinz 86).

[45] Civil Affairs Arts Monuments and Archives guide. GTA 41-01-002, March 2005, US Army Training Support Centers.

incident after the 2003 invasion of Iraq when US troops built a helicopter pad on the ruins of Babylon and filled their sandbags with archaeological fragments from the ancient city. Each card in the deck shows an artifact or site or gives a tip on how to help preserve antiquities.[46]

Figure 12. Iraq: Uruk (Warka) September 2003. Dutch Patrol with cultural experts. Photograph by Joris D. Kila.

12. Interagency coordination and emergency response

An interagency coordination bureau must be established to create and maintain contacts and working relationships with the military. This office should also initiate training by civilian heritage experts and the military and should direct an international militarized cultural emergency response unit. The bureau can operate independently but also assist the ICBS or a nominated commissioner-general for cultural property in emergency situations.

The organizational structure could be as shown in Figure 13.

13. Recommendations

That being said, I advance the following as a list of recommendations for military forces, policy and decision makers and juridical experts to take into

[46] *International Herald Tribune*, June 18th, 2007.

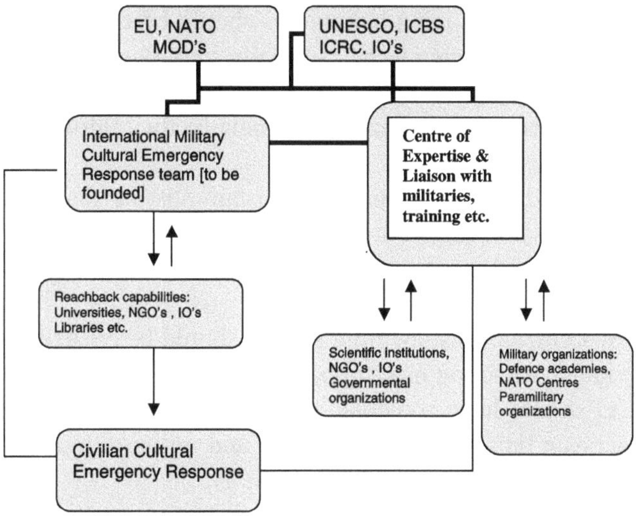

Figure 13. Organizational structure. Copyright by Joris D. Kila.

consideration for the better protection of cultural heritage in future and existing conflicts:

- NATO member states should request that NATO implements Cultural Heritage protection as a multinational asset.
- Field experience shows that Cultural Heritage protection is necessary in different phases of a conflict, including the early stages.
- An interagency coordination bureau must be established (see the organigram).
- It has yet to be determined whether Military Cultural Heritage protection experts can also be active during peacetime to respond to emergencies, such as major natural disasters.
- An Arabic version of a basic guide on cultural heritage must be developed as well as a guide for European soldiers. Preferably, this should happen in cooperation with civilian organizations.
- Organizations such as NATO and the EU should create Departments of Cultural Heritage and should work together with UNESCO.
- Cultural Heritage protection should be organized and embedded army wide not in CIMIC
- If there is no separate assessment cultural eritage protection experts should always be included in a CIMIC/CA assessment mission. Whenever possible, an assessment mission should be executed. Ongoing

aerial assessments utilizing helicopters should be carried out, considering that they have proven to be especially important in preventing looting.

- Joint field exercises and training, especially for high-ranking officers and planners, are necessary.
- Lessons learned from Iraq and Afghanistan must be shared and read by planners. The same can be said for past field experiences, especially in relation to World War II and the MFA&A officers and the Soviet Trophies brigades.
- A UNESCO medal or something similar should be created to make cultural heritage protection more appealing to the military.
- UNESCO should have someone assigned to deal with military matters and to act as a liaison with the military and military organizations such as NATO and military academies.
- An international survey has to be carried out to create a register of experts in the military who have studied art history, archaeology, anthropology, cultural sciences, and other relevant disciplines.
- After the military mission, cultural heritage matters must be properly handed over to local authorities, NGOs, or follow-on forces, as appropriate.
- The possibility to nominate a commissioner-general for cultural property should be revived and further developed in collaboration with the President of the International Court of Justice and UNESCO.
- Cultural Heritage protection has to be treated differently or function separately from CIMIC branches since its activities are mandatory under international treaties and not only in support of a (commander's) mission. There are continuous CH activities, e.g., training and research in peacetime.
- If possible use should be made of members of certain tribes linked to the site as guards; it is often easy to check with former excavation concession holders (museums, universities, etc.) if there was any affiliating during peacetime with certain people.
- A permanent department for CH matters within European armed forces including the RRF must be created.
- Ministries of Defence should create separate sections to deal with Cultural Heritage protection following the Hague Convention and other treaties and co-ordinate and provide training on this subject. Such sections must be able to act independently from CIMIC/CA if needed and

should provide advice for Land Forces, the Navy, the Air Force and the Military Police. Such a section should be led by an expert educated in archaeology, art history and law who have gained field experience and must have an international network and credibility.

Selected Bibliography

'An insider's account of the evacuation of Babylon', <www.theartnewspaper.com/news/article.asp?idart=11783-27k>.

Akinsja, K. and Koslov, G., *Operatie Kunstroof* (Amsterdam 1996).

Alle Hens, *Maandblad van de Koninklijke Marine*, maart 2004, p. 37.

Arnold, B., 'The Past as Propaganda', 45 (4) *Archaeology* (1992) pp. 30-37.

Auwera, S. van der, 'International Conference on Science and Technology in Archaeology and Conservation', Conference paper (Baeza, Spain 2007).

Bogdanos, M., *Thieves of Baghdad* (New York 2005).

Bogdanos, M., *Thieves of Baghdad* (New York 2006).

Bourdieu, P., *Distinction, A Social Critique of the Judgement of Taste* (Cambridge 1984).

Boylan, P.J., 'The Concept of Cultural Protection in Times of Armed Conflict: From the Crusades to the New Millennium', in Brodie N. and Tuss (eds.) *Illicit Antiquities. The Theft of Culture and the Extinction of Archaeology* (London 2002).

CIMIC Group North Civil Assessment Team Iraq Al Muthanna, October 2003, NL MOD, ed. LCol R. Schuurman. LCol J. Kila, Hoofdstuk 4: Cultuur, Internal Report Netherlands MOD.

'Civil Affairs Arts Monuments and Archives Guide', GTA 41-01-002, March 2005 US Army Training Support Centers.

Clausewitz, C. von, *Vom Kriege* (Berlin 1832).

'Cultural Heritage Management in Times of Armed Conflict', Recommendations of the workgroups, 16 April 2005, Euromed Heritage Rome.

Curtis, J., Report on the meeting at Babylon 11th-13th December 2004, British Museum, <www.thebritishmuseum.ac.uk/newsroom/current2005/Babylon_Report04.doc>.

'Dutch Help Bedouins Guard the Sumerian Site of Uruk', <www.theartnewspaper.com/news/article.asp?idart=11384-20k>.

Dutli, M.T., 'The protection of cultural property in the event of armed conflict in the framework of treaty and customary international law', Paper presented at Vienna 2005.

Edsel, R.M., *Rescuing DaVinci* (Dallas 2006).

'EHBO'ers op cultureel gebied', [First Aid for Culture], 17 *Defensiekrant* (April 28th 2005), <www.mindef.nl/Images/LRDK17_tcm6-1883.pdf>.

Feliciano, H., *The Lost Museum* (Paris 1997).

Foner, E., *Who Owns History? Rethinking the Past in a Changing World* (New York 2002).

Frerks, G. a.o., 'Principles and Pragmatism Civil-Military Action in Afghanistan and Liberia', Study commissioned by Cordaid (The Hague May 2006).

Garlake, P., *Great Zimbabwe* (London: Thames and Hudson 1973).

Gray, C.S., 'Comparative Strategic Culture', From *Parameters US Army War College Quarterly*, (Winter 1984) pp. 26-33.

Habsburg-Lothringen, K., *In Protection of Cultural Property in the Event of Armed Conflict* (Vienna 2002).

Haes, L. de, 'Cultuur is oorlog' [Culture is War], Essay published on the internet 1995, <www.brakkehond.be/redactie/leoinh.html>.

Houpt, S., *Museum of the Missing* (New York 2006).

International Coordination Committee for the Safeguarding of the Cultural Heritage of Iraq, 2nd Plenary Session (Paris, 22-23 June 2005) Final Report Recommendations.

Kila, J.C., 'From Strategic Culture to Cultural Strategy. Strategic Culture and Subcultures and their Influences on and Interactions with Contemporary Civil Military Cooperation', *Civil-Military Aspects of Military Ethics* (Vienna: National Defense Academy Vienna 2008).

Kila, J.D., 'CIMIC Group North , Cultural Affairs', Jaarverslag (Den Haag 2002).

Kila, J.D., 'The Role of Nato and Civil Military Affairs', in Rothfield, L. (ed.) *Antiquities under Siege* (New York 2008).

Kila, J.D., 'Wartime and Peacetime Cultural CIMIC/Civil Affairs in Practice', in Talal Akasheh (ed.) *Acts 5th International Conference on Science and Technology in Archaeology and Conservation* (Granada 2008).

Kila, J.D., 'Workgroup 2: Selection and Dispatch of Cultural Heritage Experts to Areas of Conflict – Criteria and Practice in Cultural Heritage Management in Times of Armed Conflict Recommendations of the workgroups' (Rome: Euromed Heritage 16 April 2005).

Kila, J.D., Crèvecoeur, R. and Terwen P., 'Report 2-RTP project National Museum Skopje' (Amsterdam: ICN 2002).

Leinz, G., *Moderne Kunst Zien en Begrijpen,* 1e druk (Trendboek 1987).

Merryman, J.H., *Thinking about the Elgin Marbles. Critical Essays on Cultural Property, Art and Law* (The Hague, London, Boston 2000).

Micewski, E.R. and Sladek, G. (ed.) *Protection of Cultural Property in the Event of Armed Conflict: A Challenge in Peace Support Operations,* Publication Series of the National Defense Academy Vienna ande the Austrian Society for the Protection of Cultural Property No 4/02 (Vienna 2002)

Milledge Nelson, S., *Identity and Subsistence* (New York: Alta Mira Press 2007).

Nato, 'CIMIC Doctrine NATO AJP-9 non classified CIMIC Policy', doc. June 2003.

NATO/PfP, Civil-Military Relations Seminar VIII, Military Ethics (III) – The Protection of Cultural Property and (Military) Leadership the Austrian National Defense Academy Vienna.

Nicholas, L.H., *The Rape of Europe* (New York: Alfred A. Knopf 1994).

O'Keefe, P.J., *Trade in Antiquities* (Paris: UNESCO 1997).

O'Keefe, R., *The Protection of Cultural Property in Armed Conflict* (Cambridge 2006).

Olbrys, M., 'Archaeologists on Duty in Iraq: Polish Approach to the Protection and Salvage of Archaeological Heritage in Central South Iraq (November 2003–April 2005)', 8 *CMAS* (2007).

Rothfield, L., *The Rape of Mesopotamia* (forthcoming in 2008).

Swaan, A. de, Perron Nederland, *Kwaliteit is klasse. De sociale wording en werking van het culturele smaakverschil* (Amsterdam 1985).

'The Message from Amman, Cultural Heritage Management in Times of Armed Conflict', Brochure (Rome: Euromed Heritage 2005).

United States Military Policy and Cultural Property, 8 *Yale Human Rights & Development L.J.* (2005) pp 164-166.

Vogelsang, W., *Afghanistan, een geschiedenis* (Amsterdam 2002).

Wilson, J.Q., Bureaucracy: *What Government Agencies Do and Why They Do It* (New York 2000).

Chapter 13
RULES AND RISKS

Nelke Galema

Résumé

Ce chapitre explore la dimension interculturelle de la relation entre règles et risques. La prise de conscience de l'impact de la programmation mentale sur notre perspective de la réalité et notre efficacité dans un contexte culturel donné, est illustrée à l'aide d'une simulation, un jeu de cartes. Cette expérience affective montre l'impact que la diversité culturelle a sur le comportement de l'individu, de délégations diplomatiques et sur les résultats de négociations internationales. La valeur ajoutée de compétences culturelles bien développées est montré en analogie avec les attributions causales de la notion de risques, du management des risques dans la coopération, la négociation et la résolution de conflits dans un contexte interculturel.

People have different perceptions of conflicts, how they arise, how to solve them and what the impact can be. The perception of the conflict can be culturally determined and be interpreted as a one and only reality. Exploring the relationship between rules and risks and understanding that different perceptions of rules and risks can be culture-based can generate conflicts, can be helpful in finding solutions and in international negotiations.

Should conflicts be resolved in a consensual way, by mediation or by putting clear statements on the table? Some people perceive them as risks, pure threats, others as opportunities, or both. Why do we make rules, why do we need them, will we follow them, what do they look like, how do we interpret, control and reinforce them? Assuming that the rules that we have do apply everywhere is a universalistic approaches. Despite the assumption

P. Meerts (ed.), Culture and International Law

people in some cultures have, universally determined rules are not universally determined, there is a cultural dimension to this.

The problem is that in these questions culture is often a hidden dimension. On the other hand, the fact that there are many different definitions of culture and many different types of cultures involved in international cultural encounters does not simplify the discussion. Therefore cultural awareness is beneficial in dealing effectively when conflicts arise across cultures, in the international context.

When negotiating in a setting with people from different nationalities, there is a great risk that cultural differences create distrust and misunderstanding instead of understanding and trust, because of potentially different 'mindsets'. Individuals, delegations and organisations can be successful in working together across cultures, when they develop their intercultural competencies. In international co-operation creating a trustful environment is effective and encourages people to step out of their cultural comfort zone when needed or desired and to reconcile conflicting preferences and interests.

Let us take the example of a Dutch delegation negotiating the harmonisation of public transportation regulations in Brussels. What can be the advantage of the civil servants in the delegation, representing the Netherlands in this European meeting, understanding the potential influence of cultural difference on the outcome of the negotiation? One of the risks is a misinterpretation of the process and observable behaviour, based on their own collective perception of the process. A way to avoid this risk is by being aware of the fact that their German, French, Belgian, Italian, Greek, Hungarian, Polish, Romanian and other European colleagues might have other culture-based assumptions regarding roles and responsibilities, mandates and decision-making power. Understanding who has a full mandate and who does not, can help in building coalitions or influencing other parties. They will better understand the challenges during the negotiation and they can better anticipate potential conflicts and negotiate an agreement that best defends the Dutch interests. It all starts with self-awareness!

In this case awareness of the Dutch assumptions based on national cultural value systems! The Dutch generally assume that decisions are made, by those representing their country, during the meeting, having a mandate. Arriving in Brussels early morning just before the meeting to find out that French, Italian and Belgium delegation members had dinner the night before, might be interpreted as a minor detail. Their need for relationship building is greater than for the Dutch, who focus more on the task. This difference comes to the surface when, during the meeting, the Dutch find out that the others have been discussing an agreement over dinner last night. The Dutch feel excluded, that is not fair! When the Italian delegation keep on running out of the meeting to make all kinds of phone calls, or even worse: they are phoning in the meeting room, the Dutch become even more irritated. They are not aware of the fact that the Italians have to consult their superiors back home as the delegation members do not have the mandate to decide. Distrust comes in, harming the climate of the negotiation.

At the same time the professional culture of these civil servant brings them together, it is the professional sphere that creates trust and a common cultural comfort zone for a constructive, creative and flexible definition of new rules and regulations. This is especially so when people have more experience in Brussels.

How can knowledge about culture, about cultural differences and about the impact of the different cultural aspects on the performance of the delegation, the ministry unit and the country, create important added value?

A powerful way to make people understand the relationship between rules and risks is to play the simulation game called Barnga: a card tornamentas an introduction to culture and its consequences in conflicts.

1. The game

With this simple card game, designed by Mr Sivasailam Thiagarajan (Thiagi), people experience culture encounters and clashes and reflect on the cultural dimensions of international law and conflicts.

It is a rich and affective learning experience. Why is it an affective learning experience? Because culture is anchored on an affective, emotional, unconscious level. A cognitive approach to culture entraps resistance in many people. Understanding, at a theoretical level, why conflicts can arise despite the best intentions of everybody involved is difficult. This game illustrates how conflicts can arise based on positive cultural value systems of different parties involved. In this game the rules stand for the core value drivers in culture.

1.1 Simulation: how conflicts can arise

The audience is divided into small groups of six people around tables. The rules of the game are slightly different per table, yet participants do not know this. They assume that they are all playing according to the same rules. As one is not allowed to use verbal communication, people are confused at the beginning. Some have never played cards before, but the game is so simple that all participants learn quickly and are able to play. Despite its simplicity, the simulation generates very rich follow-up discussions about understanding differences, communication and co-operating with persons or groups different from oneself, in situations where the rules, the frames of reference, are different.

Tables are numbered. Every group gets a deck of playing cards. Every person gets a tournament guide-sheet on colour paper and a copy of the rule-sheet for that table on a white sheet. They are informed that it is a simple card game that no one has played before. They have a few minutes to study the rules and begin practising at their table. No verbal communication is allowed. They are allowed to communicate, but not to speak, write, or sign words.

After a few minutes of practice the rule-sheets are taken away and only one tournament guide-sheet is left on every table. When three hands are played round one is finished. Every table has a winner and a loser. Winners move one table up and losers move one table down. The second round starts and again three hands are played. Again the winners and losers are identified and moved around like after round one. During the third round the end of the tournament is announced and players are asked to sit in a circle and wait for the sign that they can talk.

1.2 The experience of cultural encounters

At the beginning players are not aware that each group of players received a different version of the rules. Not being able to talk is a strange and frustrating experience for most players and they experience a great need to express themselves verbally once they are confronted with ambiguity.

The debriefing reveals the learning experiences of this simulation, looking at three subsequent phases, three levels of this experience: feeling (emotional), thinking (cognitive – giving causal attributions) and doing (action).

Asked for their emotions and feelings during the first round, when everybody is playing at their 'home' table, you get reactions like: fun, relaxed, excited, strange not to be allowed to talk, nervous about finding out what the rules are, curious as to what the assignment is. In general these are rather positive, relaxed and comfortable feelings.

In the second round the feelings, the emotional reactions are different. Emotional outbursts like laughing and anger, expressing feelings of frustration, unfairness, exclusion, irritationality, surprise, dominance, aggression, unfairness are expressed. Rather negative emotions.

It turns out that, based on these emotions, people think and easily formulate their value judgements, jump to conclusions regarding the behaviour of themselves and of others. A lot of negative energy comes out.

The following experiences illustrate how negative energy comes in and how the risk of conflicts is there. This is expressed by those who stay at their 'home' table as well as by those who move around:

- We are right, We understand the rules, We want them to play according to our rules, or
- I am wrong, I am stupid, I had to adapt, I wanted to leave, I wanted them to play according to my rules, or
- They do not understand me, They are cheating, They impose their rules, They have to adapt, They dominate, They exclude me, They are stupid.

It results in a dominant majority, generating a feeling of superiority, and a repressed feeling of minority, generating an attitude/feeling of inferiority. This spontaneously generated distribution of attitudes emphasise the importance of reflecting on causes and effects, on the importance of being aware of these mechanisms in order to see how we can react. If one is not aware of these mechanisms it is more difficult to avoid the almost naturally negative reaction of offence and defence.

1.3 **Towards solutions**

Whereas in this game 'spheres of conflict' are spontaneously born, how do groups and individuals react?

Some participants are not at all aware of the differences in rules, they just think that newcomers are behaving in a strange way and ignore the commotion, not understanding why they did not play 'like us'. They do not question their own rules, their own culture-based assumptions. Different explanations can be given.

The fact that they do not move at all, as they stay at their 'home' table, unconsciously indicates that their reality is not questioned. Generally speaking: 'As long as we stay in our home culture we do not experience differences.'

In general people feel comfortable in their own family group where they all know how to do it over here, preventing from noticing the differences.

The dominant staying group imposes the rules. In this micro-setting you perceive the developing of a sort of peer-group: 'winners' sharing the same instant values.

It is interesting to see what people do with their experiences of these encounters. You see that, like in everyday life, some are aware of the confusion and change their behaviour while others, unaware or unwilling, just continue as in their usual way. What did people do to overcome the differences? Some asked or explained to newcomers about the rules to apply. Others asked the new group to explain how they do things over here. But surprisingly enough, many people do not do anything. They just continue playing according to their initially chosen rules. Some people go back to their 'home' table and discover a feeling of comfort, like 'coming back home', back in their 'comfort zone'.

2. Lessons learned

What are the lessons learned from this game? And why is the awareness concerning these aspects of culture relevant for misunderstandings, conflicts, international law and negotiations?

This game illustrates that there are basically no good or bad set of rules, they are just different. All do their best, but each group is operating from a different set of circumstances and ground rules. Many discover or suspect that the rules are different, but do not always know in what way they are different. Yet the impact of these differences in the interaction between different groups is very strong and can give rise to severe risks of misunderstanding and conflicts. Even if people are aware that the rules are different, they do not always know what to do to bridge the differences. Unintentionally, feelings of Us and Them are created.

Communication with others cannot be taken for granted. It demands sensitivity and creativity. This is even under circumstances of small or even hidden differences and a main stream of common objective values such as skills and experiences. This seems even more difficult to bridge than where differences are many and obvious.

So different groups have different cultures. It is obvious that we tend to feel most comfortable in our own group, with our own rules, our own frames of reference. And as actuality in today's world more than ever underlines: culture is about identity, with strong emotions attached to it. We attach strong emotions to our set of rules (our values) and we implicitly have a preference for them over other sets of rules. If those set of rules, those values, are offended a tendency arises to defend them. To succeed in an effective exchange of knowledge, of interests, and for a fruitful negotiation, being aware of our own frames of reference, our own culture-based values, and to question our own assumptions are essential. Then it is not only a matter of adaptation or integration; that depends of the context. Some will see the encounter as a challenge, others see it as a conflict. If we fail to be aware of that, conflicts can be naturally born.

Unwritten rules are the basis for written rules, therefore we need a common language to be able to address this hidden dimension. Then we can listen to others and try to understand their mindset.

Why are people not allowed to use verbal communication in this simulation? The non-verbal communication simulates the lingua franca when we communicate across cultures, the difficulties we have in communicating with one another, even if we know the other's language or use the lingua franca. When in the international context we usually use English to communicate across cultures, assuming that we automatically understand the others' mindset, we refer to common frames of reference.

However, using the same words does not mean that we have the same understanding, that we do attach the same meaning to them. Words can have different meanings, different culture-based connotations: the hidden dimension.

Let me give you an example of my training practice as an intercultural management trainer in a business environment. Preparing an intercultural seminar for a client in Singapore I asked the team manager (an Australian woman) about her expectations for the seminar. She said: 'I would like to learn how to 'empower' the Chinese in my team. They do not take any initiative, wait for me to give instructions and refuse to take ownership of their task, taking the end responsible for the result'. Once in Singapore after having played the same simulation card game and having built awareness and trust among the different participants, we came to the question of empowerment. Asking the Chinese in the team about empowerment, they said: 'We do not understand what the problem is. Empowerment works perfectly here.' It looked like we were in a deadlock. Instead of starting a yes or no discussion we referred to the card game and tried to find out about the hidden dimension. In a non-offended way the Chinese expressed their understanding of the concept of empowerment. 'We do give the power to the team manager, she is responsible for the result.' And the team leader said: 'Now I understand the misunderstanding: When I talk about empowerment, I mean that I want to give you the power, the responsibility.' Now we could start a discussion about culture-based assumptions of roles and responsibilities. Therefore we needed a different language than the *lingua franca* English. Here we used the Hofstede model. A neutral language about cultural differences at national cultural level. The dimensions of the model stand for the ground rules in the card game. You can have small or larger differences and the impact can be the same as we have seen in the simulation. It turns out that in high-power distance cultures like China when you delegate a task the hierarchical superior remains responsible. While in low-power distance cultures when you delegate a task you also delegate the responsibility for that task.

As in the simulation, the rules of the game stand for the invisible and implicit values that are the core of culture. These value drivers determine the causal attributions to our behaviour, our preferences and our practices. They are at the basis of our unquestioned assumptions about our ethics, what is right and what is wrong.

Of course this is at group level. As we have seen, culture is about groups so this is about central tendencies in groups of people, resulting in an (implicit) common understanding of the situation. This insight is important to understand how we make laws, rules, regulations, procedures, etc. They are the basis for legislation on a national level. But it also essentially influences how we interpret the laws as an individual.

As we have seen in the simulation, awareness, at individual level, of these values determining our own interpretation of the situation is a strength, a competence to be developed. The more people are aware of this, the better they are able to adapt, if desired or necessary, or to react without generating negative energy. So to be more effective. This makes us more willing and capable of stepping out of our cultural comfort zone, to stretch and generate synergy and positive energy in cultural encounters like in negotiations, in bridging the interests of different groups with different interests.

I have played this game for almost ten years now, all over the world, at all levels of private and public organisations. As the rules of the game stand for the invisible part of culture, the values, the implicit common rules, I have observed the reactions.

Individualistic cultures like most Western cultures are (Anglo-Saxon, Dutch, Scandinavian, German, French, Belgian etc) tend to see this game as a competition. The more cultures are tough and masculine, like the Anglo-Saxons, the more they tend to see a conflict as a challenge which is polarising and constructive. Solving conflicts and finding solutions are more like measuring strengths. The more feminine cultures, like the Dutch and Scandinavian cultures, have a tendency to solve conflicts in a more tender consensus-seeking mode. This brings us to the connotation of consensus.

There are more culture-driven causal attributions to consensus. In collectivistic cultures like the Asian and African consensus means keeping harmony in the group, where people develop and express a collective opinion. Yet this does not mean that people are avoiding conflicts, the conflicts arise almost naturally among the different in-groups.

Playing this game recently with Eastern European diplomats (from Russia, Romania, Ukraine and other countries) the reactions were very defensive and even violent. More than I had ever seen before. It turned out that the diplomats referred to their professional culture of diplomats when we discussed the game and this seemed to overrule national cultural differences at the surface. But once they understood the impact their behaviour can have on other diplomats, they were willing to reconsider their collective behaviour.

Next to the fact that people are often unaware of this hidden dimension of culture, different culture-based connotations of the concept of culture itself makes a consistent discussion of an intercultural approach to conflicts even more difficult.

So defining the concepts of culture and a clarification of the mechanisms of 'cultures' seems helpful.

Prof. Geert Hofstede, a keynote speaker at the conference (see Chapter 1), defines culture as: software of the mind: 'Collective ways of thinking, feeling and acting: collective programming of the mind distinguishing the members of one group or category[1] of people from another.'

Values such as: 'The broad preferences for one state of affairs over others to which strong emotions are attached with a minus and a plus pole – Values are the stable, invisible core of culture'.

Practices such as: 'The visual part of culture: The symbols, the heroes (admired behaviour) and the rituals of groups, despite the fact that the *raison d'être* for these practices is not always clear to us.'

These definitions enable a clear discussion of the mechanisms of culture. Hofstede's Five Dimensional model of value systems, based on scientific research, is a tool, a framework, to address national culture differences in an objective way.

With my linguistic background I use the 5D model as the neutral language mentioned above, as grammar. With this common language people from very different cultures understand the visible parts of national cultures, the practices (symbols, desired behaviour and rituals) and become aware of their own invisible cultural programming as well as the influences on their practices.

National culture is not the only cultural dimension, but is in the broad range of cultures: national culture, professional cultures, organisational cultures, department cultures, team cultures, etc. National cultures are the most stable and the most resistant to change over time.

Individuals identify themselves with several cultures, with different groups, generating different interests. When people from the same nationality work together they have a tendency not to be aware of their collective cultural comfort zone until they are exposed to other cultures.

In the Dutch delegation mentioned above, they all know (unconsciously, implicitly) how they prefer to do things together, what behaviour is appreciated or not, and to which symbols the people in the group attach value to and identify with, because they belong to the same culture. The (unquestioned) culture-based assumptions lie at the basis of this collective cultural comfort zone. In this zone we have our collective preferences regarding roles, responsibilities, communication and leadership styles, control systems, stan-

[1] Nation, region, gender, occupation, organisation.

dards, procedures and structures etc. How will decisions be made in the Dutch delegation? Probably in the group, involving everybody. Who will do the talking during the discussion? It is not unusual that the person who wants to say something will bring it up immediately. Are the decision makers part of your delegation or not and how large is the size of the delegation?

These are elements which differ from the other delegations, where rules are more formal and where the people hierarchically in a higher position (France, Belgium, Italy, Greece, Poland and Romania) or being more expert than the other members of the delegation (Germany and Hungary) have more power. Understanding these rules of the game, these cultural differences, is a first and important step in developing intercultural competencies.

Then the next step, as we have seen in the card game, is the search for creative solutions to complicated matters by bridging the gap between the cultural drivers of individuals and delegations. Then the cultural diversity will add value in international encounters and prevent parties from missing out on creative solutions.

Recommended Literature

Geert Hofstede and Gert Jan Hofstede, *'Cultures and Organizations, Software of the mind',* McGraw-Hill, New York, 2005

Philippe d'Iribarne *'La logique de l'honneur',* Editions du Seuil, 1989

Paul W. Meerts and Franz Cede, *'Negotiating European Union',* Palgrave Macmillan, New York, 2004

Charles Cogan, *'French negotiating behaviour'* , United States Institute of Peace, Washington DC, 2005

Nelke Galema, Master thesis *'Approche interculturelle des relations d'affaires franco-néerlandaises'* Université de Bourgogne, Dijon, 1995

Sivasailam Thiagarajan, *'Barnga, A simulation game on cultural clashes',* Intercultural Press, Inc., Yarmouth, 1994

ABOUT THE AUTHORS

MAURITS BERGER (a lawyer and an Arabist) is Professor of Islam in the Contemporary West at Leiden University and a senior research associate with the Clingendael Institute for International Relations in The Hague. He specializes in Islamic law and political Islam.

EVA BREMS (LL.M. Harvard 1995, Ph.D. KU Leuven 1999) is Professor of Human Rights Law at Ghent University. She is the author of *Human Rights: Universality and Diversity* (Brill 2001). Her research interests include most areas of human rights law in European and international law as well as in Belgian and comparative law.

GUY OLIVIER FAURE is Professor of Sociology at the Sorbonne University, Paris, where he lectures on 'International Negotiation' and 'Strategic Thinking and Action'. His major research interests lie in business and diplomatic negotiations, especially with China, focusing on strategies and cultural issues. Among his most recent publications are *How People Negotiate* (Kluwer Academic Publishers 2004), *Escalation and Negotiation* (Cambridge University Press 2005) together with William Zartman, and *Culture and Negotiation* (Sage Publications 1993) together with Jeffrey Z. Rubin.

ANNETTE FROEHLICH currently works as a senior research fellow and lecturer at the Department of International and European Law at the University of Cologne. She holds a PhD degree in law from the University of Vienna and received an LL.M. degree in international law from the University of Kiel after graduating in European law from Robert Schumann University Strasbourg.

NELKE GALEMA is an associate at the Center for Creative Leadership (CCL) in Brussels and a freelance trainer for the ITIM International group. She holds a Master's degree in International Communication Strategies from the University of Burgundy (Dijon, France; graduating in 1995), where she studied French–Dutch intercultural cooperation. Nelke Galema lectures at different

Business Schools and Universities and is a regular guest speaker at international seminars and conferences. She coaches executives and their international teams in facilitating cultural integration processes.

JAN HLADÍK is a Programme Specialist, Division of Cultural Objects and Intangible Heritage, Section of Museums and Cultural Objects, UNESCO, Paris, where he is in charge of the implementation of the 1954 Hague Convention and its two Protocols (1954 and 1999). He graduated with honours from the International Law Faculty of the Moscow State Institute of International Relations (MGIMO) and received a *juris doctor* diploma from the Charles University in Prague. Jan Hladík has published several articles on the 1954 Hague Convention and other related issues in professional journals. He has also participated in a number of UNESCO official missions, including the March 1999 Hague Diplomatic Conference on the Second Protocol to the Hague Convention.

GEERT HOFSTEDE is Professor Emeritus of Organizational Anthropology and International Management at the University of Maastricht and a Fellow of the CentER for Economic Research at the University of Tilburg, the Netherlands. Since the publication of his book *Culture's Consequences* (1980, 2001) he has been a pioneer of comparative intercultural research; his ideas are used worldwide.

CATHERINE KESSEDJIAN is Deputy Director of the European College of Paris, Co-Director of a Master in EU Law and Director of Studies of the LLM in European Law at the University Panthéon-Assas Paris II, where she teaches European Business Law, International Dispute Resolution and International Private Law. Catherine Kessedjian teaches at several universities outside France and acts as arbitrator or mediator. She was Deputy Secretary-General of the The Hague Conference on Private International Law (1996-2000) on secondment from the University of Bourgogne, and was Attorney at the Paris Bar (1982-1998). Prof. Kessedjian studied in France and in the United States, is Juris Doctor (University Paris I) and has an LLM from the University of Pennsylvania School of Law (USA).

JORIS D. KILA is a reservist Lieutenant Colonel in the Dutch army and holds degrees in art history and classical archaeology from Leiden University in the Netherlands. He was network manager and acting chairman of the cultural affairs department at the Civil-Military Co-operation (CIMIC) Group North in the Netherlands and in this capacity he undertook two cultural rescue missions to Iraq. In addition, he is a board member for civil-military relations with the World Association for the Protection of Tangible and Intangible Cultural Heritage in Times of Armed Conflict in Rome. He is also a guest lecturer and affiliated researcher at the University of Amsterdam and the Netherlands Defence Academy and is a community fellow at the Cultural Policy Center at the University of Chicago. He has written several publications on the subject of Protection of Cultural Property in times of conflict, the latest one being a chapter in *Antiquities under Siege* edited by Lawrence Rothfield (Alta Mira Press, New York April 2008).

PAUL MEERTS is the Editor of this book and the coordinator of the conference 'Culture and International Law'. He is an advisor to the Director of the Netherlands Institute of International Relations 'Clingendael' in The Hague, of which Institute he was a Deputy General Director from 1990 until 2006. Meerts studied Political Science and International Relations at the Universities of Amsterdam and Leiden. He has been a research fellow in Dutch Political History at the Universities of Leiden and Groningen (1974-1978), Head of Diplomatic Training (1978-1990) at the Netherlands Society of International Affairs and at 'Clingendael'. A consultant in diplomatic negotiation, Meerts has trained diplomats and civil servants in eighty countries. He has published on interstate bargaining, focusing on its political dimensions.

SAM MULLER is the founding Director of the Hague Institute for the Internationalisation of Law (HIIL). He has a degree in law and a doctorate in international law from Leiden University. He started his career as a research fellow and later as a lecturer in international law at Leiden University, mainly teaching the law of international organisations. In 1997 he joined the United Nations International Law Division of the Legal Department of the UNWRA in Gaza and in 1999 the ICTY in The Hague. Muller became involved in the process of setting up the International Criminal Court (ICC), heading the Advance Team which paved the way for the arrival of the first staff. Muller has participated in and has chaired many conferences and workshops. He lectures periodically and has numerous publications to his name. Furthermore, he sits on the Board of a number of foundations and the Editorial Board of renowned journals on international law.

VESSELIN POPOVSKI is Senior Academic Officer, Director of the Peace and Governance Programme, United Nations University, Japan. He holds Master's Degrees from the Moscow Institute of International Affairs and from the London School of Economics. His PhD from King's College, London, introduced a comprehensive methodology for an analysis and classification of UN Security Council resolutions. He has lectured at several universities in the United Kingdom and published books and articles on intervention, human rights, international law, and the International Criminal Court. He co-organized the 2005 Annual Conference of the Hague Academic Coalition and co-edited the resulting book *International Criminal Accountability and the Rights of Children* (Hague Academic Press 2006) with Karin Arts. His latest book is *World Religions and Norms of War* (UNU Press 2008).

JIRÍ TOMAN is Professor of Law at Santa Clara University School of Law. He studied in Prague (JUDr) and Geneva (PhD in Political Science). From 1969 to 1990 he was Director of the Henry Dunant Institute in Geneva, taught at the University of Geneva and was visiting Professor at several universities in Europe and the United States. He has served as a consultant for several international and regional organizations (UNESCO, UNDRO, UNCTAD, United Nations Centre for Human Rights, Council of Europe). He is a member of the editorial boards of several journals and a foreign member of the Russian Academy of Natural Sciences. He has published several studies, books and articles in the field of international law, human rights, humanitarian law, economic law, disaster management law and criminal law.

NOUT VAN WOUDENBERG is Legal Counsel at the International Law Division of the Ministry of Foreign Affairs of the Kingdom of the Netherlands. His general duties are first and foremost international treaty negotiations and legal advice concerning – amongst other things – the protection of cultural heritage, conventional disarmament, compliance under multilateral environmental agreements and counter-narcotics measures. He is the author of various publications on these subjects. Furthermore, he has been an election observer in republics of the former Soviet Union and in the Balkans.

MIX
Papier aus verantwortungsvollen Quellen
Paper from responsible sources
FSC® C105338

If you have any concerns about our products,
you can contact us on
ProductSafety@springernature.com

In case Publisher is established outside the EU,
the EU authorized representative is:
Springer Nature Customer Service Center GmbH
Europaplatz 3, 69115 Heidelberg, Germany

Printed by Libri Plureos GmbH
in Hamburg, Germany